U0091488

趣聞河北

聶樹鋒、高建華 著

崧燁文化

趣聞**河北**　　目錄

目錄

歷史河北

古蹟河北

文物河北

宗教河北

地理河北

山水河北

園林河北

娛樂河北

風俗河北

後記

歷史河北

河北古稱燕趙，以後又多次「改名換姓」，在中華五千年文明史中，始終是一個歷史長劇的天然舞台，在它的背景下產生了多少民族精粹是難以數計的，掛一漏萬，在這裡為你數說一二。

▌河北省為什麼多次「改名換姓」

中國歷史悠久，是一個多民族的，有著廣闊地域的世界大國，版圖的形成有一個複雜發展的過程，所以很多行政區、城市都多次改名。河北省在中國歷史上佔有很重要的地位，是中華民族的搖籃和發源地，隨著行政區劃的多次沿革，留下了不少稱謂。

傳說大禹治水時，按山川河流的走勢，把天下劃分為九州，河北古屬冀州，故簡稱「冀」。到西周時分封諸侯，州的概念逐漸淡化，春秋時諸侯逐漸獨立為國，現河北省的區域內當時分屬燕、晉、衛、齊諸國；戰國時分屬燕、趙、中山以及魏、齊等國，其中以燕、趙最為有名，故也有「燕趙」之稱。

秦統一中國後，在河北地區設置上谷、漁陽、右北平、代、鉅鹿、邯鄲、廣陽、恆山等8郡。漢興，始劃幽、冀等州，州開始只是一個監察區，並非開始的行政建制，到東漢末，由於軍閥割據，州的獨立性逐漸增強。兩晉南北朝時，州的數量大為增加。隋朝時，開始置幽州總管府，幽州、冀州作為正式行政區域自此始。

唐時，又增設道一級建制，幽州屬河北道，河北作為正式行政區域自此始。宋分河北為東、西兩路。元朝開始設立省的行政建制，在今河北地區設大都、永平、興和、保定、真定、河間、順德、廣平、大名等路，直屬中書省，謂之「腹裡」。

明洪武年間，在今河北地區置北平布政使司，永樂年間改北平為京師，置順天府。各府、州直隸京師，稱北直隸。清置直隸省，民國初仍之。1928

年改直隸省為河北省至今。這樣，河北省就留下了「冀」、「燕趙」、「河北」、「直隸」等多種稱謂。

▌石家莊的歷史究竟有多長

　　有人說，石家莊在 20 世紀初還是小村莊，只有一百多年的歷史，沒有深厚的歷史文化底蘊。其實，石家莊市所轄區域，是人類文明開發較早、文化底蘊十分深厚的地區。早在五萬年前，石家莊西部太行山區已有人類祖先居住在洞穴中，漁獵為生。西元前 5000 年，石家莊平原地區出現多處人類定居點，並掌握了養蠶、制陶和磨製石器、骨器的技術，市區白佛口文化遺址是目前全市境內發現最早的平原地區人類遺址，距今約 6000—7000 年。新樂古代遺址「伏羲台」證明了 6000 多年前中華人文始祖伏羲氏曾活動於此。商代，石家莊一帶是商朝貴族奴隸主集中居住的地區之一。考古證明，當時這裡的冶金、制陶、釀酒、紡織、醫療技術居世界前列。春秋戰國時期，這裡是肥子國和中山國，秦始皇統一中國後，在這裡設置恆山郡，其中中山國文化，是石家莊歷史文化脈絡中的重要一環，也是繼槁城台西商文化之後令世界矚目的輝煌文化。兩漢時期，石家莊西部的太行山區一直是製造兵器、鎧甲和生產工具的重要冶金基地之一，「冶河」因此而得名。漢唐時期是中國佛教、道教復興並走向鼎盛的時期，恆、趙二州的宗教文化在中國宗教史上也留下了絢麗篇章。歷經滄海桑田，到 20 世紀 20 年代設市。所以說，石家莊是一座文化底蘊深厚的新興城市。

▌河北的省會變遷知多少

　　在中國 30 多個省級行政區劃中，河北省的省會變化最多，這主要是歷史原因造成的。

　　元、明、清三代首都都建於北京，元稱大都，明清稱北京。在將近七百年間，河北地區直隸中央政府管轄，始終是統治王朝的京畿重地。因而直隸的治所多設在都城北京。元朝置中書省，相當於今河北、山東、山西三省和內蒙古、河南省的一部分地區，劃歸中書省直接管轄，稱為「腹裡」。

清順治初，置宣大總督駐於山西大同，下設三個巡撫：順治（駐遵化），保定（駐真定），宣化（駐宣府鎮）。順治五年（1648 年），置直隸、山東、河南三省總督，駐大名。順治十六年，改為直隸巡撫，次年移駐真定（現河北正定）。康熙八年（1669 年）複移駐保定，為直隸省治。雍正二年（1724 年），複改總督。雍正乾隆以後，逐漸在今河北的承德、張家口、內蒙古等地設置州、縣，劃屬直隸，直隸省的治所一直在保定。

清末至民國初，直隸省治名義上在保定，而事實上已移置天津。1914 年正式定天津為省會。1928 年，國民黨初步統一中國，北洋政府不復存在，因而，北京不再是首都，改稱北平。這年，河北省會移至北平。1930 年又遷回天津。

從 1937 年「七七」事變開始，為適應抗戰的需要，河北省行政建制和治所發生了多次變化，有時還有國共兩黨、甚至敵偽政權的多層行政建制，情況非常複雜。大體上說，中國共產黨實行的建制是邊區制，1938 年 1 月，第一個敵後抗日根據地——晉察冀邊區臨時行政委員會在阜平成立。1941 年晉冀魯豫邊區抗日民主政權建立，兩個邊區包括了原河北的大部。

1948 年 5 月，根據解放戰爭的發展形勢，共產黨中央指示，晉察冀和晉冀魯豫兩邊區政府合併，9 月成立華北人民政府，1949 年 8 月 1 日，河北省人民政府成立，以保定為省會。

1958 年 2 月，天津市劃歸河北省，省會由保定市遷往天津市。1967 年 1 月，天津市劃為中央直轄市，河北省會由天津遷回保定市。

1968 年 2 月，在文化大革命期間，河北省會定為石家莊市至今。

▌人祖伏羲氏的生息之地在哪裡

石家莊的伏羲台，又稱「人祖廟」，位於新樂市北郊，距石家莊 35 公里，是河北省重點文物保護單位。新樂自古稱「羲皇聖裡」。傳說中華人文始祖伏羲曾寓居此地，並創立諸多豐功偉績。伏羲台是伏羲氏的生息之地，他曾於此繼天立極，通德類情，開天明道。萬古文明始基於此，被後人尊為三皇

之首。帝嚳巡遊此地，集四方之民而化導養育之故，修台建廟以祀之。伏羲台主要建築有龍師殿、六佑殿、寢宮、東西朝房、鐘鼓二樓、殿宇等近百間。台廟一體，高低錯落，主配分明，結構嚴謹，有「霧鎖蓬萊，日麗天堂，所謂燕趙中第仙宮者」之美譽。

保定地名是怎麼演變來的

　　保定歷史悠久，從舊石器晚期就有人類活動，易水、拒馬河、唐河流域留有許多古代文化遺址。夏商時期，生活在保定地域的主要居民是易氏，商代封國為易。西周時，隸屬於燕國，春秋戰國時為北方各諸侯國的角逐之地，曾隸屬燕、趙、中山等國。秦代建有恆山郡和廣陽郡，西漢建有涿郡、中山國、代郡，以後各代分別在保定地域內設置郡縣，曾有朔平縣、涿郡、中山郡、北平縣、陽城縣、樂鄉縣、永寧縣、清苑縣、滿城縣等。直到宋代，始置保塞軍，後改為保州，初具都市規模。金元時期，保州多次遭遇戰爭，1213 年，元軍攻破保州，屠城三日，城池被毀。14 年後，元將張柔重建保州城，改保州為順天路，寓有「保衛大都（北京），安定天下」之意，保定之名自此開始。明朝廢保定路，改為保定府，所轄地區與今天保定市大致相近。清軍入關後，將直隸巡撫由正定移駐保定。此後至今，三百多年間，保定一直作為省會城市，有了前所未有的發展。現保定市轄 3 區、4 市、18 個縣，為河北第一大市。

為什麼說保定是歷史文化名城

　　保定是堯帝的故鄉，有著悠久的歷史。轄區內自然景觀和人文景觀交相輝映：革命紀念地和文物古蹟各具特色。保定建成於宋代，自清朝康熙年間開始，就成為河北的省城，一直到解放後的二百多年間，都是河北地區的政治、經濟、文化中心。目前，市內保存有始建於元代的中國十大名園之一的古蓮花池、建於明清兩代的鐘樓和大慈閣，有著名的清代省級衙署─直隸總督署。周邊轄區內，有聞名全中國的戰國「燕下都」遺址；西漢中山靖王劉勝墓、清西陵、定州開元寺塔等文化古蹟。有國家級風景名勝區野三坡以及被譽為華北明珠的白洋淀等自然風景名勝；還有諸如冉莊地道戰遺址、狼牙

山五勇士紀念塔等革命紀念地。明清以來，保定文化教育一直領先全中國，清代的蓮池書院享譽海內外，清末民初興辦了許多學校，有省立高中、高等農業學堂（現河北農大）、保定師範（紅二師）、省立女二師（現十七中）、育德中學、保定陸軍軍官學校以及留法勤工儉學培訓班，都名揚全中國。出生在保定的歷史名人有：傑出的戲劇大師關漢卿、王實甫；著名的科學家祖沖之、酈道元；政治家劉備、趙匡胤等。這些都說明，有著三千多年發展史的古城保定承載著中華民族源遠流長的傳統文化，放射著文明古國的燦爛光輝，是一座底蘊深厚的歷史文化名城。

為什麼保定成為近代中國陸軍最大的訓練中心

保定作為清末兩代執掌重兵的直隸總督、北洋大臣李鴻章和袁世凱的署衙之地，很自然地成為中國近代新式軍隊的訓練基地。早在咸豐年間，李鴻章就在保定城內設立了保定行營將弁學堂。1902 年，袁世凱接任李鴻章，為擴大北洋軍，「以練兵為當務之急」，把將弁學堂搬遷到城東郊外，擴建為北洋武備速成學堂。學堂雖幾經易名，但新式陸軍軍官重要的培訓基地未變。基地培養的學員中，有許多成為中國傑出的軍事家。蔣介石也曾於1906—1907 年在這裡學習一年，後被送到日本士官學校留學。辛亥革命後，袁世凱為大總統、段祺瑞為陸軍部長時，學校正式更名為陸軍軍官學校。後人為與廣州的黃埔軍校區分，簡稱保定軍校。保定軍校從1912 年秋招生，到1923 年 8 月停辦，共有九期6500 多名學員畢業，其中不少學員成了軍隊中的著名將領。如唐生智、李品仙、張治中、白崇禧、傅作義、葉挺、陳誠、董振堂、張克俠等。保定軍校從它的前身將弁學堂算起，約有五十年的歷史，對中國近現代史產生過重要作用，保定也以近代中國陸軍最大的訓練中心聞名於世。

李鴻章為何在保定建淮軍公所

李鴻章從同治九年（1870 年）起，曾三次出任直隸總督，長達 25 年，是任職時間最長的直隸總督。光緒十四年，即西元 1888 年，李鴻章在《保定清建昭忠祠片》的奏摺中詳細闡述了在當時的省會保定建立淮軍昭忠祠的

理由：「同治四年（1865 年），撚『逆』（即撚軍）北犯直隸，……戒嚴時，總兵張樹珊，唐殿魁先後戰死，情勢岌岌」，「『賊』複回大名，突犯津沽，我軍冒雨窮追，『賊』冒死衝撲，卒不得逞。七年（1868 年），六月滅『賊』在平」，「而良將猛士鋒痾疾疫死亡已多」，「倖存者論功獨厚，高勳顯爵，恩榮已極」，「而從征將士苦戰累年，限於閥閱之微，未獲馨香之報。」，「現擬就保定省城購地建造祠宇，凡陣亡傷病文武員弁兵勇，分別正祠、副祠依次列入，庶足妥侑毅魄，激勸方未，合無仰懇天恩，準照蘇州、揚州等處昭忠祠為例，飭地方官春秋致祭，以彰義烈，而勵行理」。由引文可知，淮軍公所是李鴻章為祭奠因鎮壓撚軍而陣亡淮軍將士的「昭忠祠」。1901 年李鴻章死後，遂奉詔改淮軍公所為李鴻章祠堂。

　　淮軍公所建築規模大，占地約 1.7 萬平方米，東西 115 米，南北 120 米，有著典型的江淮建築風格。建築佈局分為三個部分，東部為房舍，西北部為操場，西南部為荷花塘。南、北、西三個大門構成通道。大操場和荷花塘已不存在，東部的建築基本保存完好。東部的建築由南北兩面三組院落組成。

　　這組院落與北部樸實的四合院相比，規模宏大，斑斕多彩。主體建築的簷枋、欄額、支梁、門簷上，做了大量木雕彩畫，有的是精細的透雕，玲瓏剔透。屋脊上、門簷裡都有磚雕裝飾，山川、花鳥、人物故事俱皆入畫，耐人尋味；外牆簷下，都繪有水墨畫，為南方的竹林草木、小橋流水、花樹庭院。淡雅清泊，妙趣橫生。

▌為什麼說石家莊是火車拉來的城市

　　據有關史料分析，石家莊村創於明初，原是真定衛（今正定縣）的軍屯和官莊。直到清康熙二十七年（1688 年）廢除衛所軍屯制，石家莊才成為隸屬真定府獲鹿縣的一個小村莊，與當時的政治中心真定，隔滹沱河相望。據清光緒《獲鹿縣誌》記載：「石家莊，縣東南三十五里，街道六，廟宇六，井泉四」。1903 年，由法國和比利時投資興建的平漢鐵路（今京廣鐵路）修到正定縣城時，把車站向南遷了十幾公里，建在了石家莊。1903 年正太鐵路（今石太鐵路）動工興建，為了減少費用，避免在滹沱河上架橋，也將正太

鐵路起點由正定改為石家莊。1907 年正太鐵路全線通車，使石家莊成為重要的交通樞紐。同年，石家莊設鐵路局，於是商賈雲集，居民驟增，逐漸繁華，遂改石家莊村為石家莊鎮。此後，石家莊獲得了較快的發展，如今已成為一個較大的省會城市。像這樣一個小村莊被隆隆車輪托起而發展成的城市，人們形象地稱之為「火車拉來的城市」。

▌河北哪一座城市被譽為「冀東明珠」

唐山是一座具有百年歷史的沿海重工業城市，地處環渤海灣中心地帶，南臨渤海，北依燕山，東與秦皇島市接壤，西與北京、天津毗鄰，是聯接華北、東北兩大地區的咽喉要地和走廊，被譽為「冀東明珠」。

唐山，因市區中部的大城山（原名唐山）而得名。唐山歷史悠久，早在 4 萬年前就有人類勞作生息。唐山氣候溫和，地貌多樣，土質肥沃，是多種農副產品的集產區，被稱為「京東寶地」。現在的唐山是震後重新崛起的新型城市，城市功能分區明確，市政設施配套，環境清新優美，現代化水準較高。

古蹟河北

　　河北古蹟可謂洋洋大觀，從遠古人類活動的發源地泥河灣，到西柏坡，從最完整的皇家陵墓到極富特色的寺廟道觀，舉凡古都、台閣、長城、雄關、古道、石橋、戰場、府衙、學校、街巷、莊園，應有應盡，不少古蹟被譽為「全中國第一」，您若有懷古之幽思，訪中華五千年之文明，不妨到河北一遊。

▌河北省全中國第一知多少

　　河北省在中國行政區劃中佔有重要地位，各方面的全中國第一不勝枚舉，現選取與旅遊有關的略舉數例。

　　延伸最長的早太古代地體分佈帶早太古代地體分佈帶，是中國也是目前世界上延伸最長的早太古代（約45億年前）的地體分佈帶，從內蒙的大青山，經山西的陽高、北京的密雲、河北的遷西、遷安、平泉，一直延伸到遼寧的凌源、撫順和新金，全長約1000多公里。它是地質工作者近年在河北省遷西縣太平寨地區首先發現的。

　　最古老的岩石中國最古老的岩石，是河北省東部、灤河流域遷西縣太平寨的麻粒岩，年齡為36億年左右。麻粒岩是一種在高溫和較高壓力的情況下形成的區域變質岩石，常具粒狀變晶結構和略具片麻狀構造。主要礦物成分為斜長石、石榴子石、紫蘇輝石、石英、矽淺石及方柱石等。

　　最早的建築設計圖，中國和世界上現存最早的一份建築設計藍圖，是河北平山縣戰國中山王墓中出土的一幅銅質建築設計平面圖——《兆域圖》（1974年出土）。這份設計藍圖已有2400年的歷史。這塊銅版長0.94米，寬0.48米，厚0.01米，一式兩份，王府、陵墓各一份。《兆域圖》比國外最早的羅馬帝國時代的地圖早600年，它在地圖史上佔有重要地位，在考古學、歷史學、語言學、社會學、建築學等方面都有研究價值。

　　最早的碑刻在河北省平山縣三汲鄉發現一塊大河光石，高90公分。上刻兩行文字，意為：「為國王監管捕魚池囿者公乘得，看守陵墓的舊將曼，

敬告後來的賢者。」據考證，這裡曾經是供國王捕魚捉蟹、休息遊玩的池塘公園。附近的墓群，是宮廷派有專門守陵人的王陵。由此又很快找出了王城城基，對照文獻記載可知，這裡就是春秋戰國時期，由中國北方少數民族——白狄人建立的古中山國的一個都城。這塊碑刻上的文字屬於大篆，是中國歷史上從西周到戰國使用的漢字。這塊刻石是目前中國發現的最早的碑刻之一。

現存最早的酒，中國，也是世界現存最早的酒（距今 2200 多年），是從河北省平山縣一座戰國時代古墓中發掘出來。這些古代的酒分別盛放在一個圓形的和一個扁形的青銅酒壺中，共有 10 多斤。其中一種呈翡翠綠，液體清澈透明，很像現今的竹葉青。這個發現證明，我們的祖先很早就掌握了釀酒技術。

最早的醫藥實物中國最早（約西元前 14 世紀）的醫藥實物，發現於河北省槁城縣台西村的商代古墓中，它們包括桃仁、郁李仁等，這些東西埋在地下已有三千四、五百年的歷史了。

最偉大的古代工程中國最偉大的古代工程是萬里長城。也是世界歷史上偉大工程之一。分段築城始見記載，係西元前 657 年。西元前 214 年秦統一六國後連貫為一。長城延綿河北省 1500 餘里，最東端是位於山海關外的入海石城「老龍頭」。山海關城東門稱「天下第一關」，是萬里長城的東部起點。

雜技藝術發源地中國雜技藝術最初產生於河北平原。譽滿中外的「雜技之鄉」是河北省吳橋縣。據傳，吳橋雜技已有 2000 多年的歷史。

中國現存年代最早、規模較大的鑄鐵藝術品中國現存年代最早、規模較大的鑄鐵藝術品是滄州鐵獅子，現在滄縣東南 40 里舊城內。鐵獅子鑄造於五代時期的後周廣順三年（953 年），距今已有一千多年的歷史。鐵獅姿態逼真，雄偉生動，看了令人頓生一種無窮的力量。

中國現存最高的磚質古塔中國現存最高的磚質古塔，是開元寺塔。位於定州市城東南部，建於宋代。西元 1001 年始建，1055 年落成。此塔又稱「料敵塔」，塔頂設有一個個門洞，是當年遼宋相爭時宋朝軍事上的一座瞭望台。

中國現存規模最大的古代園林中國現存規模最大的古代園林是承德避暑山莊，亦稱「承德離宮」、「熱河行宮」，在河北省承德市區，為清代帝王避暑行宮，是清初第二個政治中心。

最大的木雕大佛中國、也是世界上最大的一座木雕大佛是密宗神。在承德普寧寺的「大乘之閣」內，大佛高 22.28 米，腰圍 15 米，重約 120 多噸，俗稱「千手千眼菩薩」。實際上它是 42 隻手，43 隻眼，大佛內部中空，由一木構架支撐著全部身軀與 42 隻手臂，用松。柏、榆、杉、椵五種木材雕刻而成，共用材 120 多方。整個大佛體態勻稱，雕工精細，衣紋瀟灑，造型優美，通體飾以金箔，看上去燦爛輝煌，栩栩如生。

最早的高等農業學校之一中國最早的高等農業學校之一是河北農業大學，它的前身是「直隸農務學堂」，創辦於 1902 年。

最早由中國人修建的鐵路最早由中國人修建的鐵路是北京至河北省張家口的「京張鐵路」，建於 1905—1909 年。

▌河北境內故都遺址何其多

河北許多地方曾作為歷史故都，留下了難得的遺址和大量文物資料，這裡介紹其中幾處。

趙邯鄲故城位於邯鄲市西南，由趙王城和大北城兩部分組成。趙王城也稱宮城，由東城、西城和北城三部分組成，平面近品字形，總面積為 512 萬平方米。城址周圍至今仍保留著高 3 至 8 米的夯土城牆，狀如崗巒，蔚為壯觀。內部有佈局嚴整的夯土台建築遺存，地下發現有十多處夯土建築遺蹟。城牆四周有城門闕遺蹟多處。據記載，趙敬侯元年（前 386 年）把國都從中牟遷到邯鄲，歷經八王，共 158 年，至趙王遷八年（西元前 228 年）為秦所占。西元前 209 年，秦將章邯攻趙王歇，下令「夷其城廓」，趙王城從此毀壞。大北城在趙王城的東北，是邯鄲故城的商業、手工業作坊和居民區。城址已淹沒於今邯鄲市區地面以下，平面呈不規則的長方形，南北約 6100 米，

東西約 4000 米。城址內曾發現制骨器、石器和煉鐵、鑄造、燒陶等作坊遺址。它約興起於春秋時期，戰國和漢代發展到繁榮階段，漢以後漸趨衰落。

中山靈壽故城史載中山桓公徙靈壽，是中山國最後一次遷都。城址位於平山縣上三汲村一帶，東距靈壽縣城約 10 公里。城址南北長約 4.5 公里，東西寬約 4 公里。城牆地上已無存，從地下的夯土城基來看，西城牆最寬處為 35 米，城內隔牆最寬處為 25 米。城內有宮殿建築基址、居住址和制陶器、鑄銅器、制鐵器和制骨石玉器的遺址。城址分東城和西城，東城北部為宮殿建築區，南部為手工業作坊區和居住區。西城北部為中山王陵區，南部為商業區、居住區和農業區。中山王陵基坐落在故城西邊的西靈山南坡高地上。封土十分高大，其中部有迴廊建築遺存。東、西、北三面有陪葬墓 6 座。王墓主室平面呈中字形，墓室結構奇特，規模宏大，建造精工。其中，東庫和西庫，未經盜擾，出土文物十分豐富。

燕下都遺址位於易縣城東南，界於北易水與中易水之間。經文物考古工作者多年的調查和勘探，已基本上搞清了燕下都的佈局。城址平面略呈長方形，東西長約 8 公里，南北寬約 4 公里。中部有條古河道，相傳為「運糧河」。在「運糧河」的東岸，有一道與河道平行的城牆，把燕下都分為東西兩城。東城平面近似方形，城牆大部分已淹沒於地下，地上僅可看到一些隆起的痕跡。西城即「運糧河」以西部分，也可稱之為「廓」。南、北、西三面城牆如崗巒起伏，巍峨壯觀。在西城只發現一個城門和一條與其相連的道路。與西城相反，東城遺存異常豐富，為人們活動的中心，分為宮殿區、手工業作坊區、市民居住區和墓葬區。宮殿區在城址的東北部，大型主體建築遺存武陽台，坐落在宮殿區中心。據文獻記載，燕下都為燕昭王時所建。是燕國南部的政治、經濟中心和軍事重鎮，延續時間很長，直到秦國將燕國滅亡，燕下都才被破壞和廢棄。燕下都遺址的豐富遺存，是研究燕國政治、經濟、軍事和文化的實物寶庫。

鄴城遺址位於臨漳縣西南鄴鎮一帶，分鄴北城和鄴南城，是中國歷史上著名的古城。史書上關幹鄴城的記載頗多。但隨著歷史的變遷，特別是漳河的氾濫，鄴城城垣和宮殿早已無存。經初步調查，鄴北城東西 7 里，南北 5 里，

在現漳河北岸，探知於地面 2 米以下有城牆夯土基址長 600 多米。鄴北城的地上遺存，僅有建於西城牆上的金鳳台和銅雀台基址，和已不復存在的冰井台合為曹魏時著名的三台。鄴南城東西 6 里，南北 8 里，它比鄴北城增加了東市和西市，擴大了商業區；城門也增多，方便交通。地上遺蹟無存，大都淹沒於地下。鄴北城據載始建於春秋齊桓公時，戰國時屬魏，西門豹治鄴修十二條渠灌溉民田，投巫於漳河，剷除河伯娶婦之害，就在這一帶。西漢和東漢時，鄴城是魏郡的郡治所在地。東漢末年，冀州牧袁紹駐鄴城，曹操破袁紹後，營建鄴都，始築三台。前燕以鄴城為國都，東魏、北齊修築鄴南城為國都。鄴北城和鄴南城均於北週末年毀於戰火。鄴城在建築佈局上特別強調全城的中軸線安排，王宮、街道都很整齊對稱、均衡。這種城市佈局方式，在中國都城建築史上，承前啟後，影響深遠。

▋為什麼說「長城精華在河北」

　　修築長城始於戰國時期，北方一些諸侯國，秦、趙、燕和中山國，在邊境上修築長城，防禦外敵入侵。秦始皇統一六國後，把原秦、趙、燕三國的北部長城連接起來，形成了東起遼東，西到臨洮（今甘肅岷縣）的萬里長城。此後，漢、北魏、北齊、北周、金、明各代，都大規模地修築長城。據初步統計，目前中國的長城遺存總長度達 10 萬里之多。

　　現在所說的萬里長城，是指明代長城，明朝開國後的第二年（西元 1368 年）開始修建。明太祖朱元璋派大將徐達修築居庸關等處長城。此後，修築長城的工程經歷了一百餘年才完成。它東起鴨綠江，西達祁連山；其重要地段東起河北省山海關，西至甘肅省的嘉峪關，長達 12700 餘里。

　　河北省境內的明長城，東起山海關老龍頭，西到懷安縣西洋河口止，長約 2400 餘里，加上內三關，全長約 4000 餘里，有大小關隘 268 處，敵樓、戰台、邊門、烽火台等建築不計其數，分佈在唐山、秦皇島、承德、張家口、和保定的一些縣、市。

　　明長城雖然長達 1 萬餘里，但精華部分卻在河北境內。其原因有以下幾點：首先，河北明長城位於明王朝的首都北京附近，因此，建築水準最高。

長城大都用磚石建築而成。平均高 10 米，下寬 6 米，上寬 5 米，可容 5 馬並騎。它或蜿蜒於崇山峻嶺，或跨越於深壑大川，極其雄偉壯觀。規格之嚴，品質之高，建築藝術之精，堪稱萬里長城之最。其次，多姿多彩，保存完好。在古北口以東的一段長城，處於河北省灤平縣和北京市密雲縣之間，分佈於龍峪口、五里蛇口、磚堆口、沙嶺口、花樓子和望京樓一帶，長 10 多公里，基本保存完好。這段長城構築複雜，敵樓密佈，建築形式因山而異，建造精工。敵樓有磚木結構的，也有磚石結構的；有單層的，也有雙層的；有平頂、穹窿頂、船篷頂的，也有四角和八角攢尖頂的，可謂一樓一式，各具特色。第三，河北境內的長城，大多建造於燕山山脈之中，蜿蜒透迤曲折，迴環合抱，有如巨龍透迤，騰躍於崇山峻嶺之巔，氣勢磅礴，變化莫測，雄偉壯麗。登上長城，遠眺群山，則心曠神逸；近視深壑，則心驚膽顫，春觀嫩草山花，斑駁爛漫；夏視千山萬壑，滿目蒼翠；秋聽北雁南歸，思緒萬端；冬臨白雪皚皚，原馳臘像，四時景色，有如一個神話世界，這種天造地設的自然風光與人文景觀的巧妙結合，實是世界奇觀。第四，河北長城的最東一段，極具特色，它的源頭，俗稱老龍頭，順山勢而下進入茫茫渤海，有如神龍汲水，順著險峻山勢蜿蜒而上，與號稱「兩京鎖鑰無雙地，萬里長城第一關」山海關的關城東牆相接，極為壯觀。與雄關雄城相配的是極具人文色彩的孟姜女廟，感人肺腑的神話傳說，在人們感歎長城浩大工程之餘，增加了幾分懷古幽情。

▍秦皇島境內最早的長城是哪個朝代修築的

　　秦皇島境內的長城，始建於南北朝，現在能見到的長城，只有北齊長城和明長城。

　　北齊長城又在哪裡呢？北齊六個皇帝共二十八年，雖然時間不長，卻十分重視修長城。北齊北部修築的長城主要用來防禦突厥、契丹等外族的侵入，西部長城主要為防北周東進。北部長城主要是在天保三年（552 年）至天保八年修築的，即文宣帝高洋所築。

經過秦皇島文物部門多次深入細緻地考察，現在已查清的、有確鑿依據的秦皇島境內的北齊長城，長約 45.8 公里，共有三段。第一段是在青龍境內，從白家店鄉南明代早期長城上的圈城北緣起，經上、下抱榆槐的西山脊、五鳳山、前牛山、西檯子的椴樹嶺至北馬道的北山，斷續 30 餘公里，長城牆體最寬處 4 米，窄處不足 3 米，均已坍塌，全部是就地取材的毛石壘砌。第二段在青龍東部，從花廠峪北 1.5 公里老煙台山西坡順山而下，跨過清水關向西南，進入老嶺東山長約 5 公里。這段長城均以毛石和河卵石所築，全部坍塌，現存殘高不足 1 米，寬為 3 米。第三段在撫甯縣石門寨鎮上莊坨境內，東起石門寨鎮石河西岸，向西上老龍台，下山過鴨水河村南的鐵雀關，再向丘陵西行北折至南北刁村的廟山，至此殘牆消失，但基址猶存，已闢為田間路。從上莊坨南的黑峪溝，長城再現，沿山西行，下山過張趙莊南石河支流及河西平地再上西山，殘牆再度消失。這段長城共計 10.8 公里。鴨水河村南鐵雀關有小河，河東岸依山築高台，高約 7 米，台呈正方形，30 米見方，因該地曾有一石，其色如鐵、形如鳥，故有「鐵雀關」之稱。從石料考證分析和現場地形觀察，它應過角山與現明長城交叉，然後向東南入海。山海關外有地名為「邊牆子」、「牆子裡」，均近海。但跨石河東至海這段北齊長城到底如何走向及長度，至今仍然是個謎團。

▌為什麼趙佗先人墓稱為趙陵

現位於石家莊市趙陵鋪的趙佗先人墓，是當年漢文帝為趙佗父母修築的，屬於河北省重點文物保護單位。它作為西漢王朝維護祖國統一的重要像徵，在中華民族統一史上佔有十分重要的地位。歷代真定府、獲鹿縣官吏和地方文人，對此都十分重視。直到明清時期，這裡封土高大，樹木蒼茫，廟祠莊嚴。「煙樹蒼茫鎖趙陵」，是獲鹿縣八景之一。其村名為「趙陵鋪」，足見歷代王朝對其之尊崇。

「陵寢」乃是帝后墓葬，一般諸侯王的墓葬是不能稱為陵的。明清時期的地方誌，都將趙佗列為帝王，並收錄了大批憑弔趙佗先人墓、讚譽趙佗偉

大功績的詩詞歌賦，從各個側面反映了後世統治者及故鄉人民對趙佗功績的肯定。

為什麼說直隸總督署是中國現存唯一的一座省級衙門署

在封建社會，統治階級為了統治人民，縣及其以上行政單位都建有衙門。但各級官吏歷來不修衙。新官上任後或募錢財修寺刻碑以留名，或因自己不知任期長短而不肯掏錢修衙，所以歷代衙署保存至今的為數廖廖。

直隸總督署是清代直隸總督的衙署，於 1729 年建成，後雖有所修葺和局部增建，但並沒有大的變動，沒遭受重大災害和人為破壞，基本上保存了雍正時期的建築特色，是中國現存唯一的一座省級衙署。

現在的直隸總督署，東西寬約 130 米，南北深 220 餘米，總占地面積約三萬平方米。以兩條南北便道相隔，將衙署分為中、東、西三路。主體建築在中路，主要有大門、儀門、大堂、二堂、官邸、上房，並配以左右耳房、廂房等。這些建築均為硬山小式建築，保存完好。直隸總督署的黑色三開間大門，坐北朝南，位於三尺多高的台基上。大門正中懸一匾額，上書「直隸總督部院」六個大字，莊嚴肅穆。兩側掛有一副黑底金字抱柱聯。

步入總督署大門，東西各有一道過牆門通往東西兩院。從大門沿甬道往北是儀門。從儀門沿甬道北去 60 餘米，是總督署大堂。大堂南側有磚砌露台。露台是官員們舉行禮儀活動的地方。

由大堂東西側繞便門北進即二堂院，二堂院佈局嚴謹，東西廂房各三間，屋前有抱鼓石，開設有後門，均為穿堂屋，可通往東西更道和東西花廳。二堂正屋面闊五間，長 22 米，進深 10 米，為一明兩暗佈局。該堂屋是由元代「宣化堂」演變而來，堂室寬綽，至今木架還保留不少宋元古風。

穿過二堂向裡，是一開闊的小院，兩側各有一門與東西更道相通。再往北有磚牆相隔，中間有門與內宅相通，往裡即到內宅院，有官邸和上房兩進院落。官邸正堂中間為一過堂屋，東側室是「內簽押房」，為總督平時批閱

來文及處理公務的地方；西側室是書房，是總督習經寫字修身養性之所。由二堂到官邸有直廊相通。透過官邸最後到達上房堂院，這是總督眷屬居住活動的地方，平時外人是不能隨意進入的。

除此，總督署的東西兩側還建有「花廳」，名曰「東花廳」、「西花廳」，是總督邀其幕友敘舊論政或舉行大型宴請活動的地方。東西兩路還建有一進或兩進院落，大都是幕友辦公或居住的地方，名曰「幕府」，如刑名幕、錢谷幕等。這些建築規制雖次於中路，但廊廡、彩畫俱備，仍不失其體面。

西路北部是一花園，有一便門與中路上房相通，是總督及眷屬活動的場所。西側還有一內箭道，為總督考核武官之用。東路北部是吏房，中部有廚房，南部是寅賓館（接待客人的住所）。整個總督署房屋佈局嚴謹，構成一組非常和諧的建築群體。

▌直隸總督署的建築具有什麼樣的風格

直隸總督署做為明清官式衙署建築的典型代表，其建築風格體現在以下方面：

第一，在總體佈置和空間組合上，總督署的中路建築，一般將五開間的正房放在正北南向主軸線上，同時根據構成院落的需要，東西配置開間不等的廂房，南面無倒坐，而是呈多進三合院豎向延伸的格局，且用硬山式門樓或宅門分割形成獨立的院落空間。中路主體建築大門多居中間開，東西兩路因是總督屬員宴樂休息之所，故往往在南面倒坐以東設置大門，以符合「坎宅巽門」的風水要求。

第二，總督署建築的主要形式為硬山小式，外牆為磚砌，因冬季嚴寒，厚度較大。官邸、上房地面原為木檁龍骨鋪平口木地板，院內則多用青磚墁地。各幢房屋之間多由卡子牆連接，二堂、上房院由抄手遊廊連接正房和廂房，豐富了宅內建築層次和空間。東路建築的花廳、進廳、迴廊等多為卷棚頂，與中路多數建築迥然不同。

　　第三，在裝修上，總督署房屋門窗裝修為固定木櫺窗和格扇式板門，大門、儀門、垂花門多為棋盤式板門，各堂屋門則為板門格扇。外廊簷枋下多做花牙子。中路二堂、官邸、上房及東花廳的門窗、楣子木裝修也有著自己的特色。楣子以硬三椿倒掛楣子為主要形式，其中的花牙子是安裝在楣子立邊與橫邊交角處的裝飾件，雙面透雕，常見的花紋有草龍、番草、松、竹、牡丹等。而門窗則將燈籠錦、步步錦、豆腐塊、花櫺子等技法有機融合起來，並且暗含八仙、梅蘭竹等傳統吉祥圖案，雕鏤精細，與台基、屋面、牆身形成較鮮明虛實、線面，剛柔對比，表現出衙署建築細部的韻律和節奏感。

　　第四，直隸總督署的彩繪，除大堂用貼金彩繪外，一般均為墨線小點金式彩繪，這在鏇子彩繪製度中，屬於七級當中的第六等。線路用墨，花心點金，較為低檔，這與督署緊靠京師，從而在建築級別、規模上恪守封建禮制大有關係。只是到了近代，由李鴻章修建的東路東花廳中，才開始施用較高檔的蘇式彩繪。民國時期，中、東路建築在翻修的過程中，蘇式彩繪更是大量混入，有的一直遺留至今。

▌你知道「保定府的大旗杆」嗎

　　遊覽過直隸總督署的人都知道在其門前、裕華路的中間有兩根大旗杆，它們在直隸總督署原東西轅門南側，照壁北側，左右各一根，原為木質，高約 16 至 17 米。旗杆上端約三分之一處有一方鬥，下收上放，可以站人。旗杆的頂端懸一橫棍，上挑一長方形紅邊白底彩旗，旗心上書「直隸總督部院」六個宋體黑字。民國初年曹錕任直魯豫巡閱使時，將木質旗杆換成用鋼筋水泥製作，並移至轅門外側。旗杆加高到十丈五尺（33.6 米），為全中國旗杆高度之最。保定有關旗杆的民間傳說很多，素有「保定府的大旗杆」之稱。解放後曾一度作為古城保定的城徽。可惜在西元 1971 年 9 月將旗杆拆掉。1994 年 10 月，這對旗杆以原高度、原式樣矗立在原地，得以重建。

保定市內現存最古老的建築是什麼

　　位於保定市裕華東路西段路北的鐘樓，是保定市內現存最古老的一座建築。據金大定二十一年的鑄鐘銘文記載，鐘樓創建年代最晚不遲於金代。明宣德年間重修後，又稱宣德樓。成化年間修葺時將樓建於台基上，曾改名干雲樓。清康熙四十二年重修後，又稱「鳴霜樓」，俗稱鐘樓。

　　該樓坐北朝南，建在 2.55 米高的台基上，周圍砌女兒牆，巍峨壯觀，每當落日黃昏或晨曦微露時，鐘樓更顯古樸雄渾。鐘樓的形製為重檐二層歇山布瓦頂，面闊三間，進深三間，室內東側置樓梯，上層舉折為六椽層架，大闌額和普柏枋在角柱外垂直切割，枋斷面成「丁」字形，跨六椽栿置枋子兩根，為懸掛鐵鐘之用。鳴霜樓出簷平緩，翼角起翹，戧脊上置蹲獸，普柏枋上施宏大的鬥拱，將屋簷挑出。下層鬥拱三踩，次間、補間皆用兩朵，唯山面補間用一朵。從其鬥拱看，為明代重修時改變了原來的式樣，簷枋上原繪的蘇式彩畫，出自明人之手。鐘樓內懸掛的鐵鐘高 2.55 米，口徑 2 米，鐘帶三層，每層每方皆鑄佛像，鐵鐘鑄造於 1181 年。

原保定軍校是如何佈局的

　　原保定軍校，全名為保定陸軍軍官學校，位於保定城東北，距大東門五里，是在一座關帝廟廢址上建立起來的。現為保定畜牧場。學校共占地 1500 畝左右，分四部分，其中本部占地約 190 畝，分校占地約 100 畝，大操場占地約 850 畝，靶場占地約 350 畝。分校又叫東院，是前五期學員入伍期訓練場，後改為馬廄和庫房。大操場中間靠北建有演武廳，包括閱兵台、室內運動場、休息室。本部是學校主體，佈局合理，建築講究，規模也較大，可同時容納兩千人就學。建築區分北院和南院，北院建有伙房、飯堂、庫房。南院又劃分為中、東、西三院，中院為辦公室，東西兩院為教室和學員宿舍。本部設南北兩門，南門為正門，上懸黑色漆金字橫匾「陸軍軍官學校」，門前一對威武的石獅分列左右。東西兩院建築形式相同，各有二十排瓦房，前有廊廈，各排之間設走廊，每兩排有一月門，內住一連人，故稱「一連道子」。前排為教室、辦公室，後排是宿舍。中院中央是方正高大的尚武堂，面對大

門，尚武堂門前一對銅獅，兩株古柏，威嚴肅穆，柏樹上掛一口銅鐘，為作息號令鐘，廳前是廣場，供全校開大會用，又稱內操場。靶場在本部院外。現軍校大多數建築已被毀，在遺址上建有保定陸軍軍官學校紀念館。

保定市區最高大的古代建築是什麼

位於保定市北大街南端的大慈閣，又名大悲閣，是全市最高大的古代建築。其始建年代，據《保定府志》載，宋淳佑十年（1250 年）大慈閣為蒙古河北東西路都元帥張柔所建。現在的大慈閣是清代乾隆年間被焚後多次重修的建築，占地面積約 1400 平方米。

大慈閣是一組壯觀的寺廟建築群體，因其主體建築稱大慈閣而得名。大慈閣座北向南，單簷歇山頂的山門，門楣書「真覺禪寺」，門前置石獅一對。穿過山門，東西有鐘鼓二樓對稱而立，迎面是主體建築－大慈閣，建於高 5.4 米的石台基上，歇山布瓦，重簷三層。閣前是 22 級台階，拾級而上，石基玉石欄杆，周作望柱，移目閣內，若明若暗中，一尊千手千眼觀音，四十二條手臂，分別執有淨瓶，寶劍，禪杖，菱鏡、拂塵、鋼桿等法器，慈眉善目，神態安然。一樓東西兩側的壁畫，為十八羅漢像及經變故事，因年代久遠，已殘破，但色彩鮮豔，清晰可辨，是閣內遺存的藝術精品。閣內有樓梯可通二、三層。大慈閣通高 31 米，登上第三層，憑窗極目，西望郎山，隱隱諸峰盡收眼底；俯視古城，市井民宅，歷歷在目。雄偉壯觀，數十里外可見，昔人有「燕市珠樓樹梢看，只圖金閣碧雲端」之句，是保定八景之一，稱「市閣凌霄」。

清東陵有多大規模

中國最後一個封建王朝清朝，自定都北京後，其曆 10 個皇帝，統治中國達 200 多年。除末代皇帝博儀未建陵外，9 個皇帝及其后妃，分別葬於遵化縣東陵和易縣西陵。

清東陵位於遵化縣馬蘭峪西，有帝陵 5 座、後陵 4 座、妃陵寢 5 座，先後埋葬了 5 個皇帝（順治、康熙、乾隆、咸豐、同治）、14 個皇后、136 個

妃嬪，是中國現存規模宏大、體系比較完整的陵寢建築群。陵區前圈面積約48 平方公里，週邊至少有五百多華裡。這些陵寢分別建於氣勢雄偉、景色秀麗的昌瑞山南麓。東臨婉蜒起伏的丘陵，西傍山巒疊翠的黃花山，正南天台山和煙墩山東西相崎，形成一個自然山口──龍門口。四周群山起伏，中間原野坦蕩，山清水秀，氣象萬千。

清朝第一個皇帝福臨（順治）的孝陵，建於昌瑞山主峰下，其它陵寢各依山勢，沿昌瑞山南麓東西兩側排列。孝陵是整個陵區的中心，建築最為完備。從正南的石牌坊起，向北沿 10 多華里長的孝陵神道，排列著數十座建築物，依次為大紅門、具服殿（更衣殿）、聖德神功碑樓（大碑樓）、石望柱、石像生、龍鳳門、石橋、隆恩殿等。這一系列建築，由一條寬 12 米的磚石神道連貫起來，脈絡清晰，主次分明。

各陵寢建築佈局合理，氣氛諧調，均為清代標準官式建築。隆思殿是陵院建築的主體，也叫享殿，重檐歇山式建築，坐落在隆思門內正面高大的台基上，前有月台。大殿面闊五間，進深三間，內設暖閣、佛樓，是安放死者神牌、進行祭掃的場所。

在清東陵建築中，以慈禧陵隆思殿的建築工藝水準最高，花費浩大。最初，慈禧陵和慈安陵同時修建，用了 8 年時間，於 1881 年建成，耗很 227萬兩。光緒二十一年（1895 年），慈禧以年久失修為藉口，下令把慈禧陵隆思殿和東西配殿全部拆除重建。重建後的隆思殿和東西配殿的內壁，全是中間五幅律壽，四角環繞萬字不到頭的雕磚圖案。而且門拱、梁訪、天花板上的彩繪以及雕磚部位，全部貼金。殿內的明柱，皆為半立體金龍盤繞。殿內金碧輝煌，光彩奪目，為一般陵寢建築中所未見。僅貼金一項，就用掉黃金4，590 多兩。隆恩殿四周的漢白玉石欄板和望達上，都雕刻著精細的龍鳳呈祥和水浪浮雲的圖案。月台前面透雕的龍鳳彩石，鳳上龍下，鳳翔龍舞，龍鳳戲珠，是中國石雕藝術中的瑰寶。

地宮位於寶頂之下，是陵寢建築的重要組成部分，是安放棺柩的地方。清東陵有大量石雕和石構建築，是清代石雕藝術的代表作。

　　清東陵是中國古代勞動人民聰明才智和血汗的結晶。但這一珍貴的歷史文化遺產，在解放前曾多次被反動派盜掘和破壞。解放後，人民政府對清東陵的保護十分重視，不斷地進行維修和保養。

▌東陵大盜孫殿英是如何瘋狂盜寶的

　　隨著清王朝的覆滅，東陵護衛已名存實亡。當時駐紮在薊縣馬伸橋一帶的國民革命軍第十二軍軍長孫殿英，對慈禧陵中珍寶早有耳聞，此時更是眼紅。

　　1928 年 7 月初，孫殿英得知，奉系第二十八軍馬福田團由保定開往灤縣途中進駐馬蘭峪企圖盜寶，便命師長譚溫江率部連夜出擊。擊退馬福田之後，部隊竟直奔東陵，謊稱要搞軍事演習，從而開始了盜陵活動。

　　譚溫江部進入陵區，白天層層設崗，斷絕行人，深夜動用工兵挖墳盜墓。從 7 月 2 日始 6 天之內，先後盜掘了慈禧與乾隆的陵墓，將地宮及棺槨中的珍寶大肆洗劫。匪徒們掄鎬操鍬，在古洞門內掘開了洞口，拆開金剛牆，鑽進了墓道，撞開了兩道漢白玉石門就進入了墓室。慈禧的棺槨停放在正中的寶床上，外槨為金絲楠木所制。匪徒們劈開外槨，撬開內棺，揭開「子蓋」，慈禧的屍體躺在裡面，雖然死後 20 年還如同活人一般，嚇得匪徒驚叫起來。在長官的催促下，首先收走屍身周圍的大件寶物；翡翠西瓜、螞蚱白菜……為了摘取慈禧身下的珠寶，便將慈禧屍身甩在棺外，棺內珠寶搜盡之後，又將棺木掀翻，在棺下的石床上還有一眼井，井中還存有大量寶物，匪徒們又扒下了慈禧身上的龍袍和內衣，解下了周身的珠串，用刀撬開嘴，取出了一粒又大又圓的明珠。孫殿英盜墓，使中國的國寶遭到了極大劫難。

　　自從孫殿英將慈禧陵和乾隆陵盜掘後，數年間，清東陵就成了盜墓者的垂涎之地。1929 年，昭西陵地面建築文物被盜，第二年，地宮被掘。同年，純惠皇貴妃地宮被盜。1945 年到 1946 年，發生了規模空前的大盜案。主要盜掘了定陵、惠陵、雙妃園寢、景陵等，大批珍貴文物被洗劫。1947 年，景妃園寢、裕妃園寢相繼被盜。1948 年，定妃園寢被盜。1949 年，定妃園寢、惠妃園寢被盜，直到 1950 年，新中國已經成立，惠妃園寢再次遭盜掘。至此，

清東陵 15 座皇帝后妃陵寢，除順治帝孝陵倖免於難外，其他陵寢均被洗劫一空。

清西陵是如何佈局的

位於易縣梁各莊西。這裡有雍正、嘉慶、道光和光緒皇帝 4 座帝陵，3 座后陵，還有王公、公主、妃嬪園寢 7 座。整個陵區周長二百華里。

雍正皇帝的泰陵，位於泰寧山主峰下，雍正八年（1730 年）開始修建。它是西陵的中心，其它陵寢分別建於東西兩側，規制與清東陵基本相同。泰陵規模最大，建築齊全，體系完整。

西陵中泰陵的石牌坊則有三座，結構和形式與清東陵石牌坊基本相同。其中一座位於神道中軸線上，其它兩座位置稍後，分列左右，佈局得體，氣勢軒昂，別具一格。

嘉慶皇帝的昌陵位於泰陵西側，規模僅次於泰陵。道光皇帝的慕陵在泰陵以西 5 公里處的龍泉峪，其建築佈局比較特殊。旻寧繼位後，就在遵化縣清東陵建陵，前後用了 7 年時間才把陵建成。次年，道光皇帝發現地宮浸水後大怒，下令把陵墓拆毀，並責罰有關官員。後來，又在西陵選址建陵。兩次建陵，共耗白銀 440 多萬兩。

道光皇帝的慕陵規模比泰陵和昌陵小，沒有大牌樓、神道、石像生，也沒有方城、明樓等建築。隆恩殿的建築別具一格。它完全用楠木建成，一律本色，不飾彩繪。天花板每個小方格內，都是雕龍。隔扇和門窗上，也都雕有龍。龍群設計新穎，千姿百態，栩栩如生，猶如一座雕龍的博物館，使隆恩殿風格獨具。

光緒皇帝的崇陵，在泰陵以東 5 公里處的金龍峪，是中國帝陵中最後的一座，除沒有大碑樓、神道和石像生外，從小碑樓在北，陵寢建築與泰陵差別不大。光緒皇帝的崇陵從宣統元年（1909 年）開始修建。1911 年，辛亥革命推翻了清王朝，崇陵由遜清皇室繼續營建，直到 1915 年才完工。因此，崇陵規模較小，保存也較完好，殿內彩繪依然鮮豔奪目。

人們可以從清西陵和清東陵全面地瞭解清朝帝后妃陵寢的規制、建築形式及其特點，從一個側面瞭解清王朝的歷史和文化藝術成果。

▌西陵建築有哪些特點

西陵北起奇峰嶺，南到大雁橋，東臨燕下都，西止紫荊關，周長200多華里，是清朝三座墓陵群之一。陵區共葬有四帝九後，五十七妃嬪。整個陵區宏偉壯麗，古建築富麗堂皇。西陵建築均座北朝南，從前到後依次有石像生、大碑樓、大小石橋、龍鳳門、小碑亭、神廚庫、東西朝房、隆恩門、東西配殿、隆恩殿、硫璃門、二柱門、石五供、方城、寶城、明樓、寶頂、地宮等。帝陵附近建有後陵寢和妃園寢。西陵完全依照宮廷建築佈局，隆恩殿即是皇帝當朝的金鑾寶殿，殿後琉璃花門以內的明樓、方城、寶城、寶頂、地宮等即是皇帝的後宮。陵寢所有建築都是以中軸線貫穿南北，主要建築都建在中軸線上。地宮在中軸線最北端，配殿建在中軸線兩旁，均衡對稱。陵寢佈局與周圍自然環境巧妙結合，渾然一體。每座陵都依山而建，山脈東西走向，陵寢建築南北排列，使山脈成為陵寢的天然屏障。龍鬚溝一般也多在天然河道上砌成，以便「借景」。各陵建築群沿中軸線從南往北都是先疏後密，隆恩門以內的建築組合最緊湊，主體建築突出，層次分明。陵寢建築講究對比襯托和佈局搭配，比如高大的明樓前設置低矮的石五供，橫向的龍鳳門面對縱向的石橋等。西陵的殿宇都是標準的宮殿建築，從內部結構到外觀造型及石木雕刻都以宮殿為標準。

▌西陵建築之謎

第一，牌坊。牌坊是一種門洞形式的紀念性建築。在西陵，它是某組陵區建築開始的標誌。泰陵的牌坊最多，共四座，均為石牌坊。第一座在泰陵南三華里的平坦地帶，面寬三間，四柱三門，門頂雕有火焰圖案，象徵逢凶化吉，皇族興旺。泰陵大紅門南，五孔橋北，還有三座大小相等的石牌坊，一座面南，兩座各東西，與北面的大紅門合圍成一個四合院。石牌坊全部用青白石料雕成，均為五間六柱十一樓的樣式，牌坊各部位都雕刻著各種紋飾，

雕工精細，造型生動。崇陵也有牌坊一座，位於神道碑前面，為五門六柱五橫式，木石結構建築。牌坊塗繪彩畫，並裝有雕花門板。西陵永福喇嘛廟前殿與中殿之間是座木石結構牌坊，為三間四柱三樓式，裝飾也十分精美。另外，西陵中的怡賢親王墓前，有一座三間四柱三頂式牌坊，樣子近似於泰陵大紅門外的「火焰牌樓」。西陵共有八座牌坊，都是玲瓏別緻，精美絕倫的建築精華。

　　第二，門。西陵的門，建築形式多樣，各陵又有共同的特點。大紅門是整個西陵的門戶，也是泰陵的門戶，建築規模宏大，氣勢非凡。門牆為磚石砌，黃色琉璃瓦單簷廡殿頂式，面闊 34.8 米，進深 11.35 米，高 5.53 米，雙開門扇上釘有橫豎九行封泡銅圓帽釘。大紅門兩側各有角門一座，連接著四十二華里的風水牆。角門的設立，使大紅門更加莊嚴氣派。龍鳳門位於陵寢建築的引導部分，是三門六柱建築，門上覆彩色琉璃瓦，門間隔壁正面各嵌一條琉璃盤龍，背面嵌琉璃鴛鴦荷花，象徵帝后共穴，萬年合好。隆恩門是各陵主體建築的開始，入隆恩門即可進各陵宮殿區。隆恩門面闊五間，進深兩間，歇山式黃琉璃瓦蓋頂，居中三間各裝門扇一對，兩側兩間砌磚牆，中門之上懸「隆恩殿」匾額。在隆恩殿後還有一座風格別具的琉璃花門，是前朝後寢的界限，因此門三路石階踏跺上有三個門洞，故又稱「三座門」。門頂為黃琉璃瓦歇山式。值得一提的還有永福寺喇嘛廟的山門，此門面闊三間，進深兩間，為琉璃瓦頂歇山式，三門均砌磚石牆壁，石質弧形券頂，上面浮雕纏枝蓮花，石雕梅花式窗戶，彩梁畫柱，整體建築近似一座宮殿。

　　第三，橋。據統計，西陵共有石橋 49 座，這些橋分佈在各陵的神道上，是穿越馬槽溝、龍鬚溝的通道。這些橋形式多樣，美觀大方。有拱橋、平橋；有單路橋、三路橋；有欄板橋、平面橋；拱橋中有三孔橋、五孔橋和七孔橋。帝陵的橋規模大、數量也多。僅泰陵中就有九座橋。大紅門前的單路五孔橋，長 87 米，寬 10.94 米，拱高 4.9 米，橋欄為漢白玉雕成，荷葉淨瓶圖案，桃形望柱，造型優美，氣勢雄偉，稱之為西陵第一橋。沿神道過大碑樓，有一單路七孔橋，長 105.5 米，寬與高和前面的五孔橋相同，巨大的規模、完美的形式，在古代橋樑史上也是屈指可數的。更有特色的是小碑亭南面的三路三孔橋，橋面為三路，中間由雕有荷葉淨瓶的欄板隔開，三路寬窄一致，長

度相等，總寬 13 米，長 24 米，雕工精細，造型美觀，具有很高的藝術性。陵寢的每一座石橋除有連接建築組合的作用外，還有調節佈局層次的疏密、顯示莊嚴肅穆的作用。後陵的橋數量少，規模也小，妃園寢與王爺陵的橋更少，且多為平橋，甚至有的無溝也無橋，這顯示了陵寢內森嚴的封建等級制度。

第四，神獸雕刻。清西陵幾乎所有的建築物都有雕刻，雕刻分為石雕、木雕、磚雕等，整個陵區儼然是一個清代雕刻藝術的展覽館。在眾多雕飾中，龍鳳類的神異動物最多，石牌坊、橋欄板、陛階石、明柱、梁頭、天花板等到處可見。雕刻中的龍和鳳或睡或臥，或飛或遊，形態各異，氣象萬千。龍、鳳是中國古代傳說中的靈異動物，是遠古部落兼併後「圖騰」的組合，是由許多動物的一部分組成的。這種圖騰結合體，正是中國南北文化的融合，形成炎黃華夏的共同象徵。後來龍鳳又成了帝后的象徵，是最高封建統治者們自命不凡的表現。除了龍鳳外，陵區的碑額殿角多刻「螭首」，是傳說中好望遠的蛟龍；殿頂層脊多裝飾「鴟吻」，傳說鴟吻是一種身似鷂鷹的魚，能噴浪成雨，用以防災滅火。在有文字的石碑下雕有「贔屭」基座，俗稱「王八馱碑」，相傳它力大善馱，又喜讀文字。「狻猊」飾於香爐；大紅門前蹲坐的兩個巨大石獸，單角、似牛，是一對獬豸，傳說它能區分善惡，忠誠直率。

▌順平伊祁山周圍有哪些堯帝遺址

堯帝，上古五帝之一。史料記載，姓伊祁，名放勳，堯為諡號。傳說他是上古陶唐部落長，是炎黃聯盟的首領。有證據表明，堯的故里在順平縣。現在順平一帶有許多關於堯的民間傳說和遺蹟，對堯的祭祀活動也從未間斷過。縣城正西 10 公里處有伊祁山，山上有一天然山洞叫堯母洞，相傳堯就出生在這裡。因堯居伊祁山，後將伊祁作為姓氏。《史記》中記述：堯為帝嚳之子，其生母名慶都，是帝嚳的次妃。現伊祁山有太子庵（堯為帝嚳太子）、太子殿、太子塔遺址，供人們憑弔。伊祁山北二公里有五龍泉，水從五孔流出，相傳堯用五指所挖。伊祁山西麓一公里有壇山，傳說為堯祭天之台。伊祁山東十公里有慶都山，據傳是堯母居住地。伊祁山東南二十公里、望都縣

城東北尚有堯母陵。傳說堯受禪後，曾建堯城而居，今伊祁山東南十餘公里處仍有堯城村名，並有規模宏大的堯帝廟遺址。考古學家在這裡發現有五千年的古文化遺址。史料載，堯最初曾受封於唐，即今唐縣，所以又有「唐堯」之說。堯後封其長子丹朱居曲逆城（順平秦漢時曾叫曲逆），曲逆城舊址在今順平縣城東南十公里的大王村、子城村，村名即源於此。如今，伊祁山周圍有萬畝桃林，每年四月舉辦以「登伊祁朝聖，賞順平桃花」為主題的順平桃花節。

腰山王氏莊園是什麼建築

坐落於順平縣城東十公里處的腰山王氏地主莊園，是華北地區現存最完整的清代地主莊園。莊園建於清初順治年間，距今有 300 多年的歷史，因莊園的主人是漢族鑲黃旗人王希袞，故稱王氏莊園。莊園占地 279 畝，原有 50 多套宅院，房屋兩千多間，現存八個連為一體的套院，房屋 120 餘間。莊園的建築風格為典型的漢族北方民居形式，全部為四合院，每個院落自成體系，各院之間又有迴廊相連。所有佈局協調，對稱整齊。建築以藍色和灰色為主調，各正門都有雕花欄板、垂蓮、石獅、石製或木製抱鼓、窗櫺、柱礎等，碼頭石分別刻有各種吉祥圖案，意為福、祿、壽等。房舍木雕、石雕、磚雕，古樸、精緻、美觀。現存房屋有當年主人用過的客廳、書房、臥室，還有家廟（祠堂）及奴僕住的下房等。王氏莊園是研究清代民風民俗的珍貴實物資料，是中國北方民居建築的極品。

為什麼曲陽建有北嶽廟

曲陽縣城內的北嶽廟，是北魏宣武帝時期所建，至今已有 1500 年歷史。據縣誌記載：廟分三門，南為神門，也就是縣城的西南門，西門就是縣城的西門。進神門後，廟宇建築依次有牌坊、朝獻門、禦香亭、凌霄門、三山門、鐘樓、鼓樓、飛石殿、德寧殿、後宅門等，所有建築排列有序，宏偉壯觀。北嶽廟南北總長 540 多米，東西寬 130 多米，總面積 17 萬餘平方米，建築面積超過 5.4 萬多平方米。德寧殿是廟內主建築，保護基本完好；飛石殿僅

存遺址，清宣統年間被毀。禦香亭，明代所建，為平面八角形建築，各面建有券門，三簷布瓦、琉璃脊，內外八根簷柱。整個建築玲瓏俊俏，結構緊湊，禦香亭建國後重修。北嶽廟珍藏歷代碑石多通，其中不少為書法藝術珍品，最早的是北齊武平四年（573 年）侍中散騎常侍、定州刺史司鄒珍碑。之後，唐、宋、元、明、清各代均有碑刻，總共 137 通。為什麼曲陽縣建有如此規模宏大的北嶽廟呢？原來這裡自北魏以來，就是各代皇帝祭祀北嶽的地方。中國自古就有五嶽之說，即東嶽泰山、西嶽華山、北嶽恆山、南嶽衡山、中嶽嵩山。帝王各有祭祀之所，歷代沿襲成制。直到清順治十七年（1660 年），始改祭於山西渾源。

▌「曲陽鬼，趙州水」是怎麼回事

　　中國古代壁畫多保存於廟宇、佛寺、古墓中，它是中國古代文化的一筆寶貴財富。其中曲陽北嶽廟德寧殿壁畫，堪稱中國美術史上罕見的傑作。德甯殿重建於元代至元七年（1270 年），是中國現存元代最大的木結構建築物。當地群眾把此殿稱為「竇王殿」，因隋末農民起義領袖竇建德曾率軍進駐於此而得名。起義軍紀律嚴明，深得人心。德甯殿正面高懸「德寧之殿」匾額。大殿建築宏偉，面闊九間，進深六間，重檐廡殿式，琉璃瓦脊，青瓦頂，總高 30 米。高大殿宇東西內壁繪有巨幅《天宮圖》。壁畫高 7.5 米，長 17.5 米，東牆壁畫為「龍興雨施」，西牆壁畫為「萬國顯寧」，如此巨幅壁畫在中國實屬罕見。壁畫是元人仿唐代畫家吳道子的技法所繪，線條灑脫流利，敷色濃淡相宜，衣帶非凡，長袍曳地，玉袂飄舉。最突出的是西壁最高處的「飛天之神」，形象猙獰，怒目圓睜，虯鬚連鬢，毛根出肉，肌腱突出，荷戟巡天，氣勢逼人。傳說「飛天之神」與趙縣原柏林寺大殿壁畫上的水，皆出自唐代大畫家吳道子之手，十分著名，故有「曲陽鬼，趙州水」之美譽，所傳雖有失準確，但壁畫悠久的歷史，精湛的畫藝，是中國壁畫藝術中不多見的傑作。

▌「中華第一塔」知何處

　　開元寺塔，通稱定州塔，位於定州城南門內東側，這裡原有開元寺，現僅存一塔。此塔高 84.2 米，共 11 層，是中國現存最高的古磚塔。有「中華第一塔」的美譽。高大的塔基上，座基週邊長 128 米，呈八角形，四面辟券門，另四面設假窗，雕幾何形窗欞，最上面兩層八面都是券門，外觀雄偉秀麗。塔內的八角迴廊鋪有磚階，直達頂層。迴廊頂部裝飾有雕花磚、彩繪天花以及拱式券頂；迴廊兩側有壁龕，或繪壁畫，或置塑像，磚壁上還嵌有許多珍貴碑刻。這座雄偉而精美的大塔建於宋代。當時開元寺僧會能往天竺（印度）取經，得佛舍利子而歸，宋真宗聞奏異常高興，於咸平四年（1001 年）下詔建塔存放佛舍利，到宋仁宗至和二年（1055 年），歷時五十多年才完成這一浩大工程，至今當地仍流傳著「砍盡嘉山（在曲陽縣）木，修成定縣塔」的傳說。建造定州高塔，還有另一個重要作用。定州所處地理位置十分重要，北與契丹相接，是邊防重地。當時，經常有戰事發生，宋朝可登上此塔瞭望北國敵情，所以又叫「料敵塔」。現在，定州塔已成為國家重點文物保護單位。遊人登上塔頂眺望，平原河流，城市鄉村，遠山美景，盡收眼底。

▌河北保存最完整的文廟古建築群在哪裡

　　定州文廟，位於定州市城區中部，始建於唐大中二年（848 年）。是供奉孔子的場所。也是河北省保存最完整的文廟古建築群，是省重點文物保護單位。

　　定州文廟占地面積 15685 平方米。其建築佈局，北三院各為中軸式群體建築，南院為四合院。中院為大成殿，主供奉孔子及四配十二哲，東西兩廡主供奉與祭祀七十二賢。前院為戟門，昔日曾列戟二十四支，以示威嚴。緊靠戟門為官廳，前院東廡為名宦祠，西廡為參賢祠。正門為欞星門。東院北側為崇聖祠，取「崇敬聖賢」之義，原為孔子家廟，主祭孔子的五世祖先；南側為文昌閣，又稱魁星閣，取「魁主文章」之義，為學子走向仕途祭拜「文運之神」的場所。西院北側為明倫堂，取「闡明倫理」之義，為主管教化的場所。中部為儀門，南側為大門。文廟建築氣勢恢宏，院內蒼柏林立，花草

相依，環境幽雅。著名的「東坡雙槐」，傳說是宋代大文豪蘇東坡在定州做官時親手植下的，現仍蔥鬱古樸。

中國保存至今的唯一清代科舉考場在哪裡

定州貢院，又稱考棚，位於定州市草場胡同，是中國保存至今唯一的清代科舉考場。始建於清乾隆三年（西元 1738 年），道光十三年重修，從建成到清朝滅亡，一直是定州及附近地方學子考取秀才和貢生的場所。

定州貢院平面佈局呈中軸對稱式，占地 20000 多平方米，主要建築魁星閣與號舍連為一體。魁星閣明間九檁，廡頂三坡九脊，全貌七個攢尖頂，呈「品」字形排列，寓意北七星。號舍計 63 間，為考生席舍之地，中間有正廳，作為正式科場，可容納百人，狀如戲棚，所以俗稱考棚。院內還有監考人員活動的大堂，觀看武貢生比武的看台、演武廳，考官住宿的居室及後樓等建築，佈局有張有弛，嚴謹完備，是延續千餘年的封建科舉制度的生動反映。

為什麼滄州會有盤古廟

在滄州青縣城南 6 公里，有個村莊叫「大盤古」。村西有座盤古廟。據青縣民間傳說，盤古開天闢地後，就開始漫遊天下，這一天到達青縣，見天懸日月星辰，地綴水陸山川，又見這裡高崗松柏河邊柳，平地瓜果兼五穀，百花爭豔蜂蝶舞，鳥唱高枝魚浮游，可謂草肥水美，木秀花香，於是便擇此定居。當地人們為了紀念這位開天闢地的祖先，於元世祖至元十五年（1278年）修建了這座盤古廟。據文獻記載和民間傳說，當年的盤古廟分前、中、後三殿，極似北京的故宮三殿，金碧輝煌，蔚為壯觀。前殿高三丈六尺，象徵一年 360 天；台階分為 18 級，代表 18 層地獄之說；飛簷椽子 108 根，按36 天罡、72 地煞而設計；每根椽頭繫銅鈴一枚，按照宮、商、角、徵、羽五音而置，有所謂「風搖鈴響天動樂，光照殿頂地生輝」之說。殿內有身披樹葉，手托日月的鐵鑄塗金盤古像，高一丈零八寸。中殿塑有南海觀音像，端坐蓮盆，金童玉女側立兩旁。後殿設老君、孔子、龍王三塑像，殿前有合抱粗的合歡樹兩株，殿後鐵磬懸於古槐之上。傳說盤古九月初九誕生，三月

初三歸天，因此盤古廟每年在這兩天設廟會。屆時，善男信女，寺院僧道，五行八作，泛舟騎馬，雲集而來，一派熱鬧景象。

豐寧鳳山鎮戲樓有哪些特點

鳳山鎮地處豐甯縣白赤溝、牤牛河和正北川三條河流的匯合處。這裡土地肥沃、環境優雅、民風純樸。歷史上就是重要集鎮，留下了不少文物古蹟。其中鳳山戲樓就是有名的古建築。

鳳山戲樓建於什麼年代，現在無從考證。當地群眾傳說是同鳳山關帝廟同年興建。依照這一說法，關帝廟建於清雍正十年（1732 年）。鳳山戲樓也是 1732 年始建。

戲樓坐南朝北，是一個青磚砌牆，青瓦蓋頂的磚木結構樓台。樓身建在突出地面的花崗岩條石台基上。前樓四根圓柱支撐著高大的樓宇。樓宇為八鳳藻井、懸山卷棚頂，前後挑簷，遠看如雙雁齊飛。整座戲樓由高大的木屏障分開前後兩部分，木屏障直貫樓頂，左右各開一門，左右便門上繪有奇花異草，門額上各書兩個金字，左為「歌風」，右為「奏雅」。舞台兩側立有磚砌影屏各一座，屏頂為防木結構。後台門外配有附屬建築，東西兩側廂房緊連，南面正房與戲樓連成一體，佈局合理，整齊有序。戲樓前有一面積6000 平方米的廣場，是觀眾看戲的地方。鳳山戲樓結構嚴謹，氣勢雄偉，不愧為中國北方古典建築的藝術珍品。

你瞭解磁山文化嗎

磁山遺址位於武安縣磁山村，因最初在這裡發現距今約 7300 年左右的新石器時代文化遺存，所以定命為磁山文化。該遺址位於磁山村東南約 1 公里的台地上，南臨洺河。1976 年至 1978 年在這裡進行了發掘，發掘面積為2579 平方米，主要遺址有房址 2 座，灰坑 474 個，出土遺物有陶器、石器、骨角器等近 2000 件。遺物中以陶支架（座）和石磨盤最具特點。石器中有打製石器、打磨兼制石器和磨製石器三種。主要器形有石磨盤和石磨棒。陶器均為手制，主要器形有陶盂和陶支架（座）等。石磨盤、石磨棒和陶盂、

陶支架等組合物出土點有 45 處。經研究認為，組合器物中的石磨盤、石磨棒是糧食加工工具。組合物的出土點可能是糧食加工的場所。在發掘的灰坑中，有 80 個窖穴（灰坑）內有糧食堆積，數量之多是驚人的。經研究，認為其中有粟。從而證明這是人類最早種粟的地區之一。遺址內農業生產工具和糧食加工工具的使用，證明當時已經有了比較發達的農業。遺址內出土的家雞骨骼是迄今發現的中國最早的家雞，可以把中國飼養家雞的時間推移到西元前 5300 年左右。磁山文化遺存是中國中原地區新石器時代文化的一個新的典型，中國考古工作的一項重要發現。它為研究和探索中國新石器時代早期文化提供了新的重要鏈環。磁山文化遺址屬國家級重點文保單位，現正籌建磁山文化遺址博物館和磁山文化博物館。

▋回車巷裡能回車嗎

有一出著名的京劇《將相和》，至今還在舞台上長演不衰。戲中講的是，戰國時趙國大將廉頗，因對相國藺相如位居他之上不服氣，就千方百計要找茬兒羞辱藺相如。以國家大局為重的藺相如，為了避免將相失和情況公開，給強敵秦國可乘之機，儘量避免和廉將軍見面。不巧有次他上朝時，遠遠見到廉將軍騎馬迎面而來，就主動地驅車進入小巷躲避。這則發生在趙都城的佳話，至今還在邯鄲留有遺蹟。

在邯鄲市叢台區中街的南段西側，有條東西小巷，長約 75 米，寬僅 2 米。別看它不起眼，卻是當年藺相國回車之處，歷來被人們當作仰賢的古蹟。巷的東口牆上，原嵌有明代萬曆年間刻的一塊石質小標誌碑，1980 年複立新碑。新碑嵌在一座設計別緻的半壁碑亭裡。亭分上下兩閣，遊人都叫它「碑閣」。上閣石碑橫額「藺相如回車巷」六個大字為原河北省省長李爾重所書。下閣的豎碑記述了藺相如和廉頗棄前嫌、結摯友的故事，碑文為南宮碑書法名家李守誠所書。兩層閣瓦頂由雙石柱貫撐，建造技巧精湛，龍脊飛簷，獸頭高聳，給人以古雅莊重之感。只是近年由於舊城改造，將上閣瓦頂蓋壓了，稍損整體美感。

人們會問：這麼狹窄的巷子能回車嗎？據文物專家勘探，城內中街是建在戰漢文化層上的，本來這一帶就是繁華的居民區，那時的街道比現在寬闊，只是隨著漢後邯鄲城的衰落，才變成目前的狀況。小巷雖小，給世人的啟迪卻很大。

▌草頭皇帝王郎在邯鄲留下了什麼遺址

王郎，西漢末邯鄲人，原以相面占卜為職業，精通星象，以為河北有天子之氣，常想稱帝。他在豪強地主的支持下詐稱自己是漢成帝之子子輿，於西元 23 年，起兵反對更始帝劉玄，在邯鄲建起地方割據政權，成為黃河以北聲勢最大的軍事集團，並在邯鄲稱帝。劉秀受劉玄委派，利用當地的武裝討伐王郎，慘遭失敗。後劉秀聽說信都尉不肯歸附王郎集團，便星夜逃往信都，在信都太守任光等人的支持下，重振旗鼓，大舉進攻王郎，於西元 24 年 5 月攻克邯鄲，殺死王郎，平其城堡，留下了王郎城遺址和王郎村。王郎城址位於邯鄲市復興區插箭嶺西南（今建設大街西旁），現存地面夯土牆長 600 餘米，殘高 3 至 10 米。舊志記載，這裡是西漢末邯鄲王郎所建城堡，故名王郎城。但是，經考古調查證實，王郎城並不是王郎所築的城堡，而是戰國邯鄲古城（大北街）西垣的一段，漢代經過維修加築利用，遺有分界殘跡可考。王郎城址南北兩頭均與「大北城」西垣地下牆址相連。王郎村原名「許游村」，西元 23 年，王郎在該村築城修舍稱王，形成了「王郎城」。

▌為什麼說響堂山石窟是「北齊文化帶」中心

響堂山石窟，位於邯鄲市峰峰礦區鼓山上，始建於北齊（550-577 年），隋、唐、宋、明均有續鑿。北齊王朝重佛，奉為國教。當時，北齊定都於鄴城（今河北臨漳），同時，又以晉陽（今山西太原）作為陪都，因此，鄴城與晉陽是北齊王朝兩大政治、軍事中心，王朝統治者們經常往來其間，為方便途中避暑遊玩，停頓休息，同時為了進一步宣揚佛教，籠絡臣僚，麻醉百姓，便不惜人力物力在沿途要道上選擇山水秀麗、風景優美、石質良好的地方，鑿窟建寺，營造宮苑，因而在晉陽與鄴城之間形成了以佛教為主體的北

齊文化帶。在這個文化帶上，邯鄲轄區內的主要據點有響堂山石窟、媧皇宮石窟、清泉寺、定晉岩禪果寺等。其中響堂山石窟位於石質優良、全山為石灰岩的鼓山上，地扼通往山西的太行八徑之一的滏口徑要隘，是兩個都城來往必經之地。響堂山石窟分南、北兩處，相距 15 公里。共有 16 座窟，雕鑿大大小小的佛像達 6000 餘尊，還有大量的經文碑刻等，是中國古代石窟藝術及建築、書法的寶庫。所以，從地理位置、寺院規模、文化價值等各方面來看，響堂山石窟都處於「北齊文化帶」的中心位置。

▋媧皇宮為什麼被稱為「吊廟」

媧皇宮位於涉縣城西北約 10 公里的東唐王山上，是傳說中女媧搏土造人，煉石補天的地方，當地人俗稱奶奶廟、吊廟。始建於北齊天寶年間，距今已有 1450 年歷史。

媧皇宮整個建築群占地 1437 平方米，分為山上、山下兩部分，由朝元宮、停驂宮、廣生宮和媧皇宮四組建築組成，中間連以 1000 餘米的台階式盤道，各組建築佈局均依山就勢，巧借天然，各俱神韻，為河北省古建築十大奇觀之一，自古就有「蓬壺仙境」的美譽。

穿過朝元宮、停驂宮、廣生宮三組建築群，拾階而上，便是主體建築媧皇宮，由媧皇閣、梳妝樓、迎爽樓、鐘鼓樓、皮瘍廟等古建築和北齊石窟、摩崖刻經組成。所有建築緊貼峭壁，凌空雄峙。媧皇閣坐東面西，歇山式的琉璃剪邊瓦頂，共有四層，樓閣通高 23 米，其後面的懸崖上，鑿有八個栓馬鼻，用八根鐵鍊將樓閣緊緊拴在峭壁之上。平日裡鐵索自然彎曲，當遊客盈樓之時，伴著啷啷作響之聲，鐵鍊被拉直，樓體即向前傾，因此媧皇閣又有「活樓」、「吊廟」之稱。這是中國建築史上動靜結合的完美之作，令人歎為觀止。

▋曹操「銅雀台」今安在

「東風不與周郎便，銅雀春深鎖二喬。」這是唐代詩人杜牧著名的《赤壁》詩最後兩句。曹操在魏都鄴城西北牆上所建的銅雀台，就在現今河北省

臨漳縣西南的三台村。當年是魏武曹操宴請賓客、聚會賦詩、觀賞歌舞的場所。以曹氏父子為首的鄴下文人，經常在銅雀台聚會賦詩，出現了在中國古典文學史上佔有重要地位的「建安七子」和建安文學。歷代名人題詠銅雀台的詩僅《臨漳縣誌》裡就記載了 65 篇。曹丕有「飛閣崛起特起，層樓嚴以承天」的名句。唐代詩人張說在《鄴都引》中詠曹操文武兼備的英雄氣概時寫道：「畫攜壯士破堅陣，夜接詞人賦華屋」，這「華屋」即是「銅雀台」。銅雀台與金鳳台、冰井台合稱為三台，其顯赫時期是十六國的後趙。冰井台今已不復存在，僅存金鳳台和銅雀台基址。銅雀台為東漢建安十五年（210年）所建，原有金碧輝煌的建築群，高十丈，有屋一百二十間，三台是鄴城內最高的建築，銅雀台位於中間，因台上豎有銅孔雀而得名。南與金鳳台，北與冰井台相去各六十步。後趙石虎重修三台時，把銅雀台在原高的基礎上又增高二丈，並在台上建五層樓，高十五丈，巍然崇舉，其高若山。元末，銅雀台被漳河沖毀一角，周圍尚有 160 餘步，高五丈，上建永寧寺；明朝中期三台還存在；明朝末期，銅雀台大部被漳河沖毀。現在的銅雀台基殘存，南北長 60 米，東西寬 20 米，高 5 米。夯土台基，夯層 11 公分左右。

▌為什麼宋代的大名府被稱為「北京」

　　大名府在邯鄲市東南大名縣大街鄉一帶。現在的大街鄉大街村就是大名府的中心。大名府始建於唐僖宗中和年間，宋仁宗慶曆二年（1042 年），對大名城廓進行了增修，改名為北京。內城周長 1.83 公里，外城周長 24.3 公里，設城門 9 座，規模宏大，明建文三年（1401 年），因漳衛河漫溢，變為廢墟，而後又遷修於艾家口，即今日的大名縣城位置。

　　在歷史上，大名府曾做過三次國都。第一次是五代唐（後唐）時期，在這裡當政的第一個皇帝是李存勖，國號大唐（後唐），年號同光，建都魏州（大名），都名東京。同光三年（925 年），改東京為鄴都。第二次是北宋仁宗時期，於慶曆二年（1042 年），把大名建為陪都北京。第三次是叛宋降金、被金朝封為藩國大齊皇帝的劉豫。劉豫當子皇帝共八年，以大名作國都二年，作副都六年。唐朝的田承嗣、何進滔、狄仁傑等；五代梁的楊師厚；北宋的

王欽若、寇準、歐陽修等著名人物都在這裡做過官。大名東西兩城，是隋唐以來直至本世紀 30 年前，冀南的政治、經濟、軍事、文化中心。它除做過三次國都外，自曹魏文帝黃初二年（221 年）至民國二十一年（1936 年）的 1700 多年裡，先後為郡、州、府、路、道、專區的所在地。

「一部水滸傳天下，大名府城美名揚」。這裡古蹟眾多，有保存完好的古城牆、唐宋時期王侯將相墓、氣勢非凡的天主教堂等。大名府城址，被列為省級文物保護單位。

▍冀州八景是哪些

冀州古城歷史悠久，具有「畿南古郡」的美稱，其中著名的「冀州八景」是令人向住的景觀。歷代文人學士為其詠詩題詞，更增添了冀州八景的文化色彩。

「紫微夕照」是第一景。古傳冀州東北海子湖帝有座數太的土山，山上綠樹成蔭。夕陽西照時，加上海子湖的映襯，猶如仙境出現，景色十分迷人。

「江水春瀾」是說在冀州城西有一條清水河，春天時河水漲滿，岸邊柳樹成行，桃花競開，漁船輕游於河面，激起河面碧波蕩漾，如詩如畫，明朝時有人說此景為「柏天翠浪渺悠悠，此身恍若畫裡遊」。

「信都舊址」得名是因為冀州古稱信都，建於西漢，主要建築為古池城，幾經破壞與修建，可謂經歷了千年滄桑，常引發文人懷古憂今的情懷。

「開元晚鐘」是指唐開元年間（713 年—741 年），玄宗命天下寺廟均稱開元，冀州西北部的覺觀寺也因此稱開元寺，寺內鐘聲特別響亮，「凌空響徹三千里，入市聲傳幾百家」，尤其在夜晚更加響亮，因此而得名。

「洞玄仙歡」位於冀州東北，據說一位姓邊名洞玄的女道士在此紫雲觀行道飛昇，受到唐玄宗敕諭褒美，引得四方遊人前來瞻拜，紫雲觀因此改名為「洞玄仙歡」。

「張耳空祠」位於南門內東側，建於北宋，毀於元末。張耳，西漢大樑人，因功封趙王，其祠建築十分雄偉。但專家對其進行考察，認定此墓非張耳墓。

「長堤霽雨」是指古時為防滹沱河、漳河溢水而築的一道大堤，堤上草木繁多，每當霽雨初停時，景色十分優美。

「古井涵景」位於古城東北，是八角井，建於北宋。井水清澈，可倒映星月，因此稱為「古井涵景」。

「冀州八景」大部分已隨歲月的流逝而消失，但卻給冀州人留下了美麗的傳說與回憶。

▌「十八亂塚」埋葬的是何人

在衡水景縣東南部，大約距離縣城 7.5 公里處，有一墓群場地，當地人稱這一墓群為「封家墳」，共有墓 18 座，因此封家墳又被俗稱為「十八亂塚」，是北魏大族封氏之墓，其中有封土的僅剩 15 座，最大的大約高 7 米左右，周長近百餘米，占地面積達到 200 餘畝。

墓群中埋葬的主要有北魏時期的封魔奴，東魏時期的封延之，北齊時期的封之繪，隋朝時期的封之繪之妻王氏、封延之之妻崔氏也葬於此。1948 年景縣解放後進行土改運動，當地的人民群眾為了破除迷信，要求將這些墓群挖掘掉，在沒有塌陷的四座墓中取出大量的隨葬品，先後收集到文物 300 餘件，主要有銅器、瓷器、陶器，另外還有瑪瑙珠 48 粒，琉璃碗兩個，銅印三方，並出土了大量的墓誌，鑒於這座墓極為寶貴的價值，發掘後被列為重點保護單位。「十八亂塚」中埋葬的封家，在魏晉南北朝時是顯赫的大家族，並與當時處於社會重要地位的王家、崔家聯姻，更加強了家族在社會上的權利，這種富貴在墓群的陪葬品中得到了證明。

▌「高氏墓群」有多少座墓

高氏墓群，又稱「皇姑陵」，位於景縣野林莊、北屯一帶，距景縣約 15 公里。墓群為北魏至隋代的渤海高氏家族墓。據史料記載，該墓群曾有近百座墳墓，但現在大封土的只有 16 座。墓群從東北至西南綿延數十里，占地面積約 2000 餘畝。其中最大的墓高 30 多米，直徑達 130 多米，高大雄偉。

高氏墓群掩埋的是北朝時的名門望族，死後按當時風俗「集族而葬」而形成族系墓群。1973 年國家對高氏墓群進行發掘，經過考證後認為，此墓地主要埋葬的是東魏天平四年（537 年）高雅夫婦及其子女的合葬墓，東魏武宣五年（547 年）高長命墓及隋開皇三年（583 年）高譚夫婦的合葬墓。

在對高氏墓群發掘中出土了大量文物，主要包括銅器、瓷器、陶器等。這些出土文物為對北魏、北齊及隋朝的政治、經濟、文化等方面的研究提供了實物資料。新中國成立後，政府對高氏墓群進行重點的維修和保護，墓間空地種值了樹木花草，並把其列為省重點文物保護單位。

孔穎達墓是怎樣保存到今天的

位於衡水市城北前馬莊村西有一座衣冠墓，據考證是唐代著名儒學家、經學家孔穎達之墓。這座墓在唐朝時不知有無墓碑，到了元朝，衡水縣尹袁偉為孔穎達立碑作傳，但不久墓碑遭到破壞，到了民國 9 年，衡水人民大興尊聖敬賢之風，為了紀念孔穎達，又為他立了一通墓碑，著名文化人劉耀卿撰寫了碑文，主要記載了孔穎達的生平事蹟。20 世紀 60 年代，一場破四舊運動，墓遭到了嚴重破壞，但碑仍然存在，文革後 1982 年又予以修復，並定為省級保護文物。

孔穎達是唐朝貞觀年間的儒學大師之一，他是孔子的後裔，祖籍是今山東曲阜，自孔子後裔孔揚被封為下博亭侯，便住在下博孔賢莊，即今天的衡水市前馬莊。孔穎達任過多種官職，他在仕途上最為輝煌的時期是成為朝廷文學館十八學士之一，時年 48 歲，唐太宗李世民經常到文學館同士子們交流，給他們特殊待遇。孔穎達撰寫《釋奠頌》呈送唐太宗，太宗認為這篇文章「殊為佳作」，並親筆下詔表彰。唐貞觀二十二年（648 年），孔穎達卒，陪葬唐太宗於昭陵，立有一墓碑，由尚書左僕射於志寧撰碑文。

你知道衡水聖姑廟嗎

在衡水安平縣城北關有座高台，高台是用方磚條石砌成的，大約建於西元 25 年。在高台之上原來矗立著一座建築雄偉的廟宇，據有關資料記載，

此廟宇即「敕封孝感聖姑廟」。在廟內大殿的中央，有一座聖姑塑像，即所說的「孝感聖姑」。塑像朝南端坐，體高將近丈餘，頭戴鳳冠，身穿蟒袍霞帔，面目鍍金，神態安祥。在聖姑的兩側，有許多相互對襯的泥塑群像，這些泥像各式各樣，姿態各異，刻畫的活靈活現。殿壁的兩側有靈跡 12 幀。畫中的人物千姿百態，栩栩如生，具有很高的藝術造詣和欣賞價值。

另外，聖姑像及其周圍的古物也具有很高的欣賞價值。人們透過觀看這些古蹟，不僅可以陶冶情操，增加文化素養的積累，而且可以造成瞭解歷史的作用。因此聖姑廟遺址昔日也曾是遊客不斷，成為安平縣有名的名勝古蹟。令人遺憾的是由於人為原因和自然的破壞，聖姑像早已被破壞，如今只剩下遺址—-- 聖姑台，彷彿還在向人們訴說著什麼。

▌「竇氏青山」是誰建造的

竇氏青山又被稱為竇父塚，位於衡水武邑縣城東 12 公里處，是竇太后為紀念其父竇青所建的。

竇氏青山所在的地方在漢代時是一個大水坑。秦漢戰亂時期，竇青為避亂隱身，躲到了現在的武邑縣境內。一天，竇青在一個水坑邊釣魚時，不慎落水溺死。西元前 179 年，漢文帝即位，封竇青的女兒竇猗房為皇后，因此竇青被追封為「安成侯」。文帝於西元前 156 年駕崩，太子劉啟繼承皇位，竇皇后命令把淹死他父親的大水坑填平，並在上面建起一座高大的墳墓，在墳墓的南半坡建成一座廟，廟旁立有寫著「竇氏青山」的石碑一座。整個建築如行雲流水，一氣呵成，高低搭配，錯落有致。遠遠望去頗為壯觀，後人有詩贊曰：「竇氏青山青幾許，裙衩功業豈小覷，青史留芳人敬仰，激我鬚眉七尺軀」。墳廟現在仍保存完好，墳墓高 28 米，南北長 201 米，東西長 182 米，被列為省重點文物保護單位。

▌冀州古墓知多少

自西漢以來，冀州便是京畿南部重要的政治、經濟、文化中心，也因此留下了許多象徵冀州歷史的文物古蹟，其中最突出的便是冀州古墓。這些古

墓大多數是漢墓。根據《漢書》、《後漢書》記載：「廣川王凡嗣國七世，樂成，安平二國亦凡七世，其子孫為列侯，見於史者二十餘人，生居此地，沒即葬焉」。現考察，明確古墓共有9處。

　　前塚在舊城北七里，封土高10米，占地面積380平方米。出土有銀縷玉衣片，銅器等漢代文物；後塚在前塚北二里，占地3600平方米，出土文物比前塚更加豐富；雙塚在新城南二里，南北兩塚相距50米，占地6畝，據考察可能是張耳墓；西元頭墓在舊城西一公里，占地面積1240平方米，當地稱之為袁紹「四女墳」；輝莊墓在冀州鎮輝莊東北600米，占地6300平方米，封土上有「龜趺」的石碑兩塊，保存完好；孟嶺墓在南牛村鎮孟嶺村北50米，占地面積6908平方米，相傳是東漢末年袁紹所築；南午照墓在南午照村西南500米，占地2400平方米；常莊墓在常莊村北300米，占地2560平方米，此塚有許多傳說，無記載可查，以上除前塚南門古墓、南午照墓外，餘者皆被列為省級重點文物保護單位。

▌為什麼說「宋遼古戰道」是「罕見的地下奇觀」

　　「萬里長城與戰道，地平上下兩奇觀。」這是國家文物鑒定委員會副主任委員史樹青教授對「宋遼古戰道」的評價。1988年，永清縣根據明、清地方史志的記載和民間傳說，經過試挖掘查明，古戰道在永清境內覆蓋面積達300平方公里，以後相繼在霸州、文安、固安、雄縣等縣市發現了古戰道。1998年12月，中國社會科學院、國家文物鑒定委員會、首都博物館、古軍事研究所的20多位專家、學者親臨永清考察和論證，一致認定這是宋、遼時期，宋國抗拒遼國入侵的防禦性古戰道。從初步調查和試挖掘的情況來看，分佈在永清等5個縣市的古戰道東西延伸65公里，南北寬約10—20公里，面積1300平方公里，規模大，分佈廣，延伸長，類型多，戰爭中具有多種功能，其建築材料是規格與品質基本統一的青磚。造型上，洞體高矮各異，寬窄不一。設計上，既有較為寬大的藏兵洞，還有翻眼、掩體、閘門等軍用設施，埋藏深度上呈立體分佈，同一地道內，也分為深、中、淺三層，最淺處距地表1米左右，深處則達4—5米，洞與井、古廟、神龕、石塔及臨街

的商店相通，洞內有通氣孔，放燈檯、蓄水池缸、土炕等生活設施，從地下古戰道的功能來看，初步可劃分為以運兵為目的的「引馬洞」，以長期隱藏為目的的「藏兵洞」和能深入敵軍陣前的「瞭望洞」。洞與洞首尾相連，縱橫交錯，體現了左右互援的佈陣意圖，有較高的軍事及現實觀賞價值。

據歷史學家考證，永清古戰道建於西元 1000 年前後，當時，宋、遼兩國在河北邊境長期對峙，宋方地處華北大平原，無險可守，除了築城之外，就只能秘密地挖地道以備戰。它的發現與發掘，引起中國外史學家和軍事學家的極大關注，從現有資料來看，宋遼古戰道在中國外絕無僅有，堪稱是一大歷史奇觀了。永清縣正依託地下古戰道，以楊家將的歷史傳說為中心內容，逐步恢復部分古戰道遺址，建成具有軍事特色的宋遼古戰道旅遊區。

▍你知道有「京東第一府」之稱的地方在哪裡嗎

《永平府志》載：「永平府即古孤竹國，史稱其君墨胎氏，蓋商支庶所封。」這裡的永平府就是現在的盧龍縣。盧龍，3000 多年前古孤竹國的故地，傳有伯夷叔齊「兄弟讓賢」的佳話，有春秋時期齊桓公伐孤竹「老馬識途」的傳說，有西漢飛將軍李廣射虎「金石為開」的典故，這裡也曾是幽燕東部歷代政治、經濟、軍事、文化的中心。盧龍歷史悠久，其古城始建於東漢末年，為曹操屯兵所築，在今縣城西北隅；隋開皇十八年始設盧龍縣。「盧」之古義為黑，「龍」之古義為水，因盧龍古城西臨漆水（今青龍河），這一帶鐵礦資源豐富，此河水呈黑色，故得名；唐至金為平州，元設永平路，永平路的城址與今存盧龍古城相吻合，當時為土城，因其形狀宛如彎月，故盧龍古城俗稱「月牙城」；明洪武四年改為永平府，盧龍古城開始大規模的擴建，拆除原土城城垣，以磚石重建，後又經過多次改建擴建，這時的古城雄偉壯觀，據記載明代所建盧龍古城坐落在三座小山之間，因城內建築高大雄偉，這三座小山被遮掩，並不明顯，因此盧龍古城有「三山不顯」之說，又因盧龍古城經過多次擴建，又形成了「四門不對」的獨特建築格局；到了清代，這座古城已達到全盛時期，古城內外各種建築鱗次櫛比，市場繁榮，風景迷人。明清兩代，永平府為京東地區政治、經濟、文化中心，建築規模宏

偉、佈局獨特,有「京東第一府」之稱。雖然盧龍古城池經歷過嚴重的破壞,但從現在保留下來的城牆、城門等遺蹟,依然能夠看出當年「京東第一府」的神韻。

▌「傍水崖」古戰場在哪裡

　　秦皇島境內五百里長城,是明長城最雄偉、保存最好的地段,文物豐富,古戰場遺蹟猶存。「傍水崖」古戰場位於撫寧縣城北 38 公里的傍水崖村北,這裡懸崖峭壁,三面臨石河水,陽坡平緩,陰面為百丈懸崖,是用兵的天然戰場。明代隆慶元年(1567 年)秋 9 月,長城外的蒙古族土蠻部黃台吉(台吉,爵位)率領數萬騎兵,突入界嶺口,到內地搶掠, 10 月,鎮守古北口的遊擊將軍張臣聞訊率領本部三千人馬,三晝夜行程 700 里,趕至傍水崖,潛伏險要處,憑藉這裡的險崖激流,將軍張臣,揮眾奮戰,以少勝多,殲滅土蠻數萬騎兵,保護了長城內外人民的安全。人們感念張臣及三千將士的功德,就在傍水崖上樹立了「隆慶丁卯歲榆林張大將軍建功處」巨碑,至今還威武地挺立在石河邊的懸崖上。

　　據《臨榆縣誌》記載,張臣與土蠻騎兵在傍水崖遭遇時,正趕上崖畔雲霧迷漫,土蠻騎兵看見張臣陣地上面,紅臉長髯的關雲長,手揮偃月刀,胯下騎赤兔馬,左關平、右周倉,從雲端朝土蠻陣地衝來,土蠻騎兵認為神靈助戰,潮水般敗走,結果,數萬騎兵摔死在懸崖下。如今這裡遺蹟猶存,巨碑屹立,崖上松林遮日,崖下河水激流。山風吹來,松濤陣陣,猶如戰馬嘶鳴,不禁使人精神抖擻,浮想聯翩。

▌你知道「天下第一關」指的是哪

　　「天下第一關」即舉世聞名的歷史古城山海關。這座以軍事要塞著稱於世的歷史古城,為萬里長城重要地帶的東部起點,長城從這裡入海。山海關據遼西走廊咽喉,北依燕山,南襟渤海,長城縱貫其間,雄關緊扼要隘,成為華北通往東北的要衝。

山海關之所以被譽為「天下第一關」，一是從地理位置上，為萬里長城東部起點的第一座關隘；二是從地理形勢上，依山襟海，在山海之間的 8 公里距離上，長城縱貫，雄關鎖隘，易守難攻。

山海關地處明萬里長城東部起點，位於河北省東北部，緊扼隘口，就像一把大鎖緊緊鎖住東北通往華北的咽喉要道。

山海關城，是以軍事要塞著稱於世的歷史古城，以長城為主線，以山海關城為中心，由十大關隘、7 座衛城、37 座敵台、14 座烽火台、14 座墩撥等不同等級、不同形式和不同功能的建築所組成。

山海關古城是一座集自然風景、名勝古蹟和古代軍事城防建築的綜合體，以得天獨厚的地理環境、別具一格的組成方式、情景交融的構思寓意、古樸典雅的建築風格，構成了具有山、海、關特色的幽美環境，體現了中國古代勞動人民卓越的建築藝術和軍事才能。

▌你知道「京東首關」在哪兒嗎

在山海關東北 15 公里左右處有一道長城關口 -- 一片石關，又叫九門口，是山海關一線長城的北部終點，是萬里長城東端重要關隘。九門口南接舉世聞名的天下第一關 -- 山海關，西連長城要塞界嶺口，東為遼寧省綏中縣，是華北通往東北的咽喉關口之一，形勢險要，地理位置十分重要，歷來為山海關的左翼要塞，歷史上稱為「京東首關」，為兵家必爭之地。

古往今來，這裡發生過許多次酷烈的戰鬥。明清之際的山海關戰役，主戰場在山海關城石河沿岸，但交戰雙方都想爭奪九門口，從後路包抄對方。李自成派前鋒唐通率兵兩萬出一片石，這時，吳三桂向清乞援、投降，清攝政王多爾袞遣兵攻打，打敗唐通於一片石，造成了李自成石河大戰慘敗。1922 年第一次直奉大戰，奉系佔據九門口，直軍反擊交戰 7 天，奉軍潰敗逃離。1948 年 8 月，東北全境解放，大軍從東北戰場輾轉華北，百萬雄師取道九門口入關。九門口之所以成為兵家必爭之地，除了形勢險要，與它奇特的構造方式也很有關係。

據地方誌記載，九門口修築於北齊，擴建完備於明初，清康熙三十年（1691年）修築人行道（石門路）始通行人，並成為軍事要路。光緒十八年（1892年）洪水氾濫，路基與城東所築的六座水門洞，皆被沖毀。光緒三十年（1904年）官軍樊興又奉命率兵重修石門路，後逐漸成為關內外的主要通道。因城東南處外牆邊有瀉水門6座，城中心處有關門及東門、西門共九門，故「一片石」又改稱為九門口。

一座關口設九個門，是九門口得名的原因。按一般規律，長城的關口都只有一個門，而偏偏這裡設九個門，在萬里長城的建築上創造了一大奇觀，這是為什麼？九門口地處兩山峽谷之間，九江河從這裡滾滾流過，長城從兩山之間飛越，九座券門並排聳峙，人們稱之為「水上長城」。關設九門，並不是通行人的，而是瀉河水的水門洞。每到汛期，九江河從九門口一字排開的九個高大的孔門奔湧而過，景象十分壯觀。實際上，這九門口關是一座飛越河上的「天橋」，難怪古今兵家爭奪如此激烈，因為誰佔據了這座天橋，誰就等於控制了下面整個寬闊的河谷地帶。那麼，九門口為什麼原來被稱為一片石呢？何謂一片石？清代撫寧知縣劉馨《重修一片石九江口水門記》中說：「距驪城（今撫寧）百餘里而遙，東北一帶，地多崇山峻嶺，有名一片石者，雉堞鱗次，巍然其上者長城也。城下有塹名九江口，為水門九道，注眾山之水於塞外者也。」原來在修築九門口長城時，根據這個口關特殊的地理位置，為了保護長城城橋不被洪水沖毀，在九門口每個孔洞的四周及上下游地面上，都用巨大的花崗岩條石鋪砌起來，鋪石面積7000多平方米，用條石1.2萬多塊！這些條石緊緊咬合在一起，遠遠一看，九門口下面，就像鋪上了一片巨大的天然石板，叫它「一片石」十分貼切。實際上，九門口是指跨河長城有九座券門而言，而一片石關則是緊傍跨河長城而修建的一座關城。

▊萬里長城的起點在哪兒

長江有源頭，黃河有起點，那麼長城的頭在哪裡呢？在山海關的南海上叫老龍頭。萬里長城從燕山山脊蜿蜒而下，似一條巨龍，經過山海關城，匍

匐南行，一直伸到渤海之濱。據《臨渝縣誌》記載：「萬曆七年（1579 年），戚繼光在長城濱海處，增築入海石城七丈，是為長城的起點，其地名『老龍頭』。」

老龍頭位於山海關城南 5 公里的臨海高地上，自身形成半島伸入渤海之中，這座岬角高地，海拔 25 米，經過多年的海水沖刷，南側形成海蝕斷崖，有不同高度的海蝕洞穴，東西兩側則為坡岸平緩、沙軟潮平的海浴場所。這裡北距角山群峰 8 公里，依山襟海，長城聳峙海岸，優越的地理形勢，加上精心構築的城、台、關、樓，構成了名副其實的海陸軍事要塞，氣勢之大，海嶽天開，長城就從這裡入海。萬里長城好比一條巨龍，把頭伸入海中，並從這裡開始，逶迤西去，跨過高山峻嶺，越過河川大漠，直奔遙遠的大西北，老龍頭正由此而得名。老龍頭與角山長城、威遠長城構成犄角之勢，拱衛著山海關城。老龍頭雄踞海濱，是獨特而完整的軍事防禦城堡。明代開國元勳徐達築入海長城，明代中葉，抗倭名將戚繼光在這裡駐兵設防，修築寧海城和澄海樓。從明初洪武年間到明末崇禎年間的 260 餘年中，老龍頭不斷修建，逐步完善，直至清代，長城內外成為一統，老龍頭從此失去了軍事防禦作用，卻成為帝王將相、文人墨客觀海攬勝的佳境。康熙、雍正、乾隆、嘉慶、道光 5 位皇帝先後 11 次到過老龍頭，留下了大量的詩文墨寶。令人遺憾的是，八國聯軍入侵時，老龍頭城防體系遭到毀滅性的破壞，斷垣殘壁，滿目瘡痍。

▌韓文公祠是祭祀韓愈的嗎

在昌黎縣五峰山平鬥峰山腰處，有一座韓文公祠。實際上韓文公祠在昌黎有兩座：一座是城內東北隅的韓文公祠，建於明洪武四年（1371 年），今昌黎定名「昌黎」182 年之後；另一座即是五峰山的韓文公祠，都是奉祀唐代大文學家韓愈而建的廟宇。那麼韓愈到底與昌黎有什麼關係呢？韓愈常說他的籍貫是昌黎郡，自稱為昌黎韓愈，留下的作品集也稱為《昌黎先生文集》，後人都稱他為韓昌黎。但這個昌黎與今天的昌黎縣並不是一回事兒，據史書中記載，三國時的魏國設立過昌黎郡，隋朝初年這個郡被廢掉，到了唐初，從昌黎郡出來一族韓姓人，聲名顯赫，很有地位，韓愈稱自己就是這

族人的後裔。在韓愈生活的那個年代，還沒有今天的昌黎縣，在他死後的360多年，昌黎縣的名稱才正式出現。由此看來，韓愈自稱的「昌黎」與這個昌黎縣是風馬牛不相及的兩回事兒。但為什麼有人在昌黎縣大建韓文公祠呢？這是因為歷史上對韓愈的籍貫眾說紛紜，祖居在昌黎縣的韓姓也是很有聲望的一個家族，韓愈既然稱為韓昌黎，那麼他們就認為韓愈就是昌黎縣的韓族人，祖上能出這樣一位大文豪，自然能為族人爭光。另外在明清時期，昌黎縣的文壇頗為興盛，一些文人墨客特別推崇韓愈，也大力宣揚韓愈就是昌黎縣人，以壯聲威。據說，現在落居撫寧縣留守營鎮韓家林子村的韓姓人家的祖先曾居昌黎縣，是在明朝年間從昌黎遷到韓家林子的。據傳，韓家林子的韓姓人家自稱是韓愈的「侄孫」韓湘的後裔，搬離昌黎的祖先為韓湘「十七代孫」，昌黎縣城的韓文公祠很可能就是這支韓姓家族建的家廟，既祭祀韓湘，又祭祀韓愈，韓湘雖在民間傳說中成了「八仙」之一，但在中國歷史上的名望遠不如韓愈，韓愈自然就成為家廟的「主祭」，也許就是因為這個緣故這座韓族家廟久而久之便得名「韓文公祠」。

　　明嘉靖五年，新上任的昌黎知縣秦廷銳見「韓文公祠」殘敗不堪，重新建造了一座規模宏大的韓文公祠，成為昌黎縣城祭祀先賢的一個主要廟宇。明崇禎十四年（1641 年），山石道範志完在昌黎城拜謁韓文公祠後，登碣石山攬勝，認為五峰山是「天生文筆鋒」，提出在五峰山再建一座韓文公祠，遂後在圓通寺址建成。現在，昌黎城裡的韓文公祠早已毀壞，而五峰山的韓文公祠卻修復一新，成為人們祭祀韓愈的地方。

▋你知道孟姜女墳在哪

　　山海關城東南 10 公里的近海裡，有兩塊突出海面的礁石，高者似碑，低者似墳，相傳此處就是「姜女墳」。《臨渝縣誌》載：「有石出海上，形肖似，人以為姜女墳」。顧頡剛先生在《孟姜女故事研究集》中也說：「海崖外一里許有一小島，夏天水漲時微露頂面，但無論怎樣的大浪，總打不到島頂的青草裡；冬天水冰之後是滑不可登的，這就是孟姜女的墓。」這一帶原是「臨榆八景」之一的「姜墳雁陣」。由於這裡海岸開闊，常年潮汐，都

未曾淹沒，加以風光綺麗，每當春秋，南來北往的大雁，常在這裡棲息，因而成為遊人憑弔孟姜女的地方。

那這兩塊礁石怎麼就成了「姜女墳」呢？相傳當年孟姜女從江南來到山海關，尋找丈夫范喜良，歷盡千辛萬苦，趕到了山海關，范喜良卻早被折磨死了。孟姜女守在長城底下哭了三天三夜，硬是把長城哭倒了一大片，正在這個時候，秦始皇到山海關來巡邊，看到孟姜女哭倒了一大截長城，非常生氣，要把孟姜女殺了，但因為孟姜女長得貌似天仙，於是改變了主意，要娶孟姜女為自己的妃子，孟姜女假意答應。在陪秦始皇上船游海時，縱身跳入大海。秦始皇惱羞成怒：揮動趕山神鞭，把燕山往大海裡趕。東海龍女見義勇為，變成孟姜女的樣子，偷了趕山神鞭和炸海幹，在海裡給孟姜女築起石頭墳，就是那兩塊突出海面的礁石，現已成為人們憑弔孟姜女的地方。

你知道景忠八景嗎

拂曉觀日景忠山孤峰獨秀，直接霄漢。清晨登臨峰頂望海樓，極目遠眺，山野窮盡處，可見一輪紅日，從東方噴薄而起，放射出萬縷金絲。古有「天殊地迥碧霞繞，觀日台高瑞氣升，晨把景忠金絲剪，織得薄納做禪衣」的詩句，來描繪景忠山日出之壯美場景。

雲寺曉鐘景忠山山林深秘，曲徑通幽，古寺紅牆，半掩雲間，耳目所及，晨鐘隱隱，於無聲處，音韻悠長。遊人至此，拈花微笑，定若沉珠，心靈似洗，如飲醍醐。

巒峰疊翠遙看景忠山，如青螺墜地，峰峰相疊，嶺嶺相牽；走進景忠山，似碧玉翠羽，綠意恍恍，青翠欲滴。盛夏時節，漫步景忠盛境，空氣清新，山泉清涼，松濤陣陣，百鳥低鳴，好一處避暑納涼，旅遊休閒的理想之地。

峰巔蓮座站在景忠山巔，一覽眾山，四方群峰拱衛，似蓮瓣齊張，此山居中挺立，如花心大開。自然造化，巧奪天工，恰似蓮花盛開，立於寰宇。遊人登臨，峰在腳下，人坐蓮台，禪風法雨，似是如來。

金花漫野盛夏時節，景忠山綠蔭如蓋，林木濃郁。萬綠叢中，欒樹花開，點綴其間，片片金黃，絢麗多姿，花期一月，常開不敗，涼風吹動，十里飄香。

灤水透藍在景忠山東望灤河，河水如藍，雲霧迷濛，波光飄渺，水天一色。八灣九曲的灤河水，像一條隨風飄動的絲帶，向渤海迤邐而去。有詩贊曰：「炭山初發脈，噴礡合流中，徑入雲州堡，分支潘口東。夏秋瀾四匯，浩渺歎無窮。莫漫依舟楫，還思疏鑿功」。

幽洞常滴景忠山南坡知止洞內，岩縫生泉，常年滴落，大雨不瀉，久旱不涸，叮叮咚咚，如珠落玉盤，喝罷如飲甘露，神清氣爽，百病不浸。民間崇信，尊為聖水。

峽谷影龍景忠山東側峽谷，怪石嶙峋，似龍頭怒目；山溪蜿蜒，似龍身擺搖；風吹松影，似龍爪攀雲；陽光射處，磷光閃耀，似青龍一條，正昂首低吟，欲甩尾飛天。

▌古代著名的「刑台八景」是哪些

刑台是一個歷史悠久、文物古蹟眾多的城市，在其諸多的歷史古蹟中最著名的是刑台八景。

郡樓遠眺「樓」指清風樓，位於刑台市舊城中心，始建於唐代，後因戰亂曾遭毀壞，明朝憲宗成化三年（1467 年），邢州知府黎光、亨籌資重建。樓高有 7 丈，為重檐歇山式建築，下有磚石築台，鬥拱飛簷，莊嚴雄偉，沿樓四周憑欄遠眺，山水在目，市區全景盡收眼底。

野寺鐘聲開元寺俗稱東大寺，位於刑台市舊城東北隅，建於唐朝開元年間，迄今已有 1200 多年的歷史。開元寺殿前有一巨型鐵鐘，用以寺院做功課報時，每當以巨木擊撞時，鐘聲粗獷沉鳴，聲震遠近，信徒雙手合十，異地同拜，故成刑台一景。

達活名泉原為一水池，周百步，深丈許，泉水晶瑩碧透，一望見底。水量大時，主泉似開鍋之水，銀花沸騰，無數小泉，猶如玉盤行珠，滾流不息。

仙翁古洞仙翁山傳為張果老修仙得道之處，位於刑台市區西 15 公里的前青峪村。因仙翁山（張果老山）相對高度大，所以山勢高峻挺拔，山北坡斷壁懸崖，幽深莫測，南坡稍緩，成坐北朝南之勢。山上有遒勁古松，山頂開闊地帶建有棲霞觀，觀後有古洞，洞前有水池，水從洞上滴入，終年不涸不溢，還有石驢、通天橋、白鹿洞、八仙洞等景點。

玉泉夕照位於刑台市區西北的皇寺村，玉泉寺內有三絕，即「皇寺、鳥柏和玉泉池」。每當夕陽西墜，四周山林石崖邊和寺廟古柏牌記上都抹上一層金黃色的彩輝，景觀十分壯麗，成為遊人神往的美景。

鼎梅晴雪位於刑台西南部的小西天，主峰為鼎梅山，小西天的景觀四季有別，尤其是冬天，小西天銀裝素裹，唯有鼎梅獨放，花有紅、白、黃三種，鮮豔多姿，怪不得古人說：世間奇豔，鼎梅山上雪。

柳溪春漲指市區北關外豫讓橋附近，「垂柳成林，花香四溢，清溪飛濺」。金朝時，人們在此挖池塘、築長廊、建柳溪亭。明代詩人王鴻儒曾贊曰「溪亭臨水面高城，楊柳芙蓉綠映紅。遙想使君來遊賞，沸天鼓吹月明中。」

鴛水靈井位於刑台舊城南關外，此處原為鴛廟舊址，院內有一精石砌成的八角井，井深莫測，水甘如飴，春季地下水位上漲，井內常有金翅鯉魚翻出水面，人們把它當作一種美好吉祥的象徵，起名為「鴛水靈井」。

▌為什麼說雞鳴驛是研究古代郵政史的現存實物資料

從北京出發，經京張高速公路行 140 公里，就到了舉世聞名的雞鳴驛古城了。它坐落在懷來縣西北，洋河北岸的雞鳴山下。雞鳴驛建於元朝，1219 年成吉思汗在西征時設此驛站，到明永樂十八年（1420 年），重新擴建。從此驛站日益繁榮，直到 1913 年北洋政府創辦現代郵政，才宣佈淘汰雞鳴驛，驛站歷經七百年才退出歷史舞台。

雞鳴驛是迄今為止中國中國最大，功能最齊全，保存最完好的一座古代驛站。城內建有驛丞署、公館院、財神廟、關帝廟、城皇廟、普渡寺及行宮等建築，其中永寧寺是驛站的最早建築，距今約 800 多年。城中寺廟大多為

明清建築。廟內壁畫很有研究價值，從歷史、藝術、社會生活方面都有突出反映，壁畫色彩依舊，人物栩栩如生。驛城是各路人馬彙集的地方，由此帶來的文化也是豐富多彩的。這從寺廟的規模、佈局上可反映出了三教皈依的社會思潮。

雞鳴驛地處交通要塞，也是商旅雲集之地。驛城內曾設當鋪、商號、油房、茶館、車馬店多家。把僅數平方裡的小城擠得滿滿噹噹，從中可以反映出明清時代這裡經濟的繁榮。雞鳴驛是研究中國古代郵政歷史、社會經濟、宗教文化的絕好實物資料。

▌大境門建於什麼時期

大境門是萬里長城的一道重要關口，是張家口市著名古蹟之一，南來北往的旅客，多要慕名前來參觀這座雄偉壯觀的建築。

大境門是一座條石基礎的磚築拱門。門牆高 12 米，底長 13 米，寬 9 米。券洞外側高 5.4 米，寬 6 米，內側高 9.5 米，寬 6.8 米。有木製包鐵皮大門兩扇。頂部為長 12 米，寬 7.5 米的平台，外有 1.7 米高的堆口，內有 0.8 米高的女兒牆。門楣上有察哈爾都統高維岳於 1927 年所題的「大好河山」四個蒼勁有力的大字。

大境門建於什麼時期？歷來說法不一。據清道光十四年（1809 年）編纂的《萬全縣誌》載：「本朝於邊牆下開二門，東日大境門，西日小境門」。據此，大境門應該是清朝建的，而且早於道光十四年。但同是那本《萬全縣誌》另有兩條記載，說順治二年（1645 年），就派滿州官兵防守大境門。說明順治二年就有了大境門。乾隆二十二年（1757 年）纂修的《宣化府志》也講到了順治元年「管理境門事務」。

明朝建立後，為防蒙古韃靼、瓦利入侵，朱元璋當政第一年就派徐達修築長城，直到萬曆年間，先後築城十八次，歷時一百多年。張家口一段主要是成化二十一年（1485 年）兵部尚書余子俊指揮修的。到 1546 年翁萬達又主持增築張家口長城數百里，並建起許多敵台，加強防守。大境門大概就是

在這次工程中開築的。大境門究竟什麼時期開建，尚未確切證據，還有待進一步研究。

▌宣化清遠樓是一座什麼樣的建築

宣化清遠樓始建於明代成化十八年（1482 年），建成於成化二十二年（1486 年）。它是一座重檐多角，九脊歇山頂的建築。外形三重檐，通高 17 米，東西三跨進間，進深六搭椽，前後明間均出抱廈。遠望十分宏偉壯觀。這座木結構建築造型別緻，無論從哪個角度看都十分秀麗壯觀。它建在一高 6 米的十字形券洞城座上。城券洞為十字形向東南西北開四門。樓頂層四面簷下有四塊巨匾，南為「清遠樓」、東曰「聳峙岩疆」；北曰「聲通天籟」，西曰：「震靖邊氛」。除南面匾額外，均為清吳煒所題。

清遠樓中央懸八卦銅鐘一口，叫做「宣府鎮城鐘」，為嘉靖十八年（1539 年）所鑄。鐘高 2.05 米，口徑 1.7 米，重萬斤。清晨在樓上擊鐘，聲音宏亮悅耳，可傳 40 華裡。宣化府碑文記載，「鐘鼓之設，所以司昏曉，節出入，曆禁令，而防奸宄」。府內設鐘鼓是為了報時或傳達某種資訊而用。清遠樓中因設有大鐘，所以城中居民常叫它鐘樓。鐘樓因造型美觀，名貫天下，故人譽其為第二黃鶴樓。明代詩人毛朋在《詠宣化》詩中讚道：「河流曲瀉蒼嬴島，山勢還依鐘鼓樓」。

▌宣化「拱極樓」原名為何稱「著耕樓」

宣化拱極樓叫做南城門樓。當你乘坐京張鐵路線火車到宣化站時，首先映入眼簾的是宣化城南門——昌平門，城台上那座雄偉建築就是拱極樓。宣化城垣是明洪武二十七年（1394 年）在原城址上修築而成。城垣擴大到 24 華裡多。到永樂年間（1403—1424），修建了四座城樓，四座角樓，昌平門樓就是其中一座。昌平門樓是一座重檐歇山建築，兩層通高 14 米，建立在 9.3 米高的連城墩台上。現在的昌平門樓建築從結構上保留了明代建築工藝風格。宣府城垣自建成後到清朝末年，先後進行大小維修共 11 次，而每次維修都

要對城樓進行改造、修補。而現存的昌平門樓始建於明永樂年間，重建於清雍正年間，所以現在的建築工藝造型大多是清代風格。

昌平門樓最早叫「著耕樓」。這是明成化年間實行團種而得名。團種法就是屯田法，是明太祖朱元璋實行的民兵合一的政策，戍卒三分防守、七分務農耕田，以減輕明廷戍邊負擔。明憲宗下詔在昌平門樓內立碑傚法先皇，得名「著耕樓」。到了同治年間，「著耕樓」又更名「拱極樓」。意思是保衛北方邊境。拱極樓原懸掛有一塊匾額，是清代著名書法家閻廷弼寫的。可惜這一珍貴文物毀於「文革」。

▍古涿鹿在什麼地方

涿鹿最初是一個山名，就是《山海經》上所講的「軒轅之山」。古涿鹿就在今河北省涿鹿縣東南的礬山、黑山鄉以南，太平堡以北，方圓約五十多華裡的地方，屬太行餘脈，與班古寺山相連。

涿鹿山名出現後，又以山名而命名為「涿鹿城」，即《山海經》上所講的「軒轅之台」、「軒轅之丘」，《歸藏》中講的「青丘」、《史記》上記得「涿鹿之阿」。這些台、丘、阿都是指大土丘。古涿鹿城就建在涿鹿山上的一個大土丘上。現在涿鹿縣礬山鄉三堡北就有古城遺址，俗稱「古城」。古城呈正方形，不足四平方華裡，東城牆因1958年修水庫被水淹毀，南、西、北三面殘存，厚約二丈，無馬面，無磚砌護面。古城有四門，東門開於東南角，西門開於西北角，南門開於西南角，北門開於東北角，這種開門方式是中國古城建築史上罕見的。

古涿鹿城內外，自然出土的文物極其豐富。城內發現了大量的夾沙泥質粗紅陶、黑陶、灰陶和極細的石器殘片；城北一條土溝裡還發現了形狀各異的錢幣。城四周多見各種銅箭簇、旗徽等。城外的古墓群，絕大部分無棺槨，屍骨盛於陶甕中，少數地區有瓦棺，即用三尺長、闊二尺半的大瓦對扣屍骨。大量出土證明，古涿鹿在現在的涿鹿縣東南是沒有疑問的。

中華三祖堂供奉的是哪「三祖」

　　在桑乾河與洋河的匯合之處的古城涿鹿，是中華五千年文明的搖籃。涿鹿是擁有黃帝、炎帝和蚩尤三個偉大文明始祖的地方。這裡在五千年前，是中國政治、軍事、文化的中心，在當時最大的部落領袖都居住在這裡。中華三祖堂供奉的就是黃帝、炎帝和蚩尤三個偉大文明始祖。

　　中華三祖堂是三祖遺址景區的最主要景點，整個景區占地3.5平方公里。中華三祖堂面闊七間，坐落於黃帝城之東，建築雄偉壯觀，飛簷鬥拱，具有鮮明的唐代風格，大殿全部為隼卯結構，不使用一根鐵釘，整個建築古樸宏偉，大殿正門的巨匾上書「中華三祖堂」五個鎏金大字。中華三祖匯為一堂，反映了黃帝、炎帝、蚩尤三祖在涿鹿大地共同生息競爭和融合的史實。把三帝共同尊奉為中華民族的始祖，是對中華文明起源的認知，也是對中華民族形成的總結。

　　大殿內三尊高6米的始祖塑像儀態威嚴，神情端莊。進入大殿，敬仰三位始祖的情感油然而生，對他們的豐功偉績不禁產生無限崇敬。三尊塑像中間的一尊是黃帝。史載黃帝，姓姬，號軒轅氏，又號有熊氏，他是五千年前黃河流域的部落首領。東面的一座是炎帝，初在西北姜水附近，所以姓姜，他首先發明了耒、耜等農具，發展了生產，被尊為神農氏、藥祖。蚩尤座於右側，是九黎族的首領，他發現了銅礦，會製造刀戟弓弩。他作戰勇猛，被尊為中國古代戰神。三祖曾在涿鹿一帶進行過驚天動地的統一大業。

為什麼說黃帝城是華夏第一座城

　　涿鹿東南30公里礬山西面不遠處有一座古城，這裡就是華夏第一城 ---- 黃帝城。古城夯打板築起的黃土城牆，經過了五千年的風剝雨蝕，人踩畜踏，馬耕牛犁，依然還存有寶貴的遺蹟。

　　古城西、南、北三面城牆還完整地環繞著，只有東城牆有了缺口。城呈長方形，但不有序。南城牆長510米，比北牆長30米，東城牆長500米，比西牆多50米。牆基寬50米，高6米，上頂闊2米。全城面積達300畝，

原來只開一南門，城內按八卦陣法建街巷，內四陣名為「龍虎鳥蛇」，外四陣名為「天地風雲」。城內原有居民 300 戶，到清道光年間（西元 1821 年—1854 年）還有四戶十幾間房屋。據明《志》記載：「明代城內有軒轅廟，逮至清初，廟已無存。」

說礬山古城是華夏第一城，主要指的是建城早。當地人傳說，軒轅黃帝帶領有熊氏部落沿水草遷徙，來到這裡。原來是一座大土丘，黃帝率眾挖土堆成了這座城。讓部民定居下來發展生產，完成了氏族聯盟統一。在城內讓居民各顯其能，各謀其業，有占星的、造鼓的、造律的、做舟車的、燒陶的、制皮革的、造字的……閃現出前所未有的中華文明之光，掀開了中華文明史的第一頁。

在這座古城中，出土過許多文物，有石刀、石斧、石杵、石鑿、帶巨孔的石頭敲擊器、磨用器、陶紡輪、陶豆、陶鬲、陶盆、陶甑等生活用具。在古城外，還出土過青銅劍、青銅戈、石棋子等。還挖出一具陶棺。多年來不斷有人在城中拾到過石器，挖出過完整的陶器，每年都有人在城中拾到陶器碎片。礬山有古城，歷來文獻都有記載。《史記》、《山海經》記載的涿鹿之戰、阪泉之戰，都明確了這裡的古老文明。從各個方面都證實了這裡是五千年前的第一座古城。

▌萬全古城為什麼稱「轎子城」

從張家口大鏡門北出西行不到 15 公里，就可看到一座方方正正的古城，這就是萬全古城。萬全古城修建於明朝萬曆年間（1573—1620 年）。明朝廷為了防守野狐嶺黑風口咽喉要道而設古城，成為宣化府的右衛城，同隔河相望的懷安左衛城遙遙相望。

萬全城高三丈六尺，方圓六里十三步，城牆全部用磚築，遠看氣勢雄偉，方正有序。萬全古城，南北兩門都有甕城，六個大門券洞，四座城樓。城中有玉皇閣樓，樓下建有前後並列牌樓兩座，是中國傳統古式建築，古台、古柱、青瓦、龍飛翅懸掛風鈴，迎風叮噹作響，南場門上，橫砌一塊大型石匾，上書「文明」二字，南門名曰「迎恩門」；北門為「得勝門」。萬全古城不

僅是一個軍事重地，也是連結壩上壩下的貿易中心。數百年來的發展，萬全古城內商業店鋪比比皆是，十字街頭貨攤雲集，十分熱鬧。

萬全古城為何又叫它「轎子城」呢？原來從空中俯視，它的形制很像一頂轎子。古城只設南北門，東西牆兩面不開門，但建兩個甕圈，看上去很像轎子的兩個耳窗；城外有兩條自然形成的護城河，由北向南從東西兩側流過，很像兩條抬轎的轎桿。城池中央有高於城牆兩倍的玉皇閣，閣頂有三股鐵叉直插雲際，又像一個轎頂，這樣一來，萬全古城就更像轎子了。故人們叫它「轎子城」。

你知道元中都是誰建造的嗎

張北縣城西北 15 公里處的白城子是 700 年前的元中都。元中都始建於 1307 年，與當時的元大都、元上都並駕齊名。中都的建造者是元世祖忽必烈的孫子元武帝海山。他即位 10 天就宣佈撤銷上都，在此建行宮中都。當時白城子一帶環境十分優美，這裡有得天獨厚的條件，地理位置南連中原漢地，北通漠北草原，是交通要道和軍事重地。由於這裡草原肥美，又臨大河，各種動物成群，就選擇了這裡建都。中都是元代第三大都市，在經濟、政治、文化上都有重要地位。

元中都的遺址保存較好。遺址由宮城、皇城、廓城組成。呈回字形相套。宮城城垣保存完好，地上殘高 3 至 4 米。皇城城垣成土壟狀，殘高 1 米。城內有 27 處顯露地面上的建築遺址。經發掘出土了一大批石、陶、鐵、木及玉雕、磚雕和銅、鐵骨器，其中漢白玉角部螭首的雕工技藝精湛，是元代雕刻極品。特別是前殿東步道南側的磚雕像眼，堪稱稀世珍寶。目前遺址中心大殿、西南角樓及南大門已發掘整理完畢，可供遊人參觀。

為什麼說育德中學是保定近代革命的搖籃

育德中學位於保定市新華路北側，創辦於 1907 年，是由孫中山領導的中國同盟會會員陳幼雲創辦。辦學宗旨為傳播革命思想，培育中國英才。辛亥革命中，育德中學成為保定一帶革命的總指揮部，在這裡領導參與了阻止

清軍南下的爆炸唐河大橋、黃河大橋的活動。協助成立了燕晉聯軍大都督府；派出革命黨人到保定周圍和東北各省發動革命等活動。「五四革命」中，育德中學師生首先回應，成立了「保定學生聯合會」，全校罷課，走上街頭演講，張貼標語，散發傳單，揭露「巴黎和會」的黑幕及北洋軍閥政府的賣國罪行。

文物河北

　　河北文物，林林總總，何止萬千。貴者如滿城漢墓出土的「金縷玉衣」，稀者如滄州鐵獅子，被譽為「全中國第一」的，何止百件，那些全中國孤品、絕品，難道不值得你一看嗎？

▊河北省博物館有何特色

　　河北省博物館創建於 1968 年，1969 年 8 月竣工，坐落於市中心中山東路南側。博物館平面為「中」字型，主體建築最高處 27.7 米，主樓四周用 56 根圓柱構成高大寬闊的長型柱廊，建築整體風格巍峨壯麗，莊嚴樸素。博物館建築面積 20028 平方米，一、二樓共有 18 個展廳，面積為 11216 平方米。館前廣場占地 52500 平方米，廣場中央有造型優美的燈光音樂噴泉，四季常青的草坪占廣場總面積的三分之一，是石家莊市著名的文化廣場。

▊趙州橋為什麼被稱為「天下第一橋」

　　趙州橋坐落在河北省趙縣城南 2.5 公里的洨河上，原名安濟橋，因趙縣古稱趙州，又名趙州橋。橋身全部用石料砌成，因而俗稱大石橋。

　　趙州橋是世界上現存最古老的大型單孔圓弧型石拱橋，建於隋代開皇至大業年間（595—605 年），距今已有 1300 多年的歷史。橋長 64.4 米，寬 9.6 米，橋拱由 28 道拱券縱向並列而成，跨度 37.02 米。在大橋洞頂的左右兩邊拱肩裡，各砌兩個圓弧型小拱，既可在洪水到來時減少水流的阻力，加速排洪，又可減輕橋身重量，並節省石料，這在橋樑建築史上是一個創舉。橋面兩邊的欄板望柱，雕有各種精美圖案，刀法蒼勁，造型生動，代表了隋唐石雕藝術的精華。

　　趙州橋在世界橋樑史上佔有重要地位。1991 年，美國土木工程學會（國際土木工程界最具權威的學術機構）在世界各地經過考證篩選，一致認為趙州橋是世界首創的敞肩石拱橋，可謂世界之最，所以稱作「天下第一橋」，並選定為國際土木工程歷史古蹟，贈送了一面以國際土木工程里程碑為標誌

的銅牌安置橋旁，以示永久紀念。這是該學會繼埃及金字塔、蘇伊士運河、法國巴黎艾菲爾鐵塔等世界重大土木工程之後安置的第 12 面銅牌，迄今在中國尚屬首例。

趙州橋是魯班修的嗎

　　民間傳說魯班於一夜之間造成了雄偉的趙州橋。一夜成功，驚動了天地，仙境裡的神仙也聞風而動。張果老騎著小毛驢，柴王爺手推獨輪車，兩位神仙要考驗考驗趙州橋的承載能力。他們來到了橋中央，只見張果老手中拂塵一擺，接來了日月星辰，柴王爺運用法術，搬來了五嶽名山，剎那間小毛驢奮力揚蹄，落地嗒嗒有聲，柴王爺猛力推車，車聲隆隆。趙州橋經受超常負荷被壓得搖搖欲墜。魯班一看大勢不好，趕緊一個箭步來到橋下，單手向上一舉，穩穩托住了大橋。二神仙順利透過，趙州橋安然無恙，而橋面上卻清晰地留下了「驢蹄印」、「車轍印」和「膝蓋印」，也因此留下了千古傳唱的《小放牛》：「趙州石橋魯班爺修，玉石欄杆聖人留，張果老騎驢橋上走，柴王爺推車軋了一道溝。」

　　神話傳說源遠流長，代代相傳，表達了老百姓對趙州橋的讚頌之情和對造橋人的崇敬之心。不過，傳說終歸是傳說，趙州橋的真正設計者卻是隋代的工匠李春。

趙州橋為什麼能夠千年不墜

　　趙州橋之所以能夠千年不墜而稱世界之最，主要有以下原因：

　　首先，趙州橋獨特的敞肩式橋型起了最主要的作用。這種橋型節省材料，減輕橋身自重，簡化地基，還可以增大流水面積，利於洪水宣洩，大大減輕水流對橋身的衝擊力，保護橋身。

　　其次，趙州橋近乎完美的砌築方法也是一個重要原因。趙州橋採用的是縱向並列砌築法，整座橋身由 28 道拱券縱向並列砌築而成。每道拱券都獨

立成整孔體系，單獨可以站穩。這樣不但省工省料，簡便易行，而且若有獨立拱券損壞，不致影響其他拱券和整體橋身，還便於對它進行修補。

第三，良好的天然地基是不可缺少的因素。趙州橋的橋基選在洨河的天然地基上。橋台建在第四紀沖積層的亞粘土輕亞粘土上。此處地層穩定，土質均勻，是良好的天然地基，它既能承載橋身重壓，又能抗擊地震危害。

綜上所述，正是由於趙州橋具有了敞肩式橋型、縱向並列砌築法和良好的天然地基，趙州橋才得以千年不墜，贏得了「天下第一橋」的美名。

▌趙州橋的姊妹橋在哪裡

趙州橋的姊妹橋是位於趙縣城西的永通橋，坐落在趙縣縣城原西門外的清水河上。永通橋的結構形式和藝術風格與趙州橋十分相似，只是規模小於趙州橋，所以俗稱小石橋。據文獻記載，此橋創建於唐代永泰年間（765 － 766 年），比名揚天下的趙州橋僅晚 160 餘年，是繼趙州橋之後，現存年代最早、科學技術極高、藝術形像極美的弧形敞肩石拱橋，早於國外同類橋樑達上千年之久，是久負盛名的優秀古建築。1961 年 3 月 4 日被列為全中國第一批重點文物保護單位。廣為流傳的魯班建大石橋，妹妹魯姜建小石橋，神仙相助，兄妹二人一夜成橋的神話故事，表達了人民大眾對二橋的讚美和愛戴，更使「姐妹橋」名揚天下。

永通橋歷史悠久，歷經各代多次維修，保持了不同時代的雕刻藝術風貌。其橋身和欄板上的雕刻手法不一，題材廣泛，圖案異彩紛呈，形象生動，刻工精細，引人入勝。橋面欄板雕刻有人物故事、奇花異草、珍禽異獸等；圖案刻工精細，人物神態栩栩如生，禽獸若飛若動，巧奪天工。橋面望柱有四種雕刻形式，即獅子望柱、雙寶珠望柱、單寶珠望柱和蓮花盆望柱。值得一提的是這種蓮花盆望柱，柱頭雕有方形蓮花盆，盆的平面上浮雕「牡丹花枝」、「鯉魚戲水」、「小貓戲繡球」等圖案，這種望柱在中國橋樑建築中實屬一奇。橋面兩側的帽石雕有團蓮，極富裝飾性。橋身上雕有吸水獸、遊魚、河神頭像、麒麟、飛馬等圖案。橋基南北兩側的牆上，各浮雕一幅神話

故事圖案，共四幅。其中有「太陽神」、「飛天」等，這在中國橋樑建築史上也是不多見的，故有：「大石橋上看功勞，小石橋上觀花草」之說。

▋你瞭解邯鄲市博物館嗎

邯鄲市博物館地處市中心的中華大街上，坐東朝西，建於 1968 年。博物館建築面積 11000 平方米，內設大小展廳 20 個，陳列面積 6000 平方米，是集中展示邯鄲歷史文化的殿堂。博物館是河北省重點文物保護單位、河北省愛國主義教育基地和國家重點博物館，屬於河北省最大的博物館之一。博物館主館建築與廣場上的蒼松翠柏、花壇綠地、流水噴泉和象徵邯鄲騰飛的現代城市雕塑交相輝映，構成一道絢麗多彩的人文藝術景觀。

博物館中央大廳有三幅鍛銅壁畫和一組青銅馬群雕。正面壁畫為「胡服騎射」，以萬馬奔騰、萬箭齊發的壯觀氣勢，集中反映了戰國時期的趙文化精神。左側壁畫為「磁山之光」，展示了早在 8000 年前，邯鄲先民在洺河流域披荊斬棘開創的磁山文化。右側壁畫為「建安風骨」，反映了曹操建都鄴城後推行的「外定武功，內興文學」方略，以「三曹」、「七子」為代表，第一次掀起了文人詩歌的高潮，創造了風骨錚錚的「建安文學」，突出了鄴都文化風韻。大廳中央題為「逐鹿中原」的青銅馬群雕，是以趙王陵出土的青銅馬為原型創作的，象徵著趙氏先祖透過「東進北伐」戰略，最後建都邯鄲，躋身戰國七雄的歷史進程。

博物館展示內容共有六部分：（1）磁山文化。磁山文化是中國新石器時代中、早期文化的代表，重點反映了 8000 年前邯鄲先民種植粟、胡桃，飼養家雞、家豬的四大創造。（2）趙文化。戰國時期邯鄲是趙國的都城，集中反映趙國政治上開拓進取、經濟上冶鐵的中心地位，軍事上胡服騎射改革和以音樂舞蹈為特色的社會風韻。（3）茹茹公主墓。鄴城為「六朝故都」，茹茹公主墓是北朝文化的一個縮影，陳列品反映了這個時代文化藝術的最高水準。（4）磁州窯。磁州窯創燒於北朝時期，宋元時代成為中國民窯的傑出代表。陳列以大量出土精品，再現了磁州窯千餘年的輝煌歷史。（5）百年滄桑。陳列大量的資料，反映了邯鄲近代工商業的興起和中國共產黨領導的民族民

主革命鬥爭史，特別是晉冀魯豫邊區的革命鬥爭史。（6）城市規劃建設成就展。展示了邯鄲經過 50 多年的規劃建設，發展成為一座現代化大城市的巨大成就。

博物館的陳列反映了邯鄲歷史文化的閃光點，到此觀光的遊客可對古城的歷史脈絡有一個較全面的瞭解。

▌滿城漢墓出土了那些珍貴文物

滿城漢墓出土的珍貴文物首推金縷玉衣。滿城漢墓出土的金縷玉衣有兩件，一件是中山靖王劉勝穿的玉衣。劉勝的玉衣形體肥大，全長 1.88 米，共用玉片 2498 片，金絲大約 1100 克，分為頭、上衣、褲、手套和鞋五個部分。另一件是劉勝的妻子竇綰的玉衣。竇綰的玉衣較小，全長 1.72 米，由 2160 塊玉片連綴而成，用金絲 600 克。玉片大多是長方形或方形，也有少數為三角形、梯形，玉片打磨都十分精細，最小的切縫僅為 0.3 毫米，小孔僅 1 毫米，整個製作水準十分精湛。據研究，當時製作一件玉衣，一個熟練的玉石工匠也要花費十幾年時間。

用玉衣作葬服，是西漢貴族中流行的習俗。據說，當時人們迷信人有三魂六魄，稱之為九竅，人死後魂魄就會出竅而飛走，屍體也要爛掉，所以只要用玉將九竅堵住，魂魄出不來，屍身才會永存。這一習俗源於戰國時期，貴族盛行九竅塞，把玉片穿成魚鱗狀放在屍身上，發展到漢代製作成了完整的玉衣。據《後漢書》記載，只有皇帝死後才穿金縷玉衣，諸侯死後只穿銀縷玉衣。按這個說法，劉勝雖然是在位 42 年的中山靖王，死後也只能穿銀縷玉衣，他為什麼穿金縷玉衣，至今還是個未解之迷。

除金縷玉衣外，滿城漢墓出土文物多達 10633 件。「長信宮燈」、「錯金博山爐」、「鐵鎧甲」、「銅漏壺」等都是珍貴的國寶。

銅質鎏金的長信宮燈高 48 公分，燈的主體是一跪坐執燈狀的宮女，左手托著燈盤，右手高高舉起，提著燈頂，寬大而下垂的袖口形成天然燈罩。燈盤可以轉動，燈罩能夠開合，用來調整燈的照明角度和亮度。最為科學的

是，整個宮女為一空心體，點燃油燈後，油煙就會順袖口狀燈罩沿右臂吸入體內以過濾油煙。使用一段時間後，可以把活動的部位拆下來清洗油煙。宮燈巧妙的設計、精湛的工藝令人叫絕。燈體上刻有「陽信家」、「長信尚浴」等字樣，說明燈的原主人是陽信侯候劉揭。劉揭被抄家後，這件寶物落入長信宮中，因此叫長信宮燈。

錯金博山爐是熏香用的爐，博山是傳說中的東海仙山，是當時人們嚮往的地方。該爐高 26 公分，分爐座、爐盤、爐蓋三部分，並分飾卷雲、蛟龍、峰巒、虎豹、獵手等錯金花紋，熏爐機關設計巧妙、紋飾充滿生活氣息和藝術美感，做工十分精湛。漢墓中還出土了迄今有準確年代可考的最早的計時儀器——銅漏壺及製作精良的鐵鎧甲，以及中國最早的醫用金、銀針等。

河北境內有哪些古代書法碑刻

河北為中華民族腹地，有深厚的文化底蘊，書法碑刻遍佈各地，現擇要舉其精華：

最早的碑刻位於平山縣三汲鄉，是一塊大河光石，高 90 公分。上刻兩行文字，意為：「為國王監管捕魚池囿者公乘得，看守陵墓的舊將曼，敬告後來的賢者。」據考證，這裡曾經是國王捕魚捉蟹、休息遊玩的池塘公園。碑刻上的文字屬於大篆，是西周到戰國使用的漢字。這塊刻石是目前中國發現最早的碑刻之一。

大觀聖作之碑位於趙縣城內，刻於北宋大觀元年（1107）九月十八，高 48 米，寬 1.5 米，石雕雙龍碑額。大觀元年宋徽宗下詔建立八行取士科，鄭居中將御筆詔旨摹刻石碑，立於宮學、太學、群雍及各郡縣。碑文由書學博士李時雍仿宋徽宗「瘦金體」摹寫，共 1021 個字，現殘缺 62 字。筆法瘦勁俊逸，風格獨特，有銀鉤鐵劃之威。碑額「大觀聖作之碑」六字為蔡京所題。此碑對研究宋代科舉制度提供了重要實物資料，為省重點文物保護單位。

戚繼光《重建三屯營鎮府記》碑現存於遷西縣西北 13 公里的三屯營城內。碑高 3.7 米，寬 1.6 米，由戚繼光親筆撰寫碑文。1981 年省再次撥款修建了碑亭，為省重點文物保護單位。

金代墓誌銘 1942 年，興隆縣木林村農民在村東園深一米處發現一處古墓，墓內前室正中放著志石、墓誌和蓋，用契丹文字刻成。據考是金仲恭在天德二年死後的墓誌銘。志與蓋正方形，每邊長 118 公分，厚 17 公分，共約 1.5 萬字，為目前所知契丹文物中字數最多的銘文，是研究契丹文字極為重要的資料。

蔚州楊氏先塋碑銘立於縣城東門 13.4 公里處的南楊莊鄉麥子疃村楊家墳上，碑高五尺六，元代大書法家趙孟頫篆書題額「蔚州楊氏先塋碑銘」，並親書碑文，字體端莊秀麗，具有書法藝術價值，為省重點文物保護單位。

義慈惠石柱位於定興縣城西北 10.5 公里的石柱村，因石柱刻有「義慈惠石柱」，故名。建於北齊武成帝太寧二年（562），所以又稱北齊石柱。此柱分柱基、柱身、石屋三部分，通高 6.65 米。柱高 4.5 米，周身遍刻 3000 餘字「頌文」，雕工粗壯有力，是南北朝時期佳作。記載了北魏鎮壓杜洛周、葛榮等領導的農民起義之事。此柱是研究南北朝時建築藝術和歷史的寶貴資料，為全中國重點文物保護單位。

道德經幢位於易縣城內東南隅，唐開元二十六年（738）建。幢身鐫刻著唐玄宗李隆基禦注《老子道德經》81 章。幢頂作八角形。下雕八脊。脊間雕瓦壟，飛簷，簷椽角樑下有鬥拱承托。下為仰蓮座，座下為幢身，八角柱體，直徑 90 公分。全幢約高 6 米。此幢是校釋《老子道德經》唐玄宗注本的重要資料，也是研究後代書法藝術的珍品，為省重點文物保護單位。

深州唐馬君起造像碑又稱馬君起造石浮圖碑，是唐儀鳳四年（679）馬君起為其已故雙親所造。碑高 1.1 米，寬 0.79 米，厚 0.49 米，為前後兩石鑿合之石室。室內正中為一浮雕女菩薩像，左右各一侍女，下有飛禽走獸。造像碑的石料為鳳眼石，質地高貴，遇水即顯出黑珍珠般綠豆大的鳥眼，為罕見之物。碑文刻在碑的右壁，歌頌了馬君起先輩功德，字畫精絕，時人視

為「海內之傳寶」，有一定的書法和考古價值。現保存於深州市文化館，為省重點文物保護單位。

貞節賈母之碑位於柏鄉縣城南偏西 7 公里，駐駕輔村賈氏墓葬群。碑高 3.6 米，寬 1.05 米，厚 0.4 米。碑額為弧形，上有浮雕雙龍，中間陰刻篆書「貞節賈母之碑」，碑文系楊載撰、趙孟頫書，有很高的書法學術價值，為省重點文物保護單位。

楊宣碑系「魏故甯遠將軍廣樂太守柏人男楊府君之碑」鑴於北魏宣武帝延昌元年（512）。字呈倒塔狀，上大下小，佈局勻稱。筆法蒼勁有力，有典型的魏書風格。清代康有為曾高度評價為精品，譽之為北魏時代的代表作，與孔府《張猛龍碑》齊名。今置隆堯縣文物保管所，為省重點文物保護單位。

澧水石橋碑現存南和縣東韓村小學院內，刻於隋文帝開皇十一年（591）。碑高 2 米，寬 0.92 米，厚 0.29 米，龜趺座。半圓形碑首上刻四龍圖案，碑額為篆書「大隋洺州南和縣澧水石橋碑」。全碑共刻 1120 字，陽面碑文為隸書陰文，筆法工整，勁道厚樸；碑陰有明嘉靖十一年（1532）南和縣令易宗周題隋碑詩一首。碑文記載了隋代澧河水的氾濫、地理變化和當地民眾修橋以濟交通的史實，考證甚詳，對研究澧水河的歷史變遷，有著極為重要的科學價值，為省重點文物保護單位。

宋璟墓神道碑位於沙河市城北 12 公里的東戶村鄉中學院內。碑高 4.2 米，寬 1.5 米。此碑撰文、書寫、題額皆出自顏真卿之手，故又稱顏魯公碑。字體端莊剛勁，雍容大度。碑文記述了唐朝名相宋璟的生平、政績。立於唐大曆七年（772）。現碑體基本完整，護以碑房，為省級重點文物保護單位。

狄梁公碑在大名城東偏北五里屯村東南，建於唐朝。武則天萬歲通天年間（696），契丹陷冀州，河北震動。朝廷委狄仁傑為魏州刺史，鎮守大名，契丹兵聞之慌忙退走。地方百姓為狄仁傑立生祠及碑為紀念。為省重點文物保護單位。

　　羅讓碑在大名城北七里店鄉康堤口村南。碑高 4.2 米，寬 1.5 米，厚 0.5 米，立於唐龍紀元年（889）。羅讓為唐工部尚書，魏博節度使羅宏信之父。邑人立碑以為紀念，公乘億撰文，鄭褒書碑文。為省重點文物保護單位。

　　馬文操神道碑存於大名城縣招待所東院。碑高 3.4 米，寬 1 米，厚 0.36 米，另有後配方石座。立於五代後晉天福元年（936）。馬文操是五代晉尚書左僕射兼御史大夫，碑銘及序為賈緯奉撰。為省重點文物保護單位。

　　蓮花書院碑刻長廊位於保定市蓮花書院北側。清道光年間，直隸總督那彥成將其家藏名帖和舊拓懷素《自敍帖》、褚遂良《千字文》、顏真卿《千福碑》、米芾《虹縣詩》、趙孟頫《蜀山圖歌》、董其昌《雲隱山房題記》及《書李白詩》等摹刻於保定蓮池書院，取名《蓮池書院法帖》。刻石原嵌於書院南樓壁間，歷時百餘年，現南樓已無存，刻石現嵌於高芬軒兩側廡廊。廡廊長 33 間，內嵌碑刻 82 方，但因年久風化，字跡多有殘缺不清，河北省博物館把所藏早年拓本付諸刊印，為書法愛好者提供了極大方便。

▎堪稱「世界之最」的巨型贔屭是在哪裡發現的

　　2000 年 6 月，正定縣一建築公司在縣城民主街西（常山影劇院後）施工時，發現了一尊巨型贔屭（碑座）。這是後唐至五代時期的文物，現存開元寺。此贔屭為青石質，長 8.4 米，寬 3.15 米，高 2.32 米，首徑長 2.5 米，鼻孔直徑 21 公分，龜背紋飾呈六角型，重達 107 噸，堪稱「中國第一」、「世界之最」，是國家一級文物。贔屭是吉祥物，自隋代作為碑座一直沿用至清代。書中記載：龍生九子不成龍，皆為巨型異獸，各有特長，贔屭為第三子，龍首龜身，善於負重，力大無窮。古人將碑下石座雕成贔屭，取其負重之意的同時，還有三個含義：一是碑的規模檔次高，二是碑的體重較大，三是將其視為吉祥之物。隨著時代的發展，贔屭逐漸演變成龍首龜身的形狀。

▎毗盧寺的壁畫有哪些特點

　　毗盧寺位於石家莊市西北的上京村東，距市區 12 公里。該寺始建於唐天寶年間（742 年），宋、元、明、清各代均曾重修，因寺內主殿供奉毗盧

遮那佛（即密宗大日如來佛），故名毗盧寺。毗盧寺屬於佛教臨濟宗的正宗寺院，是日本佛教的祖庭之一。該寺以保存珍貴的明代壁畫而馳名中外。毗盧寺壁畫始繪於唐代天寶年間，作者多為民間畫工。畫風承襲了中國古代壁畫的傳統畫法，極為接近畫聖吳道子，現多為宋、元、明時期重修時繪製作品。

　　毗盧寺原來規模宏大，建築很多。因天災人禍、年久失修，現僅存山門、釋迦殿、鐘樓、鼓樓、毗盧殿等。兩殿四壁佈滿壁畫，面積計200平方米以上，是中國壁畫中的瑰寶。毗盧寺現存的兩殿中，釋迦殿為前殿，殿中塑釋迦坐像一尊，四壁繪有佛教故事壁畫，以連環畫的形式出現，具有明代典型的民族風俗和藝術特色。毗盧殿為主殿，殿中塑毗盧佛和香花菩薩像。四壁上下分三排，內容包涵佛、道、儒三教人物故事122組，共508個人物。繪畫線條流暢，色彩豔麗，服飾精美，是中國古代壁畫藝術的瑰寶。畫面規模之大、人物之多，大大超過著名的山西永樂宮三清殿的《朝元圖》。壁畫中佛、道、儒三教人物合流混雜，濟濟一堂，既展現了當時的社會風貌，又反映了宗教文化之間的相互滲透和融合。該壁畫以其場面壯闊、保存完整、標題清晰、繪製精湛而享譽全中國，是研究中國宗教史、美術史難得的實物資料，是中華民族傳統文化中的珍貴遺產。專家認定，毗盧寺壁畫可與甘肅敦煌、北京法海寺、山西永樂宮壁畫並稱壁畫四大家。

　　毗盧寺壁畫之所以享譽全中國，主要有三大特點：

　　一是佛道儒三教合流的壁畫。三教合流的壁畫不但全中國極少，就其規模和內容上來講也是中國第一家。

　　二是繪畫技巧精湛，線條類型齊全，描法豐富。使畫面顯得滿壁風動，人物形象栩栩如生，達到呼之欲出、飄飄欲仙的藝術境界。

　　三是大量做工精美的瀝粉貼金技巧的運用，在中國也是首家。畫家巧妙地把武將的盔甲、菩薩和神女的衣紋頭飾等凸出牆來，使人物形象呈現強烈的立體感，達到了形神兼備、傳神而逼真的藝術效果。

▌滄州鐵獅子「長」得什麼樣

滄州鐵獅子，又名「鎮海吼」，坐落於滄縣縣政府東南 16.5 公里、東關村西 0.5 公里處。鐵獅身高 5.78 米，長 5.34 米，寬 3.17 米，體重約 50 噸，獅身向南，頭向西南，背負巨盆（相傳是文殊菩薩蓮坐），呈前進狀，姿態雄偉，昂首闊步，栩栩如生。

關於鐵獅子的確切來歷，眾說紛紜。據文獻記載和民間傳說，可以看到對鐵獅子鑄造之源有三種說法：其一，據《滄縣誌》記載，滄州鐵獅子是周世宗北征契丹為懲罰罪人所鑄，用來鎮守州城。其二，有考據家辯稱，懲罰罪人之說不足為信，因為周世宗素不信佛。他們認為鐵獅子腹內原鑄有金剛經文，獅背巨盆，為蓮花座，取佛教蓮潔之意，又因為文殊菩薩騎獅，故推測，鐵獅子是文殊菩薩的坐騎，應當是寺中之物或為信眾捐造的，這種說法較近情理。此外，民間還流傳著一種說法。據說舊滄州一帶濱臨渤海，經常發生海嘯，洪水浩劫，民不聊生，當地人民為消除水患，自動捐錢，請名師李雲鑄此鐵獅，以鎮海嘯，名曰「鎮海吼」。從獅身外面鑄有農民捐錢姓名和具體數字來看，可為此說印證。綜上所述，因周世宗並不信佛，所以第一種說法不足信，第二、三種說法較近情理。滄州鐵獅子距今已有一千多年的歷史，它充分地顯示出中國古代勞動人民的聰明智慧和藝術才華。解放後，鐵獅子受到了黨和政府的重視與保護，國務院把它列為全中國第一批重點文物保護單位，並進行了多次修繕。

▌是誰修建了滄州的杜林石橋

滄州杜林石橋即登瀛橋，造型獨特，在它的拱肩上，兩個流線型的大橋墩支撐著橋身。橋長 66 米，橋面寬 7.8 米，每孔跨徑 11.3 米。中拱上頂兩側各有一龍頭石雕，探出橋體，張牙瞠目，呼之欲出。左右兩大拱之上，各有一石雕獅子頭，暴目裂眥。

關於它的建造說法眾多，較為準確的說法是根據長蘆鹽運使阮尚賓《新建登瀛橋記》和王蔭桐《重修登瀛橋記》的記載。杜林原名登瀛鎮，跨滹沱河兩岸，順河北行可抵京、津，由此往來之商賈行旅，摩肩接踵。明萬曆年

間善人劉尚看到此地雖有舟渡，但客貨往來多有不便，於是建議修建石橋，以利行旅。

▌冀州現存「三碑」記載的是什麼內容

冀州作為有悠久歷史的古城，其歷史文物，名勝古蹟繁多。其中古碑就達 107 通，遺憾的是許多文物都因年代久遠而荒廢了。著名的有《南潭記碑》、《三友柏碑》和《宋邁倫神道碑》。這三碑記載著冀州古老的歷史。

《南潭記碑》在冀州小寨鄉南尉遲村東南。此碑為青石所刻，長 1.6 米，寬 0.55 米，厚 0.1 米。碑文用楷書，其內容記載了嘉靖六年洪水氾濫情況：滹沱河，滏陽河交會，「遂車流於此，匯而為潭。厥後，諸水頻固，而此潭益深」。另外，碑中還記載了當時農民的一些活動。現在此碑由市文化局保存。

《三友柏碑》現存於冀州中學。其名由來，據《冀州志》所載：此碑原存於城文廟內，廟右有一柏樹，柏樹一身三幹，蒼古異常，知州陳素以三友命名，並用石碑將其刻記。後來柏樹因戰亂被毀，而「三友柏碑」獨存下來，碑文清晰，碑高七尺二寸，寬二尺七寸，厚七寸四分。陽面刻有「三友柏」三個行書大字，陰面刻有《三友柏碑記》，文用楷書所記。

《宋邁倫神道碑》也是青石所刻，在漳淮鄉趙莊村西 20 米處。碑高 1.8 米，寬 0.65 米，厚 0.23 米。碑文記載二十世紀初武術家宋邁倫的武術生涯。宋邁倫曾在皇家神機營比武，從沒遇到過敵手，當時人稱「神拳宋老邁」。

▌衡水漢墓壁畫有什麼風格

墓壁繪畫是漢朝時期的一大風俗，是中國古代百姓勤勞智慧的體現，因此漢墓壁畫具有很高的藝術價值和考古價值。隨著漢墓被漸漸發掘，漢墓壁畫也被大量發現。1971 年 10 月，在距離安平縣城東南 2.2 公里，逯家莊西南 250 米處，發現了一座東漢晚期的大型磚構古墓。根據專家考證，這座漢墓是漢靈帝熹平五年建造，具體墓葬主人不知是誰。這座墓至今已有 1800

多年歷史，但仍保存完好。該墓是用黃沙土所封，並且經過夯築，高 3 米，直徑大約 40 米，墓的入口向東。墓室東西方向長 22.58 米，南北寬 11.63 米。室內最高點有 4.4 米。這座漢墓最突出的特點是其墓壁四周均以彩色畫麵粉飾。壁畫雖因該墓的早期破壞而受損，但內容仍可看清楚。畫的內容主要為墓主生前出行情況，色彩均勻，畫中人物生動。壁畫曾被拍照在國外展覽，深受外國人士的喜愛和好評。

衡水安濟橋有什麼特點

安濟橋位於衡水市內，橫跨於滏陽河上，呈東西走向，衡水人俗稱安濟橋為老橋。安濟橋修建於西元 1767 年間，長 116 米，寬 7.5 米，整個橋身用石頭所砌，中間有七孔，這樣可以減輕河水對橋身的衝擊力度，保證橋身的完好。這也是中國傳統古橋的一大特色。在橋的兩側有扶欄，共有 112 柱，均用石頭雕刻，扶欄上有大的石獅端坐於蓮花座上，大石獅子莊嚴雄偉，神態各異，呈現不同的姿式。蓮花座下有小石獅子，小石獅子表現的嫵媚依偎，而且千姿百態。大小獅子相互對應，使得安濟橋顯示出一派生機勃勃的景象。在扶欄板上雕刻有細緻精美的圖案，呈卷雲狀，為安濟橋增加了流動的感覺。遠遠看去，整座橋的建築「渾然一體，翼如穹窿，跨若長虹，雄偉壯觀。成為滏陽河和衡水市內一道亮麗景觀。

現在安濟橋保存完好，遊人眾多。尤其到了夏天，市民對橋更是情有獨鍾，納涼、散步，為安濟橋勾勒出一幅和諧的圖畫。

「秦皇求仙入海處」石碑是如何發現的

據史料記載，秦始皇統一中國後，於西元前 215 年東巡時，派方士盧生、韓終、侯公、石生帶領童男童女，去海上仙山求長生不老之藥。據說，秦皇島原來曾有一塊「秦碑」立在秦始皇派人入海求仙的地方，但早已蹤影皆無了。明代成化十三年（1477 年），曾在當年秦始皇送人入海求仙的地方——今秦皇島市的東山立了一塊「秦皇求仙贔屭鼇座碑」，碑的正面刻著「秦皇求仙入海處」七個楷書大字，碑的背面，還有用小楷寫的文字，石碑高 2 米

左右，青石雕成，碑首為四條盤龍，兩兩相對盤曲於「緣額天宮」兩側，後爪拱托寶珠，底座是一個大贔屭，老百姓俗稱「王八馱石碑」，這塊石碑距今已有 500 多年了。然而這塊珍貴文物在「文化大革命」時被砸毀，部分扔入海中。1989 年 1 月，石碑的大部分殘片被人從海裡打撈出來了。

石碑的發現者叫李正瑞，是秦皇島市海港區的一位幹部，他對這塊失落已久的石碑產生了濃厚的興趣，便多次到東山一帶海邊尋找石碑的蹤跡。有一天，一位老人告訴他，在原來石碑遺址附近的淺水裡，每當初一、十五海水落大潮時，就會隱隱約約露出一塊灰黑色的石板。於是，他按著老人指點的方位找到了那塊石板，發現石板上有人工雕刻的爪形花紋和一些圖案，在之後的幾天中，李正瑞又找到了另一塊重要的石碑碎片。經過長期奔走尋找，李正瑞共找到了大小八塊石碑的碎片。人們根據它複製了「秦皇求仙入海處」石碑，現在放置在秦皇求仙入海處景區東側的碑亭內。

你知道明代大型磚窯群是如何發現的嗎

2002 年 12 月，一個埋在地下的巨大明代長城磚窯群，在河北省秦皇島市撫寧縣的板廠峪村被髮現。這個罕見的明長城磚窯群，是由秦皇島市文化局研究員、長城專家郝三進指揮當地村民經過近兩個月的試探性發掘而發現的。

磚窯群位於板廠峪村的長城腳下，距秦皇島市區僅 28 公里。板廠峪村北險峰上，橫亙著 3.5 公里長的明長城。據《臨榆縣誌》記載，這段長城始建於明洪武十四年（1381 年）。隆慶五年（1571 年），戚繼光任薊鎮總兵後，派中軍門譚綸再次重修，在石築長城的基礎上加磚修復，並增修磚質敵樓 50 座。數百年來，人們一直傳說板廠峪有「龍窯」，燒的磚都變成了長城。但究竟在哪裡，誰也說不清。

2002 年春天，秦皇島文化局文物處副處長閻樂耕和文物研究員郝三進，依牧羊人提供的線索上山尋寶，經過搜尋，發現了 5 門石炮，10 多枚石雷，仔細搜尋，周圍又發現了散落的幾十門石雷、3 個燒石灰的窯、10 餘個明朝的熔鐵爐、還有 3 個明代鐵銃的子銃和幾百個陷馬坑。2002 年 12 月，考古

隊員們在板廠峪村共發現燒製長城磚的磚窯66座,其中碼滿磚的窯有24座。窯形分為龍窯、馬蹄窯和牛角尖窯等,窯口直徑為3.5米至6米不等,窯深3.5米;磚窯裡面大都保存著當時燒好的特製大磚頭,磚長36公分,寬17公分,厚9公分,重10.5公斤左右。據分析,這都是備用的長城磚窯,也是中國迄今發現的最早的磚窯。專家認為,這樣大規模的、保存完好的明長城磚窯群出土,是長城考古的重大發現,對研究古長城的建設及其建築材料具有重大的歷史意義和科學價值。

■老龍頭長城上的「天開海嶽」碑是什麼時候立的

在萬里長城東部起點老龍頭長城上,有一塊非常醒目的石碑,上面有四個赫然大字「天開海嶽」,字體渾厚古樸,遒勁蒼鬱。除了這四個大字外一無所有,這就留下了一個懸案:這塊碑是什麼年代立的,誰立的?

山海關當地人都管這塊碑叫「薛禮碑」,相傳是大唐名將白袍將軍薛禮當年東征高麗時立的。唐太宗貞觀十九年,李世民親自督師,透過山海關進攻高麗,薛仁貴在這次戰役中,身著白袍,所向披靡,顯示出了傑出的軍事才能。唐太宗大獲全勝,班師回朝,薛仁貴當時帶兵駐紮在老龍頭附近,他年輕氣盛,剛剛打了勝仗,看到這裡景色壯觀,於是就立了這塊「天開海嶽」碑。

有關專家對石碑考證後認為:「天開海嶽」碑年代比較久遠,極有可能是塊唐碑,因此基本認定「天開海嶽」碑是唐代薛仁貴所立。然而這塊碑歷經風雨滄桑,1927年,張學良將軍到老龍頭浴場游泳,發現了「天開海嶽」倒在亂石中,立即命人將石碑樹立起來。如今「天開海岳」碑依然屹立在老龍頭長城上,它不僅是對老龍頭自然美景的高度概括,而且代表了中華民族頂天立地的威武志氣。

■中國最大的唐代墓誌在何處

到過邯鄲武靈叢台公園的人,一般都要到邯鄲碑林去看一看。邯鄲碑林共有古碑誌、歷代書畫名家墨蹟刻石44塊,其中規模最大最珍貴的碑刻是

一塊臥式碑——「何弘敬墓誌」。該墓誌出土於大名縣萬堤古墓，為中國出土的大型唐代墓誌之首。其規模之大、雕刻之精美、文字之多，為唐代墓誌所罕見，屬全中國之最，為國家一級文物。

墓誌刻於唐代咸通六年（865 年），青石質。志蓋呈盝頂式，蓋邊長 1.88 至 1.96 米，頂面正中篆刻「唐故魏博節度使檢校太尉兼中書令贈太師盧江何公墓誌銘」。四周、四殺和交角，浮雕「四靈」（青龍、白虎、朱雀、玄武）、牛、馬、獸面等。志面為正方形，邊長 1.95 米，厚 0.53 米，四壁雕花卉。造型大方，刻工極為精緻。正面楷書 59 行，3800 餘字，內容以歌頌何弘敬的功德為主，也載有唐王朝與藩鎮、鄰邦的關係等內容。對於研究唐藩鎮割據以及與鄰國的關係，提供了珍貴的參考資料。

魏博是唐代河北的三鎮之一，治所在魏州（今河北大名縣東北）。節度使是一種官名，總攬一區的軍、民、財政大權。唐晚期，藩鎮割據局面更加嚴重，何弘敬父子三代為魏博節度使。這通超過規格的墓誌從一個側面反映了唐晚期割據藩鎮的節度使，名為唐臣，實為不受朝廷管轄的土皇帝的事實。

▊邯鄲「武靈叢台」上有哪些名碑

武靈叢台巍然聳立在古城邯鄲已經 2300 多個春秋了，它以其雄偉的建築和眾多的歷史事件、歷史人物，曾招來歷代政客顯貴、文人騷客登台懷古，題詩賦詠，言志抒懷。有確切記載的詩詞作品有 50 多首。現在叢台上保存有許多詩文碑碣，這些詩、詞抒發了作者的情懷，描寫了叢台的滄桑，也記載了邯鄲的興衰。

在眾多的碑刻中，最著名的當數清乾隆皇帝南巡（1750 年）過邯鄲登叢台時和郭沫若 1961 年 9 月 19 日登叢台時所寫的詩文。

從北門登叢台，沿台階拾級而上，迎面看到的是清乾隆皇帝的御筆詩碑。碑的正面鐫刻著七律《登叢台》：「傳聞好事說叢台，勝日登臨霽景開。豐歲人民多喜色，高樓賦詠謝雄才。襟漳帶沁真佳矣，雪洞天橋安在哉。煙樹

迷茫閭井富，為籌元氣善滋培」。碑陰面鐫刻著乾隆的七古《邯鄲行》，也是自書。

郭沫若的七律石碑聳立在叢台南門內：「邯鄲市內趙叢台、秋日登臨曙色開。照黛妝樓遺廢跡，射騎胡服思雄才。太行陣地漳河外，烈士陵園滏水隈。現代經營基礎厚，武安鐵礦峰峰煤」。碑為郭沫若自書，書風挺健而自如，是其晚年書法精品。

台的中層西側，立《叢台序集》碑，為民國十一年（1922 年）陸軍第十五混成旅參謀長何遂撰，清末進士王琴堂書，文中記述了叢台之歷史、台名之來源與位置、修建概況及叢台之景觀。

在叢台最上層勝亭台壁周圍，還鑲嵌著七方碑碣，有明代監察禦史張成仁的七律《登叢台》，清末進士王琴堂的梅花石刻，舉人李世昌的畫蘭等。這些碑碣及其詩詞、繪畫和鐫刻都頗具獨特的風格和文物價值。

▍娲皇古蹟中最珍貴的文物是什麼

娲皇古蹟不僅有氣勢磅礴、絢麗多姿的古代建築群，而且還擁有保存完好、中國罕見、規模宏大的北齊摩崖刻經，這些刻經是娲皇古蹟中最珍貴的文物。

娲皇宮摩崖刻經原有七處，現存六處保存較為完整，總面積 160 平方米，刻石 1187 行，共刻經文 13.7 萬餘字，有佛經 6 部，分別是：《思益梵天所問經》《十地經》《佛垂般涅槃略說教誡經》《佛說盂蘭盆經》《深密解脫經》《妙法蓮花經》。這些刻經的字體各不相同，有隸書、楷書和魏體，分五處刻於崖壁上。著名書法家王學仲在考證中說：「堪稱為天下第一石室刻經者，當推河北涉縣娲皇宮。在中國的刻經石刻中，無論其規模和刻字數量上，均可稱為天下第一壁經群」。

北齊摩崖刻經是中國現存摩崖刻經中時代最早、字數最多的一處，也是中國佛教發展史上，特別是佛教早期典籍中彌足珍貴的資料，對於研究中國早期佛教地域、流派及書法鐫刻演變的歷史，有著極高的研究價值。

朱山石刻的文物價值何在

朱山石刻位於永年縣西部吳莊村北 1 公里處的朱山（又名豬山）頂上。石刻長 2 米，寬 0.4 米，為長條狀天然紅砂岩摩崖石刻。刻字面依山勢斜面向西，上刻一行「趙廿二年八月丙寅群臣上酬此石北」15 個篆刻大字。文字實長 1.2 米，寬 0.08 米。據考證，朱山石刻為西漢文帝後六年（前 158 年）諸臣為趙王劉遂祝福，祈禱刻石。趙王劉遂是幽王子，漢文帝劉恆即位時（前 179 年）被封為趙王，直到漢景帝劉啟前三年（前 154 年）被殺。刻石上所說趙二十二年，正是劉遂受漢文帝劉恆重用，事業鼎盛的時期，眾大臣自然要捧場，於是產生了此著名刻石。清道光年間，廣平知府楊兆璜發現該石刻後，公諸於世。

朱山石刻的文物價值很高，一是年代古老，距今已有 2100 多年，是西漢侯國趙國的刻石，也是至今所發現的漢篆中最早的刻石；二是構字、用筆樸茂雄深，有秦相李斯的筆意。李斯的「泰山石刻」聞名天下，朱山石刻是它的繼承和發展，其書法已由秦篆之長形演為方形，隸書筆意甚濃，其書體正是篆書向隸書過渡時期；三是它用文字記述了西漢初年各諸侯王所封中國各自紀年的史實，對研究漢代歷史有著極高的學術價值。

為什麼五禮碑被稱為「天下第一碑」

大名在歷史上數度繁盛，散見於大名府故城內外的古建遺址、碑刻、墓葬，印證著大名府的興衰。五禮碑就是其中一個矚目的遺珍。五禮碑現存放在大名縣石刻博物館，高 11.95 米、寬 3.04 米、厚 1.13 米、總重為 140.3 噸，碑石規模超過西安乾隆無字碑，因此號稱「天下第一碑」。

此碑原為唐魏博節度何進滔德政碑，唐文宗時所制，碑文為著名書法家柳公權所書。宋徽宗趙佶組織編寫了《五禮新儀》。大名府尹梁子美為拍皇上馬屁，想刻一石碑以使五禮儀萬古流芳，苦於沒有大碑石，竟公然毀壞前朝碑制，把柳公權字跡磨掉，刻新儀於其上。對梁子美的破壞行為，當時就有人站出來譴責，其中就有著名詞人李清照的丈夫趙明誠。他在《金石錄》中說：「何進滔碑，亦雲政和中大名尹建言，磨去舊文，別刻新制，好古者

為之嘆惜。今大名之五禮碑，當即梁子美所刻也。緒何進滔之事不足道，然以唐賢書法之工，後人所當寶愛……」其後，五禮碑又歷經磨難，在明代以前就已躺在地上，碎身為九段，嘉靖年間被大名知府顧玉柱掘出。萬幸的是，當年梁子美磨碑時，碑兩側柳公權的字跡部分得以保留，成為柳體書法的珍貴實物資料。

▌你知道「天下第一石龍」在什麼地方嗎

天下第一石龍位於邯鄲市北 10 公里三陵鄉薑窯村西。這裡西依紫山，嶺麓龍盤，丘崗虎踞，巨崖交錯，峭壁矗立。石龍發現於 1988 年，為一組石龍群，伏臥於臥龍坡下。目前已顯世 5 條。中間為大龍，左右兩側各有兩條小龍相伴，其中大龍右側一條小龍為雙頭龍。五龍皆首朝東北，正好面對相距 1 公里的趙王陵，向西南方向呈斜「一」字型並向排開，蔚為壯觀，似「護駕臣龍」一般。龍體掩埋之處均系黃土地質，並無岩石，石龍以其石體獨存。構成石龍的石質非常奇特，在石塊斷面顯現出清晰的樹木年輪形狀，由外向內逐層收縮，石的顏色由淺變深，到年輪中心部位顏色最深。經專家勘測，方圓 20 公里以內沒有發現構成此種石龍的石料。龍體總長 369 米，高 2.5 米，體型巨大，氣魄雄偉。龍體由每節長 1 米左右，寬 4.6 米的灰白色砂岩石堆砌而成，石塊形似龍骨，粘合天衣無縫，實非人力可為。現裸露在外部分 17.5 米，其餘部分仍全部埋於土中。石龍不是一個實心的龍柱體，有龍頭、龍腔、龍翼、龍爪、龍骨、龍底盤，栩栩如生、維妙維肖。龍腔中空，有複雜的戲水噴水功能；龍爪居龍體左側，距龍頭 20 米，骨節有力，骨趾清晰，五指叉開，拇指和食指呈圓弧狀，形態逼真。目前，這一組被稱為「天下第一石龍」的形成原因和年代尚未確定，有待專家進一步考證。

▌響堂山石窟的雕刻和刻經藝術價值何在

響堂山石窟是河北省境內最大、歷史最久的石窟，它的雕刻造像和摩崖刻經藝術都有極其重要的價值，是研究中國佛教、雕刻、美術、音樂、書法、建築珍貴的實物資料。響堂山石窟雕刻精緻，璀璨多彩。窟內的雕像各具特

色，菩薩慈眉善目，天王威武剛烈，飛天歡樂飄逸，怪獸勇猛兇惡。刻工精細、線條清晰，佛像形態生動，面容豐潤，軀幹粗壯，服裝寬鬆，衣褶厚實，富於寫實，是北齊石窟高超藝術的代表。不但繼承了民族藝術的傳統，同時也吸收了外來文化的因素，形成承前啟後的新風格，其造像由北魏俏瘦秀麗發展為北齊健壯厚重，為隋唐寫實雕刻藝術奠定了基礎。響堂山石窟摩崖刻經數量可觀，從可辨認的字數來看，就達 48800 多字，其中南響堂 14000 多字，北響堂 34800 多字。可與涉縣媧皇宮的石窟刻經並列，對研究北朝的摩崖刻經、歷史、書法具有重要的實物價值。響堂山摩崖刻經，都是石窟與經書刻在一起，二者形成一個整體。石質選擇在石灰岩層上，刻經多為全部經卷。刻經的字徑一般在 4 公分左右，少數字徑在 16 公分左右，南響堂的摩崖刻經主要分佈在第一、二、四窟內，刻有《嚴華經》《般若經》，其中《華嚴經》保存完整，隸書字體。北響堂摩崖刻經主要分佈在二號窟刻經洞內，裡面的唐邕寫經造像碑尤為珍貴，記載了唐邕於天統四年（568 年）到武平三年（572年）寫《維摩詰經》《彌勒成佛經》等經文的經過，是研究該窟開鑿、佛經和書法的重要實物資料。

▌你知道金輪石幢為誰而建嗎

武則天稱帝後，改國號大周，並借用佛經故事，加尊號稱「金輪神聖皇帝」。大周聖曆二年（699 年），武隆縣（今永清縣）縣令聞生元為取媚於武則天，在城東南 0.5 公里處建金塔院，並刻金輪石幢供奉在塔院內。石幢正面中部刻有：「大周聖曆二年二月八日，武隆縣令聞生元相，奉為金輪聖神皇帝敬造四面像，並浮圖一所供養。伏願聖主千年，山嶽齊壽，兵戈永息，歲稔恆豐。」故名此幢為金輪石幢。金輪石幢為一方柱體，高 3.43 米，寬 0.41米，頂部四面均浮雕武后立像，神態端莊，造型優美，它為研究武則天與佛教的關係和武則天的相貌提供了珍貴的歷史資料。現在供奉石幢的塔院早已變成廢墟，金輪石幢存於永清縣文化館內。

▌你知道秦皇島市有幾座著名的古塔嗎

　　塔是一種紀念性建築物，西元 1 世紀前後由印度傳入中國。塔的梵文音譯名為「窣堵坡」、「浮圖」等，起初是埋葬佛舍利的。塔多數均由地宮、基座、塔身、塔刹四部分組成。地宮建於塔的正中基座下，主要用來埋葬舍利、佛經、佛像和珍寶。基座之上有塔身，有空心、實心兩種，其外型各有不同，塔刹是塔的頂部，往往由磚和金屬製成。

　　秦皇島市地處古碣石地區，歷史悠久、文物古蹟豐富。現存古塔中比較著名的有三座——陀羅尼經幢、源影寺塔和板廠峪古塔。

　　陀羅尼經幢俗稱石幢、石塔，坐落在盧龍城內南門裡，幢高 10 米，現共六層，幢身為八棱柱形，由石灰岩構成，下為須彌座，上為六層玲瓏的幢身，頂為仰蓮托寶珠式。底座周圍由兩米高的正方形石欄板環繞，欄柱 12 根。其中，8 根紅岩石柱，頂端各有一石獅臥於蓮花座上，造型美觀，古樸天成；4 根石灰岩柱，柱面飾以雕龍，頂端刻有花紋圖案。12 塊石雕欄板中 4 塊刻有雕龍，8 塊刻有人物故事，形象逼真，栩栩如生。石幢須彌底座共分 4 層，下麵是 3 層基石，上層有 8 根盤龍石柱繞其四周。幢身第一層刻有文字，內容為建幢之末和金大定年間重修記以及盧龍歷史沿革概況；第二、三層刻有四則佛經；第四層刻有明萬曆年間重修記；第五、六層刻有佛像，這些佛像雕刻精妙，巧奪天工。各層之間均有鬥拱，重檐相銜，造型奇特，飛簷八角，原來各吊有鐵鈴，每逢輕風拂過，鐵鈴叮噹作響，悅耳動聽。此石幢在金大定年間和明萬曆年間均重修過，1976 年唐山地震波及盧龍，石幢頂部震落於地，幢身向東南方向傾斜，1980 年河北省文物局撥款修葺，1984 年加修鐵欄杆保護。

　　源影寺塔位於昌黎縣城內西北隅，為十三層八面實心磚木結構密簷式塔，由塔基、塔身、塔頂組成，高 36 米。塔基由磚砌築，上有須彌座，其上端是用五鋪作鬥拱承托著的平座，平座上有欄板、望柱，欄板上雕刻著精美的幾何圖案花紋；平座之上有兩層蓮瓣承托著磚雕的塔身。塔身四面均有券門和佛龕。這座古塔，雄偉壯觀，特別是在晚霞輝映時，更顯得瑰麗多姿，再加上昌黎城北碣石山多奇峰，望之如圖畫，而其塔卓然立於山前，青山石塔

兩相襯托，堪稱奇觀，為「碣石十景」之一。源影寺塔的始建年代，經考證為遼代所建。到了明萬曆四十八年，知縣楊於陛主持重修古塔寺時，以古塔下井泉「水自有源，塔自有影，各不相假」之說，寺廟重新定名為「源影寺」，古塔始稱「源影寺塔」。

板廠峪古塔在撫寧縣城東北 45 公里的義院口鄉板廠峪村南。該地北、東、南三面青山環抱，西面敞開，呈椅子形。此塔為七層六角密簷式塔，高 15 米，下有石砌六面塔基，每面長 4 米，高 1.5 米。塔身全用磚砌成，呈淡黃色，有佛龕，上有磚雕鬥拱、飛簷；塔身第一級，中間佛龕內供奉佛像一尊，其上兩角有浮雕飛天，簷下有磚雕鬥拱，每面兩朵，每轉角處一朵，簷部有磚雕飛簷；從二層到七層均為疊澀簷；塔剎部分為鐵製寶珠、剎桿，呈圓葫蘆狀，並有叉狀避雷針。此塔始建年代無載，根據塔的建築風格，初步鑒定為明代，相傳是為紀念一翟道人而建。在塔的東北處有一天然岩洞，人稱「翟家洞」，深不可測，呈樹根狀，許多支洞向兩側斜上方伸展。主洞較寬敞，入洞 10 米後分為三支，並有水渠，再前進爬過「鴿子翻身」，洞更寬闊，洞內潮濕，處處滴水，形成許多酒盅大小的「水坑」，著名處為「三盅酒」。天然洞全長約 2.5 公里，走完全程者甚少。古時傳說，有賣燒餅、賣棉花、賣香油的三個小販巧遇於洞口，經商議合力探洞，以棉花做撚兒插入香油桶內為燈，燒餅為食，進洞探之。只見其進，終不見出。1978 年在文物普查中，撫寧縣組織人員，點燃火把進洞 70 米處，其洞廣闊如廳堂，下有水潭，繞至對面石壁有口可鑽入，但因深邃莫測，未敢貿然潛入。

▋「東臨碣石，以觀滄海」中的「碣石」在哪裡

秦皇漢武東巡碣石，已傳為千古佳話。秦皇漢武東巡碣石的主要目的是為了海上求仙。東漢建安十二年（207 年）魏武帝曹操親率大軍北征烏桓，凱旋而歸，回師途中，取道濱海，至碣石後，觀海抒懷，躊躇滿志，寫下了流傳千古的四言詩《觀滄海》：「東臨碣石，以觀滄海。水何澹澹，山島聳峙。樹木叢生，百草豐茂。秋風蕭瑟，洪波湧起。日月之行，若出其中。星漢燦爛，若出其裡。幸甚至哉，歌以詠志」。然而「碣石」到底在哪裡？很多歷史學

家和地理專家都試圖揭開這千古之謎，然而令人遺憾的是，時至今日，人們也沒能找到有力的證據證明碣石的所在。

傳說中的堯、舜、禹劃分九州、十二州時。秦皇島地區在唐堯時屬冀州，虞舜時屬營州，夏禹時屬冀州。那時秦皇島這一帶沒有具體名稱，但境內有貢道入河之標、眾山入河之識——碣石，所以被視為碣石之地。碣石何在？據《山海經》說：「又北五百里曰碣石之山。繩水出焉，而東流注於河。」顯然這裡提到的碣石是一座山。碣石是山、是石，眾說紛紜，爭論不決，至今尚未取得共識。目前主要有幾種說法：第一，認為古今碣石是同一座山，即現今仍然矗立在秦皇島市昌黎縣城北的碣石山；第二，認為遼寧省綏中縣「石碑地和黑山頭的秦漢建築遺址」及古碣石觀海遺址、孟姜女墳即古碣石；第三，認為北戴河海濱金山嘴及秦皇島東山即為「古碣石遺蹟」；第四，認為碣石為秦皇島一帶地域，以秦皇島為中心，東北 30 多公里的石碑地秦宮遺址，西南 20 多公里的金山嘴秦宮遺址，這一帶即為碣石地域；第五，認為山東省無棣縣的馬谷山即古碣石；第六，還有「碣石滄海」之說，認為碣石山在南北朝以後，已淪於唐山市樂亭縣西南海中。無論碣石在哪裡，但是就「碣石是海畔之山、之石」已經達成共識，碣石是「足以為航海標幟」的「特立之石」碣石是遠古的航標，這就證明中華民族在四千年前就有了航標。實際上碣石在哪裡已不重要了，重要的是「碣石」已經成為秦皇島乃至中國文化的一個重要符號，在人們的心中，碣石是和平、友誼的象徵，是人類探尋大海奧秘、探索生命科學的標識。

張家口地區現存多少座古塔

張家口地區保存至今的古塔有九座，大部分都建於遼金之後，這些古塔立於寺院廟宇旁，雖歷經滄桑，不少寺院已坍塌，而塔依然屹立。現存古塔中以密簷式和樓閣式為多。如蔚縣的南安寺塔、宣化塔兒村磚塔、涿鹿的師靈塔、赤城的瑞雲塔都是密簷式塔。赤城的重光塔、宣化的立北寺塔都是樓閣式塔。保存較早的古塔是陽原縣窯兒溝南龍峰上的澍鷲寺塔，此塔始建年代不詳，宋淳佑八年（1248 年）重修。按照此說，此塔已有近千年的歷史了。

蔚縣南安寺塔也是較早的一座古塔，據碑文記載，此塔為北魏始建，遼金重建，是座八角形磚塔。塔高 28 米，共 13 層。柏林寺石塔，是河北省古塔中不常見的，它立於柏林寺千佛洞石窟的頂部，下麵兩層在山石上鑿成，總高 8 米，密簷六角五層，各層均雕刻有精美的佛像，姿態不同，神采各異。張家口地區古塔保存是文明的象徵，也是本地區一筆重要文化財富。

▌張家口正溝石刻的歷史文化價值何在

從張家口市區往北就是連接壩上各縣的交通要道正溝。正溝兩側，山峰突兀，林木蔥籠。北行不遠就看到了人工削成的山石峭壁，峭壁雄渾，岩石突起，壁間鐫刻著「內外一統」四個邊長一米多的大字，旁題「康熙三十六年孟夏」。在「內外一統」下二米多的地方，還可以看到用漢、梵、藏三種文字題的文句，漢文為豎排的「唵嘛呢叭呢」，藏文和梵文都是橫排著。由三文石刻往北，是一個三間房大小的石龕，龕頂懸著垂吊，如虎齒狼牙，龕壁是人工鑿成的。離石刻不到兩百米遠，又有一大排石龕。據《察哈爾通志》記載，石龕鑿成後，內壁上還鑿刻了許多佛像。

這些刻字和佛龕是幹什麼用的呢？經考證，原來是歡迎康熙親征勝利歸來的歡迎詞。康熙十年（1671 年）厄魯特蒙古噶爾丹篡奪汗位，勾結沙俄，進行叛亂。康熙為了維護統一，三次率兵親征。第三次親征是 1697 年，他從寧夏進擊，迫使噶爾丹服毒自殺，取得了重大勝利。凱旋歸來後準備由歸化進張家口。張家口百姓擁護康熙的統一行動，軍政首腦及宗教人士，提前削山、鑿龕、刻石，準備歡迎儀式。石刻題記就是歡迎標語。梵文、藏文的意思是「吉祥如意」，「完全的成就」。

▌宣化鎮朔樓為什麼更換區額

宣化古城中的鎮朔樓建於明朝正統五年（1440 年），它是一座兩層、通高 15 米的重檐九脊歇山頂的高大建築。樓墩台高 8 米、占地 952 平米。鎮朔樓俗稱鼓樓，樓上有漏刻、鼓角和一面直徑 1.5 米的大鼓。這些設施是供

報時之用的。明代還沒有機械鐘錶，報時靠日咎和刻漏，到了一定時刻，擊鼓、報告城中居民。

鎮朔樓南北簷下各掛一巨大匾額，南匾上寫「鎮朔」，北匾上寫「麗譙」。當時題匾是有抗元鎮北的意思。到了清高宗乾隆六年，此樓已有三百多年，日久天長，歷經風雨，有坍塌危險，當時的宣化知府王者輔及府官多人共同發起集資修樓的舉動，官民共集白銀三千零九十兩，用九個月的時間，把樓修復。這時樓南匾額題為「鎮朔樓」，北面匾額題為「籌邊覽勝」。1957 年因「鎮朔」二字有鎮壓少數民族之嫌，有礙於中國政府的民族政策，所以把「鎮朔樓」匾額取下。

現在懸掛在城樓上的「神京屏翰」巨型大匾是乾隆皇帝御筆，直隸總督那蘇圖刊懸於上的。乾隆皇帝於乾隆十年（1745 年）九月巡幸口外木蘭，自多倫諾爾回京，駐蹕宣化府南門外演武廳，檢閱清兵，同年十二月二十九日寫下了「神京屏翰」四個大字，意為宣化府是京都屏障，說明宣化府的重要地位。

▌為什麼說宣化遼墓穹頂彩色星圖是天文史上的重大發現

1921 年春天，宣化下八里鄉八里村的農民在春灌時無意發現了 860 年前的遼代壁畫墓。經當地文物部門清理，出土文物 76 件。據墓誌所述，墓主人叫張世卿，漢人。官司至銀青崇祿大夫、檢校國子祭酒兼監宗禦史、雲騎尉等。

墓室是仿木結構、穹窿頂的磚砌墓。前後兩室的白灰牆上全是壁畫，總面積達 86 平方米。從內容上分三大類：一是人物畫，反映了墓主人的生活場面；二是四壁龕上面繪有藍色花瓶，瓶內插有各色花卉；第三類更為珍貴，就是後室穹窿頂部的彩色星圖。目前發現的中國古代觀星法二十八星宿圖有多處，但遼墓的星圖有中國的二十八宿星座，也有巴比倫發明的黃道十二宮觀星法，並把二者科學地繪於一個圖組中，即把天空 360 度分東、西、南、北，四個方位，每個方位 90 度，在 90 度內各有七個星座，東為蒼龍七宿；西為

白虎七宿，南為朱雀七宿，北為宣武七宿。二十八宿外面有九顆大星，東方偏南有一紅色星，內有一金色飛鳥，向南展飛，表明太陽自東方升起，行至西方落下。外有紅色大星四顆，藍色大星四顆，表明春、夏、秋、冬和春分、夏至、秋分、冬至，最外一層有距離相等的十二個大圓圈，內繪有動物。這就是巴比倫發現的黃道十二宮。這種觀星法把 360 度天空分成十二等份，每份一宮，此一宮至下一宮為一個月，十二個月為一年。中國二十八星宿和黃道十二宮的春分點在同一方位上，說明中國早在十二世紀已和外國有了天文方面的交流。這是中國天文史上的重大發現。

▌懷安昭化寺壁畫是什麼時期的藝術作品

位於懷安城西大街的昭化寺是河北省重點文物保護單位，明洪武三十年（1397 年）初建永慶禪寺。正統十年（1445 年）改建為大型古刹，英宗賜匾額「昭化寺」，故得此名。

昭化寺建築宏偉，建有山門、天王殿、大雄寶殿、後殿、偏殿、鐘殿、鼓樓、碑樓、禪房等，面積達 2330 平方米。全部建築為石條基礎，磚木結構，琉璃瓦頂。大雄寶殿內有壁畫 47 組，達 90 多平方米。壁畫顏色鮮豔、人物線條流暢，是很難得的藝術珍品。

昭化寺壁畫是什麼時期的藝術作品？從壁畫的內容來看是描繪佛教因果報應的故事，生動地刻畫了天堂地獄的鬼神形象。從人物形象服飾，繪畫風格看屬唐代作品。約有近 500 個各色人物形象屬「吳帶當風」藝術流派。線上描、用色和刻畫人物性格方面，達到了很高的水準。技法嫻熟、雅俗共賞。經專家們研究，昭化寺壁畫是仿唐明代作品，是研究明代佛教藝術的極為寶貴的資料。

▌為什麼在水母宮建吉鴻昌紀念館

最為張家口人津津樂道的旅遊休閒地是張家口的「水母宮」。水母宮建於清乾隆四十七年（1782 年）。水母宮建在臥雲山半山腰的一個泉眼上，上有水母宮（水母娘娘廟），廟底流水潺潺，順溝直流而下。最令人感歎的地

方是位於水母宮南面的兩座大廳。大廳周圍綠蔭如蓋，山風吹來颯颯作響。大廳周圍遊廊曲折環繞，門窗古香古色，飛簷上繪有鮮豔的花草。東邊的大廳曾經是馮玉祥將軍的公館，將軍曾在這裡消暑度夏，西邊的大廳內，也曾住過抗日名將吉鴻昌。為了緬懷這位民族英雄，1984 年 9 月，在吉鴻昌將軍工作和戰鬥過的地方建立了吉鴻昌將軍紀念館。

紀念館展廳正中央擺放著吉鴻昌將軍的半身塑像。展出的開頭有聶榮臻同志的題詞：民族英雄吉鴻昌烈士永垂不朽。兩個展廳共收集展出反映吉將軍工作和戰鬥的照片 53 幅，同時還展出了十多件實物和複製品。

▌為什麼說大石橋是石家莊歷史的見證

大石橋位於石家莊市中心的火車站北邊，大橋路與公里街交叉口東北側，「石家莊解放紀念碑」之北。它建於 1907 年，全長 150 米，高 7 米，共 23 孔。橋身繫石灰岩砌成，坡面平緩，橋頭兩側各有石獅二尊。

1903 年，京漢鐵路（今京廣鐵路）透過石家莊；1907 年，石家莊至太原的正太鐵路（今石太鐵路）全線通車。由於兩條鐵路全從市中心穿過，來往行人橫穿鐵路，經常發生火車軋撞人畜事故。鐵路員工與各界代表曾聯名上書鐵路當局 -- 法國鐵路總辦，強烈要求撥款修橋，法方置之不理。鐵路工人氣憤異常，決定自籌資金建橋。在一部分代表的倡議下，有 2500 多名職工，每人捐獻一天的薪資，籌集了建橋經費。河北唐山的趙蘭承包了建橋工程，1907 年春季動工，當年秋季完成。從此，火車從橋下透過，行人從橋上跨越，方便了行人和車輛，減少了事故的發生。市民為鐵路工人慷慨無私的精神所感動，編歌謠誇讚道：「大石橋，大石橋，工人血汗來建造，一塊青石一份情，青石哪有情義高」。大石橋是石家莊的歷史見證，是石家莊市一座重要的歷史紀念建築。

宗教河北

看河北的佛寺塔廟，就要看它的「絕」處，在這裡，掛一漏萬，讓我數說幾處給你聽聽，你如果真的有了好奇心，不妨到河北走走，見識見識。

正定隆興寺有哪六絕

隆興寺坐落於正定縣城東門裡街，是中國現存時代較早、規模較大、保存較完整的一座佛教寺院。該寺初名龍藏寺，創建於隋開皇六年（586 年），唐代更名為龍興寺。宋初開寶四年（971 年），宋太祖趙匡胤巡境安邊駐在正定，敕令寺院擴建，鑄造銅佛，修造大悲閣。此後，寺院兩次重修，並改名隆興寺。此寺以高 21.3 米的千手千眼銅鑄大佛聞名遐邇，位居中國現存銅鑄佛像之首，所以俗稱大佛寺。

隆興寺內的「六絕」堪稱鎮寺之寶。

（1）大悲閣內供奉的千手千眼銅佛像。該佛像鑄造於北宋開寶四年（971年），是目前中國最高大的立式銅佛像。銅佛身軀偉岸，比例適度，立於直徑 4.8 米的仰蓮座上，像高 21.3 米。除當胸合十的雙臂外，身兩側各二十臂，呈輻射狀佈置，手中均繪一眼，並分別執日、月、淨瓶、寶鏡、寶劍、金剛桿等法器。千手千眼由 40 隻手、40 隻眼配以二十五「有」（欲界、色界、無色界。這三界中二十五種有情存在環境）所得。千手錶示護持眾生，千眼表示關照世間，都是大慈大悲、救苦救難的表現。據載，當年鑄造此巨佛是採用屯土的方法，全身份七段接續鑄造的，充分反映了宋代冶煉鑄造方面的高超技藝。銅像下麵的石須彌座，長 30.5 米，高 2.25 米，雕飾極為繁複，其形制之巨，內容之富，在須彌座中極為少見。隆興寺內的千手千眼佛像，連同像下的石須彌座，均為研究宋代佛像及其文化藝術不可多得的實物資料。

（2）隆興寺內保存的《恆州刺史鄂國公為國勸造龍藏寺碑》。這是中國現存楷書碑刻的鼻祖，被書法界權威評說為：「熔秀雅古拙寬博幽深於一爐」，「上承南北朝之遺風，下開唐楷之先聲」，康有為推崇為隋碑第一。該碑是研究魏碑向楷書過度期間書法藝術的重要碑刻，是中華名碑之一。

（3）摩尼殿內的倒坐觀音泥塑。該泥塑被魯迅先生稱為「東方美神」。在隆興寺摩尼殿的北壁扇面牆的背面，通壁泥塑了一座五彩繽紛、玲瓏剔透的假山，山上祥雲繚繞，泉水湍流，置身其間的羅漢和護法神姿態儼然，神情各異。塑壁正中有一明代懸塑五彩觀音像。一般觀音都是坐北朝南，可這尊卻是坐南朝北，故稱倒坐觀音。觀音像高 3.4 米，頭戴寶冠，肩搭披巾，項飾瓔珞，敞胸露臂，左足踏蓮，右足自然斜置於左股上，赤足盤膝，雙手扶膝，右手撫於左腕，頭微右側，身稍前傾，面帶微笑，俯視眾生。閒適自若、恬靜端莊，姿態綽約，玉容含情，秋波流慧，風采動人，造型藝術極富深情。魯迅先生在一次偶然的機會得到了倒坐觀音照片，視若珍寶，譽為「東方美神」。觀音為何會倒坐？那是因為觀音曾經發下誓言，不讓眾生度過滄海，永不回頭。都知道世上的苦難是沒有停止的，所以觀音也就只好一直倒坐。大部分觀音都是盤腿端坐在蓮花瓣上，這尊觀音卻是赤足盤膝，無論你在哪個角度都能與觀音對視，都能用心靈和她去交流。

（4）轉輪藏閣的轉輪藏，被物理學家稱為牛頓定律運用的典範，是中國最古最大的藏經櫥。

（5）造型奇特的銅鑄千佛墩被冶金專家推崇為中國第一。

（6）摩尼殿的獨特建築樣式是現存宋代建築中的孤例。它面闊進深均七間，平面呈十字形，殿身中央重檐九脊歇山頂，布瓦覆心，琉璃瓦剪邊，四面明間又各出九脊歇山式廈抱。這種富於變化的奇特形制、結構重疊雄偉的佈局，在中國宋代建築史上佔有十分重要的地位。

▍為什麼說華塔是中國絕無僅有的稀世珍寶

華塔，又稱多寶塔，位於正定縣城內原廣惠寺內，故又稱廣惠寺華塔。寺已塌毀，唯塔尚存。因其造型獨特，被著名建築學家梁思成先生贊為「中國寶塔之孤例」。

華塔始建於唐貞元年間（785—805 年），金大定年間（1161—1189 年）重修，現存為金代遺物。這座華塔的形狀非常特別，用磚砌成，連底座共四

層，高 40.5 米。下三層為正八角形，底層四正面辟門，二、三層設有平座，正面辟門，側面飾佛龕和斜格假窗。而第四層平面略呈圓形，與八角攢尖形塔頂組成一個圓錐體。在塔的下麵即底層，四角又各建有一座六角形小塔與主塔相連，環抱主塔一、二層，華塔又稱「多寶塔」。塔身四周雕刻著無數仙人、仙獸和樓閣亭台，構圖花樣複雜，雕工精細生動，其中尤以動物造型最為逼真，兇猛的獅子、彪悍的大象、欲躍的青蛙，無不生動傳神，活靈活現。因年久失修，古塔已殘缺不全。經中國國家文物局批準，1994 年對其進行修復。修復後，主塔更加秀逸玲瓏，四周重修的環立四小塔成聚首狀，與主塔相映生輝，它雖不及凌霄塔雄偉高大，但它的造型突破了常規，遠遠望去，就像一支巨型花束。全塔造型古樸而雄奇，華麗而生動，不僅是中國華塔中最優美的代表，也是中國磚塔中造型最為奇異、裝飾最為華麗的。華塔不僅外形絢麗多彩，還可供遊人登塔遠眺。因此，可以毫不誇張地說，華塔是中國絕無僅有的稀世珍寶。

▌正定古塔中哪一座酷似西安小雁塔

須彌塔位於正定縣城燕趙南大街的開元寺，始建於唐貞觀十年（636年），現存之塔為明代遺物。塔為磚石結構，共九層，高約 48 米，平面呈方形，所以俗稱磚塔、方塔。據正定縣誌及碑刻記載，原寺建於東魏興和二年（540 年），唐乾寧五年（898 年）重修，現僅存鐘樓及塔。塔密簷九級，高 48 米，塔身建在高約 1.5 米的正方形磚砌台基上，塔身第一層較高，下部砌石陡板一週，各面兩端均浮雕一尊雄勁有力的力士像，力士肌肉豐富，造型很有風格。正面中間有一石券門，其石製門額上書有「須彌峭立」四字。塔身寬度自第二層開始收縮，其上八層漸次收斂，正面均開方形小門，周壁用青磚壘砌，各層均有用磚壘砌而成的塔簷，每層四角設風鈴，頂部塔刹呈葫蘆狀。此塔除門洞及底層少許雕飾外，無任何裝飾，顯得簡潔疏朗，外觀清秀挺拔，簡樸大方，頗似西安唐代小雁塔，充分體現出唐代磚塔的建築風格，是疊澀出簷塔的典型作品。

為什麼說正定臨濟寺澄靈塔是中日友好的歷史見證和關鍵

臨濟寺位於正定城內，是佛教臨濟宗的發祥地，在中國佛教史上佔有重要地位。臨濟宗由義玄禪師創立於鎮州（今正定），臨濟寺澄靈塔即為珍藏義玄禪師的舍利而建，所以也稱衣缽塔。澄靈塔始建於唐咸通八年（867年），現為金代建築風格。此塔遠望，形貌青幽，所以俗稱青塔。澄靈塔是正定四塔中最小的一座，九層，僅高30.47米，是一座磚仿木結構密簷式塔。和所有的密簷塔一樣，塔身第一層甚高，四正面設有對開式假門，四側面飾以假窗，以上八層相距甚近，層層出簷，以挑出的鬥拱承托，各層鬥拱設計精巧，富於變化，實屬罕見。

臨濟寺是佛教臨濟宗的祖庭，唐義玄禪師創立。義玄圓寂後，佛教徒建衣缽塔葬之，唐懿宗賜諡「惠照禪師」，其衣缽塔賜名澄靈塔。西元12世紀時，日本和尚榮西將臨濟宗傳入日本，在日本「學徒雲集，朝野尊尚」，成為日本佛教主要宗派之一。此宗認定臨濟寺為其祖庭，視澄靈塔為其重要的祖塔之一。

趙州真際禪師塔有什麼價值

趙州真際禪師塔全稱為「特賜大元趙州古佛真際光祖國師之塔」，也稱柏林寺塔，為紀念唐代高僧從諗禪師所建。趙州真際禪師在趙州柏林寺圓寂400多年後，元朝皇帝追賜他為國師，諡封「真際禪師」，於文宗天曆三年（1330年），建成了真際禪師塔。該塔高26.3米，為八角七層密簷式實心磚塔，平面呈八角形，塔身第一級正面的銘石上刻「特賜大元趙州古佛真際光祖國師之塔」十六個大字。第一層四面雕有格子門窗，下有方形塔基。塔基上為束腰式須彌座，座上有兩層磚刻圖案，上層為伎樂、金剛、力士，下層是龍、象、鹿、牡丹等圖案紋飾。此塔的特點是鬥拱雄大，出簷深遠，雕刻豐富，為元塔中精品。真際禪師塔對研究中國佛教和古代建築均有很高的價值。1966年刑台大地震時塔被震下，加之人為破壞，嚴重毀損傾斜，1997－1998年，由新加坡高家仁居士捐資修復。

▌中國現存最高大的佛教經幢在哪裡

趙州陀羅尼經幢，是中國現存最高大的佛教經幢，坐落在趙縣城內開元寺舊址，今南大街與石塔路相交處。它因形制似塔，且全為石料雕砌，故俗稱「石塔」。

該經幢建於北宋景佑五年（1038 年），由本州人何興、李玉等建造。經幢呈八棱形，共七級，通高 16.44 米，基座為方形，底邊長 7.56 米，基礎較大，穩定牢固，基座上為兩層束腰須彌座承托幢身，幢身為自下而上逐級遞減，層層向內收縮，形成八棱錐形。

趙州陀羅尼經幢雄偉高大，每節均為整塊巨石疊砌而起，歷經千年，經受了無數次地震而不毀，反映了宋代幢塔式建築藝術水準之高。經幢的一、二、三節幢身用楷書鐫刻經文，是書法精品。其餘各節幢身及幢座、幢簷等皆浮雕佛教人物、經變故事、神獸、建築、花卉等。形式複雜，內容豐富，雕飾非常華美，刻工極為精細，形象生動活潑，具有極高的雕刻藝術價值，是中國石雕藝術的寶貴遺產，是學術界公認的石雕藝術傑作，

▌天桂山上的青龍觀為什麼以皇宮制式建造

青龍觀道院是一組凌空而建、政教合一的古建築群，與明朝末年崇禎皇帝和道教有著很深的淵源。

相傳，明朝末年，崇禎皇帝在義軍四起的情況下，深感大勢已去，便密令心腹太監林清德尋訪深山幽谷，創建歸隱行宮。林清德遍訪北方名山大川，終於選中了風景秀麗、易守難攻的天桂山。隨之大興土木，仿照皇宮制式，建造氣勢恢宏的歸隱行宮。然而伴隨行宮的建造，李自成領導的起義軍攻克北京，崇禎皇帝吊死煤山。林清德出家為道，將行宮改為青龍觀，並依照全真道的古制，創建道院，並自號「北武當」

繼林清德之後，其徒弟穆一鉉又將青龍觀擴建，使其規模日益宏大。300 多年後，昔日寂靜的道觀已成為今天的旅遊地。這飛簷鬥拱、赤牆黃瓦的重重殿閣與青山綠水交相輝映，營造了天桂山豪華高貴的氣韻。

淶源閣院寺在建築上有何特點

位於淶源縣城西北隅的閣院寺，是遼代寺廟建築的一個可貴實例。遼代提倡繼承唐代文化，聘用漢族工匠，使建築技術和藝術在北方地區仍沿襲著唐代的風格。閣院寺現存建築有天王殿、文殊殿和藏經閣，坐落在一條南北中軸線上，中軸線兩側還有東西配殿和其它附屬建築。主殿文殊殿，平面近方形，面闊進深各 3 間，前有高大的月台，其大木結構、鬥拱的配置採用了減柱造和偷心造，為典型的遼代早期風格。更為難得的是，在文殊殿四壁保留有珍貴的遼代壁畫，從暴露部分看，是一幅貫通整個牆壁的大尺度壁畫。其線條流暢生動，採用了瀝粉貼金手法，具有濃郁的唐代畫技之遺風，因被泥覆蓋而得以保存下來，該殿簷下外簷畫有青綠彩畫，使用了少量金色，這在遼代建築實例中也是首次見到。

你瞭解滄州清真北大寺嗎

滄州清真北大寺，位於滄州市區解放中路回民聚居區的中心，是河北省重點文物保護單位，與廣州懷聖寺、泉州清真寺、濟甯清真寺齊名。該寺始建於明朝建文末年（1420 年），占地面積 8000 平方米。建築面積為 3200 平方米，其中禮拜大殿占地面積為 1320 坪。

清真寺內垂槐越簷，綠枝環繞。禮拜大殿莊嚴宏偉，由前中後三殿和古棚連綿組成一個整體。每層殿上設一個頂，頂上有「五脊六獸」，雕刻精細，栩栩如生。後窯池有三亭，中間高，兩邊低，為駝峰式，又似筆架，別具一格。許多伊斯蘭教國家的朋友都經常慕名前來參觀和禮拜。

泊頭清真寺的來歷及特色是怎樣的

位於滄州市西南 40 公里的泊頭市內有座清真寺，坐落在大運河西堤回民集聚的泊頭街南頭，為全中國重點文物保護單位。泊頭清真寺始建於明朝洪武年間，後在建文、永樂、萬曆年間幾經修葺，特別是在崇禎年間進行了擴建，成為規模宏大的建築群。據傳，明朝末年，崇禎皇帝為修繕金鑾殿，從南方伐來大批木料經大運河北上，船經泊頭馮家口時，李自成已率農民起

義軍攻下北京城。這時，在朝的泊頭籍回族官員禦史石三畏、禮部尚書餘繼登，便扣留了這批木料修繕了清真寺。

泊頭清真寺因建築規模宏偉壯觀、風格獨特而馳名全中國。該寺正門坐西向東，仿北京紫禁城午門樣式。進入前院，南北各有學堂，中間是一座高20米的兩層建築---望月樓，又稱「班克樓」。穿過望月樓，中院有南北配殿，拾級而上，正中便是精緻美觀的花殿閣，木雕字畫，出簷深度大，極富明代木質建築特色。後院正中便是規模宏大的禮拜大殿，占地面積1920坪。大殿頂部飛簷四出，並用方木疊落成藻井形式，使大殿更顯莊嚴，舉目全寺，樓台殿閣，垂為一線，重重院落，環環相套，橫向配以門道、石橋，使寺院十分對稱、協調。

中國最大的座式鑄鐵佛像在哪裡

東光鐵佛寺內大雄寶殿正中的釋迦牟尼座像為鐵鑄佛像，堪稱中國最大的座式鑄鐵佛像，佛像高8.24米，重48噸，素有「滄州獅子景州塔，東光縣的鐵菩薩」之稱。

據《東光縣誌》記載，鐵佛寺原名「普照寺」，始建於北宋開寶五年（973年），由山門、天王殿、大雄寶殿及東西配殿組成。北宋時，從太祖開寶到至道年間，大雨頻繁，洪水氾濫，死傷者無數。人們為了乞求神力，決定鑄塑鐵佛，以鎮天災。吳橋鎮有一位張鐵匠，帶領數百名工匠，支起百餘盤熔爐，化開鐵水，鑄成鐵佛。百姓又為鐵佛建起廟宇，題名「普照寺」，意為鐵菩薩金光普照東光。1929，直系軍閥吳佩孚題寫了「鐵佛寺」橫匾，掛於門上，因而普照寺從此改稱為鐵佛寺。

避暑山莊的宗鏡閣是用什麼材料製成的

在避暑山莊梨樹峪口南部，內湖西岸的山崗上，有一座因山而建的寺廟叫珠源寺。此廟因靠近瀑源，因此得名為「珠源寺」。這是一座漢式廟宇建築。寺南山下有跨溪谷的石橋，兩端有石牌坊，南面額書「恆河普渡」、「德水通律」，北面額書「彼岸同登」、「法流喻筏」，過石橋沿石砌路而行，

有東向山門，後有天王殿，鐘樓。天王殿後邊就是著名的宗鏡閣了。宗鏡閣為何著名？原來，這個價值連城的閣樓全部是用黃銅製成的。所以，俗稱「銅殿」。其後有大須彌山殿，乾隆題為「極樂世界」。眾香樓和小西天上下兩層，內供奉著三方佛和八大菩薩。

珠源寺裡的宗鏡閣，是乾隆二十六年（1761 年）建造的，它仿造北京清漪園寶雲閣式樣，為重昂重檐歇山頂，脊裝寶塔，吻獸，共用銅 207000 公斤。銅殿的銅匾額，上額「宗鏡閣」，下額為「海藏持輪」，銅楹聯為「梵天閣湧金光聚，香水瀾回珠顆圓」。宗鏡閣鑄造精細，做工精良，是一具大手筆的藝術珍品，是中國的無價之寶。

▌世界上最高的木佛像在哪裡

承德外八廟之一普寧寺是全中國少有的漢藏結合式樣寺廟。它的前半部是漢式「伽藍七堂」法式，有山門、鐘樓、天王殿、東西配殿和大雄寶殿。後半部是按照藏傳佛教寺廟仿建，有像徵佛國世界曼陀羅的壇城；有像徵佛國須彌山的大乘之閣；有像徵須彌山四面八方的四大部洲和八小部洲的周圍台殿；有像徵佛國「四智」的四座形狀各異的喇嘛塔。

大雄寶殿內供奉三世佛，全部用金漆鬆身，慈祥而端莊。乾隆親題匾額「仁佑大千」，意思是佛能保佑大千世界。三世佛兩側是十八羅漢，背後牆上繪有十八羅漢本尊畫像，神態高深莫測，繪畫色彩鮮豔如初。

大乘之閣是普寧寺的最高建築，裡面有世界上最高木佛，這是一尊千手千眼觀世音菩薩，身高 22.28 米，不包括菩薩頭頂上 1.3 米的無量光佛，也比北京雍和宮大木佛高 4 米多。木佛是由五種木料拼鑲而成，中心是柏木，外加邊木 15 根，42 隻手交叉，共用木料約 120 立方米。在殿堂裡有佛龕，塑 1090 尊藏泥貼金無量壽佛。從整個佛殿的造像看，是小中見大，大中見小，氣氛協調，相互呼應，不愧是一個珍貴的佛教藝術寶庫。

安遠廟是仿照什麼廟建成的

安遠廟是承德外八廟之一，占地 26000 平方米，平面呈長方形，主要建築集中於後部，前部為開闊庭院，後部佈局緊湊。

安遠廟設內外三進牆垣，外層正面及兩側原有三座欞星門，現無存。進第二牆垣正中的山門為磚石建築，有三個圓拱洞門，單簷歇山頂。山門內為長方形庭院。坐落在後院的是廟內主體建築普渡殿。面闊進深各七間，平面呈長方形。殿通高 27 米，外觀三層，三重屋簷，下層單簷，上層重檐歇山頂。下層簷下是實牆，上辟盲窗，具有藏族風格。殿內正中三間為空井，三層上下貫通。頂部飾以八角形藻井，中塑盤龍，口銜明珠。一層正中供綠度母佛像一尊，四周有佛教故事題材壁畫。

普渡殿上簷五間見方，簷柱跨度為 16.1 米，正面與側面一樣長，呈正方形建築。上層頂高 8.8 米，約占整個建築的三分之一，這種形制實屬古建築中罕見。頂部裝飾也很獨特，蓋黃剪邊黑赭色琉璃瓦，屋脊滿飾花紋，正脊為三個鈴狀喇嘛塔裝飾。

安遠廟建於乾隆二十九年（1764 年），是仿照新疆伊黎河北岸固爾紮廟建成的。所以，又叫伊犁廟。關於建築這座廟的目的，乾隆撰寫的《安遠廟瞻禮書事（序）》說得很清楚。在厄魯特蒙古準噶爾部達瓦齊、阿睦爾撒納叛亂中，達什達瓦部為維護祖國統一，衝破重圍，歷經艱險，率眾內遷。清政府後來讓他們遷往熱河，因而修建了安遠廟以「安靖荒服，懷柔遠人」。

普樂寺建築形製為什麼最獨特

普樂寺是承德外八廟之一。廟址坐東朝西，遙對避暑山莊舍利塔，後指磬錘峰。這是座佈局最嚴謹的建築。寺內建築由山門、鐘樓、天王殿、配殿、宗印殿、群房、闇城、旭光閣組成。

宗印殿是前部最主要建築。外看金碧輝煌，宏偉高大，面楹七間，進深五間，建於 1.36 米高的基座上，殿頂為重檐緣剪邊黃琉璃瓦覆蓋。正脊裝飾有色彩繽紛的琉璃飾件，數條琉璃龍飾於脊上，形似飛騰。正中有喇嘛塔一

座,兩側是八寶法器。殿內供三世佛,兩側置十八菩薩坐像。大殿左右有配殿,內塑金剛三尊。

普樂寺後半部分的建築主要是闍城和旭光閣。闍城就是壇城,是一座石砌的方台,為喇嘛傳授佛法的地方。第一層台高 7.2 米,共 44.4 平方米。正中辟拱門,台上有雉堞,儼如城池。南北拱門為深龕,東、西拱門內有石階可到台頂。每邊的正面和四角,各建喇嘛塔一座。形狀相同,色彩各異。台下中又建 32.8 平方米的石台,高 6.6 米,正中辟拱門,東西為深龕,南北拱門向東有石階台達頂部,四周有石欄杆環繞,以這種闍城形制修建寺廟,是中國寺廟建築最獨特的,它在宗教建築上有重要價值。城正中是普樂寺主體建築旭光閣,坐落在一圓形平面上,通高 24 米,建築精巧華麗,金光燦爛,是稀有的藝術珍品。

乾隆皇帝為什麼要建普陀宗乘之廟

普陀宗乘之廟位於承德獅子溝北岸中部的山坡上,是外八廟中最大的一座廟宇。該廟是仿照前藏喇嘛教首達賴駐地拉薩布達拉宮的法式修建的。布達拉即普陀山,按佛教說法,是觀音菩薩的道場,一個在拉薩,一個在浙江(即南海普陀山),普陀宗乘是藏語布達拉的漢譯。因此,普陀宗乘之廟又叫小布達拉宮。

該廟是一組建築群,廟有山門,北面是碑亭,四面開拱門,重檐歇山式黃琉璃瓦頂。亭內有碑三通,用漢、滿、蒙、藏四種文字記刻。亭北有五塔門,高 10 米,辟三個拱門,上飾藏式梯形盲窗。頂部建 5 座喇嘛塔。塔後有琉璃牌坊一座,再往北有白台、白台僧房、五塔白台、單塔白台等 30 多座,隨地形散建在山坡上,構成了高低錯落,形式多樣的平面佈局,在白台如林的北面就是主體建築大紅台,大紅台通高 43 米,有三組不同造型的建築,依山就勢彼此連成一個整體。面積達 10300 平方米。從正面看,三組建築都高聳於白台之上。大紅台下部為白台,高約 18 米,下用花崗石建造,上部用磚築,壁面有三層盲窗,東西兩面設入口,白台上西邊原有一組千佛閣建築,東南角建有一座文殊聖境殿。

大紅台頂部設女兒牆，中部建喇嘛塔和琉璃八寶，轉角處安置寶瓶，上插鐵旗。大紅台內正中為萬法歸一殿，平面呈方形，面闊進深各七間，重簷攢尖頂，殿內供有佛像，藻井精緻輝煌。

為什麼普陀寺乘之廟建在大紅台上呢？因為在西藏，紅色代表宗教權力，白色是代表吉祥如意。所以藏式寺廟裡多用紅色、白色。而紅台上的殿頂覆蓋鎏金黃色銅瓦正是漢藏文化結合的產物。建築氣勢宏偉，巍峨壯麗。

1770 年是乾隆皇帝 60 大壽，第二年是母親的 80 大壽，乾隆把慶典安排在了承德避暑山莊內舉行。因此，內蒙、外蒙、青海及維吾爾、西南少數民族首領等都雲集承德。因為前來祝賀的絕大多數是蒙藏地區信仰喇嘛教的民族，所以以敬重信仰和顯示國威的辦法，用了四年時間修建了教徒崇拜的聖地布達拉宮，以此來增進民族團結。

▌殊像寺是仿照哪裡的建築建成的

殊像寺位於普陀宗乘之廟西側。依山就勢而置。寺廟有山門，面闊三間，進深一間，單簷歇山頂，內有哼哈二將，在整個外八廟的塑像中，此處的哼哈二將塑造得最富有神氣和力度。山門北有天王殿，天王殿內供奉著布袋和尚、護法四天王和韋陀。天王殿北有「饌香堂」，俗名「齋堂」，每年農曆二月二十九日、四月初四、十月二十五、冬至日喇嘛都要舉行盛大的佛事活動。西配殿名「演梵堂」，俗名「經堂」，是唸經的地方。再往北過五個雕刻精美的石須彌座後，就是寺中主殿會乘殿。會乘殿坐落在高台上，面闊七間，進深五間，前後都是中間三間開門，重簷歇山式，黃琉璃瓦頂。殿內供奉三尊高大的菩薩，中間騎青獅子的為文殊，左邊騎白象的為普賢，右邊騎朝天吼的為觀音。前方左右為一層塔佛龕，原有 304 個鍍金銅佛，後被軍閥盜走。殿內兩側牆壁有藏經樹。會乘殿後是寺的岩庭部分，完全採用中國傳統的疊石手法，假山蹬道，岩洞渡橋，曲折參差，蒼松挺拔，環境十分清雅。

殊像寺建於乾隆三十九年（1774 年），次年完工，它是仿造山西五台山殊像寺建造的，是以漢族寺廟傳統手法建造，該寺是中國寺廟園林的典範。園林至山頂有「清涼樓」，與山西五台山相仿，樓有一聯「地上撚將一莖草，

樓頭現出五台山」。殊像寺把寺廟融於園林之中，把殿堂巧妙地佈置在蒼松翠柏中，是宗教內涵和園林藝術的有機結合。

在中國許多佛寺中，三大士菩薩的排列多為觀音菩薩居中。而會乘殿卻把文殊菩薩供在中間，這是為什麼？原來在清朝開國之後，清朝皇帝極為美化和神化自己，認為清帝是文殊的化身。乾隆修建殊像寺也是出於這一目的。據說文殊是「文殊師利」或「曼殊師利」的略稱。「曼殊」和「滿珠」、「滿洲」讀音相近。佛經上記載，釋迦牟尼曾經預言：東方主尊是文殊。因中國處在東方，西藏達賴喇嘛所進的丹書中多稱皇帝為「曼殊師利大皇帝」。這樣一來，乾隆皇帝就成了文殊菩薩的轉世，會乘殿供文殊為主就成了順理成章的事了。

▌乾隆皇帝為什麼要建須彌福壽之廟

須彌福壽廟位於避暑山莊北，須彌福壽是紮什倫布的漢譯。建於乾隆四十五年（1780 年），仿西藏日喀則紮什倫布寺而建。該廟占地 37900 平方米，建築風格兼采漢、藏建築藝術之長，形式獨特。

寺廟從南至北隨山坡而建，前有石橋，地橋就是山門，門額上懸乾隆禦書「須彌福壽」匾額，正北為碑亭。繼續北上有月台，月台上有石像一對，後造三間四柱七樓式琉璃牌坊。坊後為大紅台，台上四角築小殿，外壁砌女牆，正南壁間有琉璃花窗 39 孔，共分三層。大紅台內壁四周為三層群樓，中建妙高莊嚴殿，為重檐歇山鎏金瓦頂。殿北有金賀堂和萬法宗源殿，是班禪弟子住所。再北有八角七層琉璃萬壽塔，塔周圍有圍廊，底層正南辟一門。每層塔龕裡有無量壽佛一尊。塔的周圍有間樓、罡子殿、單塔、白塔等建築。

1870 年 8 月 13 日，是乾隆皇帝的 70 大壽，這一年參加萬壽節慶祝活動的人，除了蒙古諸部王公、扈從大臣和外國使節以外，還有一位顯赫人物，他就是不辭千辛萬苦來朝見皇帝的六世班禪額爾德尼·羅桑貝丹意希。乾隆對他的到來十分重視，按照曾祖父的做法，為五世達賴建西黃寺，模仿西藏班禪居住的紮什倫布寺的樣式，建了須彌福壽之廟。此廟建築速度極快，只

用了一年多時間就完成。班禪來承德時，就在這裡講經住宿。所以須彌福壽之廟又叫班禪行宮。

外八廟中哪一座廟宇建成最早

在承德外八廟中，建築最早的廟宇是溥仁寺。是康熙時期的唯一廟宇。建成於清康熙十二年（1713年）。這時清政府平定了漠北厄魯特蒙古準噶爾噶爾丹的武裝叛亂，加強了對漠北、漠南喀爾喀等蒙古地區的行政管理，鞏固了北部邊疆，蒙古各部和中央政府的關係日益密切。在康熙60歲生日時，蒙古各部王公貴族前來祝賀，並請求建立寺廟為皇帝祝福，他們的請求正合康熙心意，康熙立即點地，修建了溥仁寺和溥善寺。溥善寺年久失修早已無存。

溥仁寺由四進院落組成，南北長250米，東西寬130米，是漢式「伽藍七堂」的傳統建築佈局。由山門、天王殿、正殿和後殿組成。山門中供奉著哼哈二將、天王殿中供奉著布袋和尚、四大天王和韋達。正殿名為「慈雲普蔭」，殿內供奉著迦葉佛、釋迦牟尼佛和彌勒佛。東西兩側有十八羅漢。這些造像都是貴重的髹漆和紵麻工藝建造，藝術價值極高。正殿兩側，有主碑兩通，用滿漢兩種文字鐫刻著名為「禦製溥仁寺碑文」。後殿又稱「寶相長新殿」，內供九尊無量壽佛。因溥仁寺是為康熙祝壽而建，故以「九」表示對皇帝的最高尊敬，象徵長壽。

外八廟中規模最小的廟宇是哪一座

廣緣寺在普佑寺東，建於清乾隆四十五年（1780年），占地面積僅為45000平米方，屬外八廟中最小，也是最後建成的一座寺廟。

廣緣寺是一座四合院式的建築，由山門、天王殿、大殿、佛樓組成，東南西三面是圍牆。北面以自然的山嶺為屏障，形成一個封閉式的長方形院落。

山門前面，正中有石匾額書：「廣緣寺」。東西圍牆的中部開掖門，山門內供護法金剛。山門內兩側有幢竿，正北為天王殿，面闊五間。殿內供奉

布袋和尚和護法四大天王。天王殿北是大殿，面闊七間，殿內供奉金漆木雕三世佛：迦葉像、釋迦牟尼像和彌勒像。大殿為硬山布瓦頂，不施彩繪，建築十分樸實。

在大殿的東西兩側建有配殿，供奉護法迦藍關帝畫像。大殿北是寺院的後院，靠近後山處建有七間二層樓，正中三間是佛堂，兩側是經堂和居室，是主持堪布喇嘛唸經和修行的地方。樓的兩側還有十餘間住所，供喇嘛居住。

廣緣寺是喇嘛們自己籌集資金修建的寺廟，同皇家建築相比自然小得多，由於財力不足故在建築規模及修飾方面都不如其他建築氣派。外表看上去十分簡樸，這在外八廟中是獨一無二的。

▌避暑山莊和外八廟建築中的頂棚為什麼堪稱一絕

承德的避暑山莊和外八廟建築中的頂棚，大部分都施以彩畫和雕刻，這些建築頂棚稱為「天花」。這裡的「天花」分為兩種，一種是先在木板上雕刻好，然後鑲嵌在預製的格子上；另一種是在紙上畫好圖案後，貼到頂棚的素板上。像外八廟的天花板，多屬後一種。圖案基本都是淺藍金字的「六字真言」。這些天花中最引人注目的是澹泊敬誠殿的天花和普樂寺旭光閣的天花。

澹泊敬誠殿共鑲天花板 735 塊，每塊天花都用深浮雕的技法刻成「萬」字圖和卷草圖案。雕刻精細，技法嫺熟，不彩不畫，古樸無華。普樂寺旭光閣的天花是用藻井的手法飾頂的。其風格之獨特，雕刻之精美為中國罕見。藻井為木結構，從上至下共分九層，呈攢尖頂式，每層分別雕刻著龍、鳳間隔鬥拱，九層之上的正中內，刻有蟠龍，張牙舞爪，翻雲滾浪，手法採用淺浮雕、深浮雕和透雕相結合。使雕刻更富有變化，藝術欣賞價值極高。在蟠龍山的四周，雕刻著金鳳展翅、百鳳朝陽、龍飛鳳舞等圖案，栩栩如生，令中外遊客拍手叫絕。

外八廟中的鎏金瓦屋頂共用了多少黃金

普陀宗乘之廟和須彌福壽之廟的大殿瓦頂均是鎏金銅瓦。普陀宗乘之廟大紅台上的萬佛歸一殿，殿頂全部用鎏金銅瓦覆蓋，在陽光之下，金頂灼灼閃爍，氣勢宏偉，金碧輝煌。須彌福壽之廟主體建築妙高莊嚴殿，大殿也全部為鎏金魚鱗銅瓦覆頂，頂脊之上置放八條金龍，遠遠望去，金龍似在藍天白雲中騰躍，手法奇特而精妙，為中國所僅見。

外八廟中的普陀宗乘之廟和須彌福壽廟的五座鎏金瓦頂到底用了多少黃金？據記載共耗用黃金兩萬九千五百八十一兩八錢五分四厘，折合白銀二百多萬兩。另外，僅普陀宗乘之廟的銅製鎏金魚鱗瓦，用銅達十一萬七千九百五十九斤，約合五十八噸，由此可見皇家寺廟建築的豪華氣派。

承德三仙觀供奉哪三位神仙

承德雙塔山景區有座三仙觀，這是一座民俗廟宇，早年舊廟已毀，1997年恢復修建。廟宇面闊三間，進深緊挨崖壁，題名為「三仙觀」。門的抱柱上一副對聯：「道通太極周行天地外，心徹玄微奧妙宇宙中」。裡面供奉了三尊道教神仙，即文昌帝君、財神趙公明和藥神孫思邈。

文昌帝君，是掌管文時福事及人間祿籍的神，人們常說的「文曲星」下凡，指的就是他。財神趙公明是商朝人，又名趙玄壇，是個武官，剛直不阿，秦朝時他避世山中，精修至道，終至成功。趙公明能呼風喚雨，驅瘟除虐，避難降災。求他保佑，不得貪歪財，否則，適得其反。藥神孫思邈是唐代神醫，醫術精湛，無私地為人們治病。凡道教仙山中都供奉他。雙塔山三仙觀供奉的三尊仙人正好反映勞動人民的美好願望，求知識、求財運和保健康。

承德七寶樓中的觀世音菩薩為什麼與其他地方的不同

承德雙塔山北峰下有座七寶樓，這是座依山而建、獨具匠心的小寺廟。廟雖小但神靈多，它是享有盛名的古剎。

佛教中的觀音菩薩是從印度傳來的，當時他還是長著兩撇鬍子的男子，自唐代以來，被武則天賜以朝服，變成一位眉清目秀的女子了。一般寺廟中的佛像、觀音無論是站像或坐像，都很正統，而七寶樓中的觀音卻不同，它是仿正定「隆興寺」裡的倒坐觀音而塑，面部清悠自在，坐姿安詳，你笑她亦笑，你訴她傾聽，似乎人間的百般煩惱到了她面前都可以化解。更有趣的是，這尊觀音菩薩，後面沒有火焰背光，而是背靠北峰根部，無數蜂窩狀的石穴。這些石穴裡居住著 53 位「善知識」。這些「善知識」不分座次、前後高低，最後一位是觀世音菩薩。「善知識」就是觀世音弟子「善財」參拜過的老師。佛都故事說：「善財童子」是「福城長者」的兒子，出生時地上湧出財寶。他勤學好問，通達佛理，被文殊菩薩相中，令他走 53 個城池，拜 53 位善知識，即可成道。最後收為菩薩弟子。

七寶樓中的菩薩塑造更貼近了民眾化，成為百姓心中尊崇的理想佛像。七寶樓有一聯更說明了這一點：「福成一子生七彩，求知敬賢賜善財；落迦半面顯三世，惟福增壽保慈航」。

▌竹林寺坐落於竹林之中嗎

在冀州古城有四座著名的寺廟，其中最為著名的是竹林寺。它的確切位置是在冀州市北關村旁。竹林寺開始叫「懸空寺」，是因為它三面環水，寺內桑柳林立，枝繁葉茂，綠蔭滿地。夏、秋時節，景色十分宜人，尤其是日落之時，由於水的映照，遠處看上去猶如空中樓閣，因此當時人稱「懸空寺」。懸空寺改名為竹林寺，並非其坐落於竹林之中，而是因為晉朝的山濤曾在冀州為官，山濤為當時「竹林七賢」之一，他愛護當地的平民百姓，注重發展農業的生產，因而頗有功績。人民為了紀念他，將「懸空寺」改名為「竹林寺」。

竹林寺內東北角有一座鎮海塔。塔的底部有一迷宮，你若能走出迷宮就能登上塔頂。登上塔頂你就可以對全寺景像一覽無餘。寺北端是渡假區，整個渡假區傍山倚水。渡假區的紫微山是一道靚麗的風景，它與玄門相對，山上瀑布飛流湍急，山下有若干溶洞，構成一幅不可多得的自然景觀。另外在

寺旁古街有廟會，熱鬧非凡，正月十五還有老鼠節。透過這些活動，更好地促進了冀州的經濟發展，加速了冀州的對外聯繫。

慶林寺塔何致「疊澀」

在故城縣鄭口鎮西南的饒陽店鎮，東行不遠有一條樹木成行的大路，路邊有一座看上去年代久遠的古塔。原來這座塔是在一個叫慶林寺的院內，因此歷史上叫「慶林寺塔」。但寺院後來被拆毀，改種了大片農田，只有塔被完整地保留了下來，因為塔所在的鎮叫饒陽店鎮，因此習慣上人們又稱其為饒陽店塔。

饒陽店塔是八棱椎體。共7層，高10餘丈，每層都有東南西北四個券門，門上有小窗，窗櫺雕刻精巧別緻，風格各異。塔身用青磚砌成，四壁都刻有非常精美的圖案，顯現出層層疊疊的樣子，因此塔總觀具有「疊澀」的韻味。塔內部的階梯呈螺旋形，四壁有大小不同的佛龕，燈龕，除此之外，還留有古代詩人們在此遊玩時留下的詩句，不勝其數。其中最為著名的一首是明朝嘉靖年間侍郎五士嘉所題。他用「浮圖何時建，峭拔入雲端。絕頂登臨處，摩挲星鬥寒」的詩句描寫了慶林寺塔的雄偉壯觀。

景縣舍利塔為什麼有「古塔風濤」之稱

景縣舍利塔也稱景州塔，原名為「釋迦文舍利塔」。位於景縣城內西北角原來的「開福寺」內。現在的開福寺早已被高樓大廈所替代，單獨留下了舍利塔。據專家考證這座塔始建於北魏永樂年間（508—512年），中間幾經修建，保留至今。

舍利塔塔高63.85米，共有13層，呈八棱錐形，塔底用巨大的石塊鋪成，塔身用磚砌成。塔的內部有數百級階梯，遊人可以盤旋而上。塔頂有鐵網架頂銅鑄的葫蘆，高2.05米。因為在塔底基下有一口深井，塔的每層都有向外的涵洞，故有風之日，洞被風鼓蕩，像是波濤的聲音，因此有「古塔風濤」之稱。站在塔頂觀望，縣城全貌盡收眼底，因此舍利塔也是遊人的好去處。

1973 年，當地政府對塔進行了維修，在塔頂銅葫蘆裡發現了明朝木板複經 3 卷共 9 冊，其中包括《大乘妙法蓮花經》7 冊，《大乘品經咒》1 冊和《藥師琉璃光如來本願功德經》1 冊，還有一尊長 20 公分、寬 11.5 公分、高 12 公分的釋迦牟尼臥式銅佛。因為舍利塔在宋代曾被大修過，因此現在的舍利塔更多的保留了宋代建築風格。

北塢清真寺在什麼地方

大廠回族自治縣是廊坊市唯一一個少數民族自治縣，全縣有回族人口 2.4 萬，占該縣總人口的 21.9%。北塢清真寺位於縣城西北 10.5 公里處的北塢村西側，緊靠京哈公路。該寺始建年代沒有記載，明朝萬曆年間（1573—1620）擴建，占地 6000 平方米，為磚瓦木石結構。寺坐西朝東，主體建築由大殿、高亭、抱廈、對廳、南北講堂、沐浴室等部分組成，四周高垣環繞，南牆外一塘碧水瀲灩，過寺外石橋，穿宮門，步入正廳，出正廳為長方形天井，南北兩側有講堂，天井西面為禮拜大殿，四角高亭望月樓立於瑤殿之上，是寺中最高的建築物。整個寺院結構緊湊嚴整、肅穆森然，將阿拉伯風格和中國建築藝術特色融為一體。寺中大殿寬敞高大，巨柱林立，可容納近千人禮拜。大殿北面的一塊明代石碑，是古寺最早的文字記載。1922 年三河縣知事唐玉書為寺內 10 處景觀命名並書寫匾額。北塢清真寺主體經修復完好保存，具有獨特的地方風格，是河北省十大著名古寺之一，觀瞻者、禮拜者絡繹不絕。

南宮普彤寺為什麼號稱「華夏第一寺」

普彤寺位於南宮市北舊城村東北方向 150 米處，據《南宮縣誌》記載，該寺始建於東漢明帝永平十年（西元 67 年），它是佛教自印度傳入中國後，最早修建的一座寺廟，比洛陽白馬寺還早一年，堪稱中國第一梵刹。明憲宗成化十四年（1478 年），南宮城被水淹沒，寺院被毀，但普彤寺塔仍屹立在舊城遺址之上，成為中國最早的五大古塔之一，至今已有 2000 年的歷史了。該塔風格獨特，為中國樓閣建築史上的稀作。近年來該寺由弘川法師主持，

並在現有的基礎上修復該寺，現已初具規模。大雄寶殿、天王殿、三門殿、觀音殿均已佈置停當。客房、齋堂現已開始接待香客和僧侶。計畫再修復唸佛堂、禪房等建築，使該寺恢復往日的風姿，設施更加完善，成為旅遊、休閒、朝拜的佛教聖地。

刑台的玉泉寺「三絕」指的是什麼

玉泉寺始建於唐朝貞觀年間，因有三絕而著稱於世。第一絕是皇寺。皇寺始建於唐，重修於元。正殿、配殿宏偉壯觀，為磚木結構，雕樑畫棟具有典型元代建築風格，為後世所罕見。關於皇寺一名的來歷，相傳元順帝被明太祖朱元璋追殺，朱元璋曾在該寺內歇息餵馬，因此將此寺改名為皇寺。第二絕是鳥柏。皇寺院內，有一棵1250餘年的古柏，高達20多米，蒼勁挺拔，枝葉繁茂，一年四季鬱鬱蔥蔥，古柏樹冠可分七層，如煙如雲，濃翠異常。由於此古柏位居深山古刹和玉泉環繞之中，常棲息珍禽異鳥，再加樹冠龐大，經常迎風自吟。兩鳴交響，酷似百鳥鳴唱。第三絕是玉泉池。泉池在古柏南側，系明朝刑台縣令陳大賓所建，已有500年的歷史。池面5畝有餘，池中碧波蕩漾，涼亭聳立，水清見底，遊魚翩翩，池岸斜石精砌，垂柳成行。池南岸有一石牌坊，其石柱、石樑、石瓦等都由銀灰色的石料雕刻而成，上刻龍鳳圖案，栩栩如生。中央牌坊中跨之上刻有「玉泉池」三個渾健有力的草書大字，是當時刑台知縣朱誥所寫。池中心有一涼亭，建築精美別緻，掩映在紅花、碧水和綠柳之中，十分幽雅，是欣賞湖光山色和避暑納涼的好地方。

陽原縣東城玉皇閣供奉哪些神仙

陽原縣東城玉皇閣建於明神宗萬曆年間（1573-1620年），重修於清同治十年（1871年）。玉皇閣高大莊嚴，雄偉壯觀，是該縣僅存的古代建築。

建築有台基和殿閣兩部分，高20多米。台基長17米，寬14米，高7米，底層由條石砌成，上層為青磚包砌，配有拱形門券可上台頂。殿閣部分：台基上築三層殿閣，高約13米，閣樓四周都留有陽台，正中留一門，上書「南

天門」。殿閣第一層為三官大殿，中層為西天母大殿；第三層為玄穹高上帝玉皇大天尊殿。

清咸豐七年正月十五日（1852 年 2 月 9 日），不慎失火，原殿焚燬。玉皇閣修復後，殿前立有 1.5 米高的石碑，碑頭有二龍戲珠，中間鐫刻南極仙翁，兩邊刻八洞神仙。殿改建為明三暗二層，省去了原西天王母殿。閣殿第一層，是三官大殿，塑天官、地官、水官三大聖像，傳說是祭堯舜禹三位上古帝王的。兩邊塑有站殿塑像，東日呂岳瘟神、大師溫仲普化天尊，西為趙公明黑虎靈官、姜尚的高徒武吉將軍。殿宇高大寬敞，神像相貌猙獰，令人生畏。出三官殿到陽台登十二級木梯，就可上第二層大殿。門首橫匾書：「昊天金闕」四個字，大殿正中供奉的是玄穹高上帝、玉皇大天尊銅像。東西兩側有四位站殿塑像，東有和弼托塔李天王，西有相和太白李金星。大殿莊嚴寧靜，如入仙境。

陽原東城玉皇閣，台基、樓閣高大，氣勢宏偉，建築造型美觀大方，是河北省省難得的一座文物古建築。

▋鷲峰寺塔保留了什麼時期的建築風格

鷲峰寺塔坐落在陽原縣窟兒溝南龍峰山。鷲峰寺因建在落鷲嶺而得名，塔因寺得名。據《天鎮縣誌》記載，鷲峰寺為唐貞元年間（785-805 年）所建，距今已有 1200 多年的歷史。塔建於鷲峰寺西側，殿宇同寺相互映襯，建築群美觀而和諧。寺院原有東西禪房和兩座殿宇，後毀於「文革」中，現存石像九尊，石碑三幢。

鷲峰寺唐塔保存完好，傲然矗立，直插雲天，遠看十分壯觀。塔通體磚砌，實心八角十三級，總高 25 米，由塔基、塔身、塔刹組成。塔基高 1.5 米，第二層雕兩個圓花菱形，其一內開長方形小龕，置小佛八尊；第二層至第七層的每層間，由磚雕蓮瓣環繞，逐層稍內收；第四層較高，約 2 米，每面開假窗，上雕花飾，另四面窗內砌成拱形佛龕，龕內塑佛像；第七層改砌倒置半圓形；第八層至第十三層明顯內收，至塔刹，呈圓錐形。該塔造型獨具，形式特異，精巧而美觀。正反映了唐代造塔風格。唐代中外交通發達，經濟

發展，盛唐時達到十數個宗派，各宗派紛紛造塔，而造的形式與風格也突顯出多樣性。鷲峰寺塔既保留了唐以前的建築風格，也有宋代重修後的樣式。

蔚縣玉皇閣是一座什麼樣的建築

走進文化古城蔚縣城，從北大街一望就可看到一座宏偉的建築玉皇閣了。玉皇閣又叫靖邊樓，位於縣城北垣上。據《蔚州志》記載，該閣於明洪武十年（1377 年）建造，明成化、萬曆和清康熙時修繕。解放後，又進行了三次修繕。

玉皇閣建築雄偉，精美壯觀。閣座因建在城垣高地上更顯高大。閣坐北朝南，分前後兩院，前院由天王殿和東西禪房組成。沿磚砌石階拾級而上，踏入一小門即為後院。小門兩側有四柱方形小樓，左為鐘樓，右為鼓樓，正面就是玉皇閣。玉皇閣為重檐歇山琉璃瓦頂，外觀三層，實為兩層，平面呈長方形，五開間，長 24 米，寬 20 米，進深二間，周有遊廊。玉皇閣至今保存完整，對研究明代建築藝術具有一定的參考價值。閣樓下保存的明、清重修碑七通。另有一通較為珍貴，該碑是明嘉靖二十二年（1543 年）山西右參議蘇志皋題《天仙子》詞碑，字大如鬥，瀟灑挺拔，頗有書法價值。蔚縣玉皇閣為省級文物保護單位。

蔚縣南安寺塔建於何時

南安寺塔位於蔚縣城南門西側，因塔坐落在南安寺，故名南安寺塔。後來寺廢，塔名仍用舊稱。

南安寺是一座八面十三組實心密簷磚塔。塔高 28 米，塔基由石條疊砌，高 2.5 米。塔座每中間雕一獸頭，上有仿木磚簷，簷上有蓮瓣一週；塔身置於蓮花座中，宛如一枝蓮花托起，十分美觀幽雅。塔身第一層較高，各隅有角柱，四周相間設拱形假隔扇門，另有四面開小窗，刻有花根。頂部雕盤龍，盤龍之上有磚鬥拱，鬥拱之上出飛簷。第二層以上，密簷各層較低，造型相似。層與層之間只有磚簷隔開，各層之角均懸掛一鐵鐸。微風吹拂，叮咚有聲，好似高山流水，餘音裊裊。塔剎由一仰覆蓮花承托，剎身由覆缽、金屬

重圓環造型相輪及寶珠等組成。整座塔渾然一體，高峻挺拔，造型獨具一格，猶如一座精美的閣樓，實為中國優秀建築。

南安寺塔何時建造？目前尚無確切時間。按現存古塔的造型和風格，具有遼代的建築特點，應屬於遼金時期。據縣誌記載：南安寺塔始建此塔是北魏時期，遼金只是重修。

▌蔚州重泰寺塑像有什麼特點

重泰寺位於蔚縣縣城西北，過湧泉莊到崔家寨，就到了重泰寺了。全程11 公里，這座寺院是張家口地區保存較完好的一處名勝。

重泰寺初建時間已無考，傳說是宋、遼對峙時遼太子因反對戰爭，曾出家重泰寺，從有確切記載看，重泰寺已有五百年的歷史。重泰寺大規模的改建是在明代。

重泰寺建築在一高丘上，四周為深溝，寺前有盤丘便道，驅車可到山門。寺院占地 6600 平方米，有殿宇房舍 120 間，遠望寺院樓、閣、殿台、塔、舍及柏松都高出圍牆。同周圍環境比較更顯得氣勢磅礴。

山門簷下，有石獅一對，神態慈祥，入山門，正中即第一層彌勒殿，殿前也有石獅一對，院內東側有一株蒼松，盤根錯節，雙幹如蟒脊，南北伸出。彌勒殿面闊三間，進深二間，殿中有十八羅漢鬥彌勒，造型極為生動。殿左右配披門，東為鐘樓，西為鼓樓。鐘聲極佳，擊鐘聲響，餘音長時不斷。二層殿為千佛殿，面闊三間，進深二間。院東為二郎廟、西為關帝廟。三層殿為觀音殿，內塑站觀音，高一米多，姿態端秀。此殿置千佛殿於地藏殿中，殿東側為羅漢殿，西側為閻王殿。殿裡人物均為懸塑。懸山造像正是重泰寺的獨特勝景。四層殿為水陸殿，東西側為藏經洞，為明二暗一式樓閣。重泰寺 1985 年修繕後，又展露出宏偉容姿，是遊人觀賞的好地方。

宣化柏林寺有多少佛像

宣化柏林寺建於明弘治年間（1488-1505 年），是一座貼山而起的磚石結構雙層廟宇。下層為三官殿，門楣上有「三官聖境」石刻。三官是指天官、地官、水官，相傳是東海龍王的三個外甥，人們供奉它是為了風調雨順，年年豐收。室內原有佛像二十多尊，「文革」期間被毀，上層為「霹靂殿」。現已成為空室，雙層殿南面有東西禪房各三間，從「霹靂殿」出，沿東山坡向北攀登，可見一奇特景觀：一個透空大石球突兀山上，石球為天然大石，直徑約三丈多，被能工巧匠鑿空為室，南向留門。遊人可手扶大石球底座鐵欄杆，成八十五度角拾階而上，登三十五台階，即可進入大石球內。裡面是一間屋大小的石室，名為「千佛洞」。四周石壁上共鑿有五十個大小不同的佛像。北面石壁上是三個大佛，由東至西分別為盤古佛、燃燈佛、伽舍佛，西側各有一尊二等佛，東為孔雀王菩薩，西為大冥王菩薩。此外，東西壁上還有 45 尊小佛像，全是各種菩薩。千佛洞東面還有一座九角八面的寶塔名為「多寶佛塔」。也是用天然巨石鑿刻而成的，基造型端莊，刻工精細，乍看似五層，頂部有一尖塔也有兩層，細看是七層。寶塔底座上有石屋，屋內鑿佛像 109 個，石門內上方刻有四大天王、八大金剛及韋陀石像。石塔折回向西還有「西佛洞」，洞內刻有 55 個石像。據寺內和尚說柏林寺全寺共有 325 尊佛，其中大佛 25 尊，小佛 300 尊，多為鑿石壁而成的正面像。

地理河北

有人說「河北省是全中國地形地貌的縮影」，此話毫不過份，舉凡全中國地貌特徵，河北無一不備。有一望無垠的華北平原，有起伏連綿的太行山、燕山；處張北的壩上草原，環渤海的黃金海岸；湖泊如白洋綻、衡水湖；江河如海河、灤河；從地形地貌的種類說，在河北境內有山地、高原、丘陵、盆地、草原、沙漠、平原、沼澤、海岸線、海洋等，這樣種類齊全的地形地貌在全中國其他省份中是不多見的，遊客在較小的範圍內就可欣賞到中國不同類型的大好河山，你不想到河此飽一下眼福嗎？

▌為什麼說河北省是全中國地形地貌的縮影

無論是翻開地圖還是走進河北，你就會發現，河北的地形地貌和中國的地形地貌是如此的相似，無怪乎有人說「河北省是全中國地形地貌的縮影」。

從大的結構說，河北地形從西到東也分為三個台階：

第一台階包括西北部最高的張北高原，俗稱「壩上」。張北高原是內蒙古高原東南邊緣的一部分，海拔 1200 至 1500 米之間，地表波狀起伏，多內流河、鹹水湖泊和草原。

第二台階包括冀北山地和冀西山地。冀北山地同內蒙古高原相接，是內蒙古高原同華北平原之間的過渡地區，燕山山脈是本區的南部邊緣，山峰大都在海拔 1000 米以上。山間有不少盆地，以宣化、懷來、承德等盆地較大，河流切斷山嶺形成險要的關隘，著名的有喜峰口、古北口等。本區東北角的山海關，西北依山，東南瀕臨渤海，形勢特別險要，素有「天下第一關」之稱，是萬里長城的起點。冀西山地綿亙於本省同山西省之間，是太行山脈的一部分，海拔 1000 米以上。從低平的河北平原向西仰望，山勢顯得特別陡峭挺拔。山間的太行八徑，為穿越太行山脈的八條通道，是河北平原進入山西高原的交通要道。太行山脈北端的小五台山，海拔 2870 米，為河北省最高峰。位於本區中段清河上游的狼牙山，是著名的抗日五壯士紀念地。

　　第三台階為河北平原，是華北大平原的一部分。北起燕山南麓，西接太行山。由黃河、海河、灤河等沖積而成。海拔多在 50 米以下，地形坦蕩，自西向東緩緩傾斜，分為山麓平原、中部沖積平原和濱海平原。平原上土層深厚，水利發達，是本省糧棉主要產區，山麓平原更為全省農業精華所在，盛產各種山區果藥。中部和濱海平原地勢低平，有著名的白洋淀等湖泊窪澱，這裡三分陸地，七分水蕩，號稱「魚米之鄉」。河北平原東部邊緣緊接渤海灣，沿秦皇島和塘沽新港兩條出水通道，可直通祖國東南沿海各大城市和浩瀚的太平洋。

　　河北省最大的海河水系包括南、北兩大系。南係為永定河、大清河、子牙河、南運河四個河系；北係為北運河、潮白河、薊運河三個河系。海河的五大支流源出燕山、太行山、五台山、恆山和黃土高原，像一隻叉開的五指，自西向東，坡陡流急，直下東部平原，到天津附近，五指合攏，匯入海河，直入渤海。灤河發源於冀北山地，流貫本省東北部，走向從西北到東南入渤海。省內湖泊主要分佈在河流的中下游地區，多為淺盆式窪澱，如白洋淀、文安窪、衡水湖、甯晉泊等，以白洋淀為最大。

　　從地形地貌的種類說，在河北境內有山地、高原、丘陵、盆地、草原、沙漠、平原、沼澤、海岸線、海洋等，這樣種類齊全的地形地貌在全中國其他省份中是不多見的，這是河北開發旅遊資源得天獨厚的寶貴財富，遊客在較小的範圍內就可欣賞到中國不同類型的大好河山。

石家莊為什麼又稱石門

　　石家莊原是隸屬真定府獲鹿縣的一個小村莊，20 世紀初，平漢鐵路（今京廣鐵路）和正太鐵路（今石太鐵路）使石家莊成為交通要地，逐漸向城市轉化。1925 年 6 月，中華民國臨時執政府曾命令直隸省建立石家莊，同年 8 月又指令將石家莊、休門兩村合併，取兩村首尾各一字，更名為石門市，「石門」之名即始於此。1928 年，南京國民政府通令全中國撤銷市政公所，建市工作遂告擱淺。1937 年，日軍侵佔了石家莊，1939 年 10 月，偽中華民國臨

時政府行政委員會正式批准設立石門市。1947 年 12 月 26 日，將石門市以原石家莊村名更名為石家莊市。1968 年河北省省會由保定遷到石家莊。

▌保定和石家莊，誰是「首都的南大門」

保定市位於河北省中部，太行山北部東麓，冀中平原西部，京、津、石三角腹地，西壤山西，古有「京畿重地」之稱。燕南趙北、畿輔之疆的地理位置，使保定成為歷代兵家必爭之地。保定初建城於北宋，「保定」的稱謂起於元定都大都（北京）之後，因緊鄰大都，取「保衛大都，安定天下」的意思，所以曾被稱為「首都的南大門」。

石家莊地處華北腹地，北靠京津，東臨渤海，西倚太行山，地理位置優越，交通通信便利，素有「京畿之地」、「南北通衢，燕晉咽喉」之稱。20 世紀初，由於平漢鐵路、正太鐵路相繼修建，使一個區域的政治、經濟、軍事、文化中心南移，石家莊先取代正定，後取代保定，逐步成為控燕京南門、扼冀晉咽喉、連齊魯中原的華北重鎮。石家莊距首都北京 283 公里，戰略地位十分重要，歷來為兵家必爭之地，倍受中共中央、中國國務院的重視。1947 年 11 月 12 日，石家莊解放，成為全中國解放最早的大城市之一，可見其位置的重要。如今，京廣、石德、石太、朔黃鐵路交匯於此，107、207、307、308 國道、京深高速、石太高速、石黃高速四通八達，石家莊機場現已開通 30 餘條中國外航線和多條國際包機航線，全市已構成公路、鐵路、航空上下縱橫交錯的立體交通網。石家莊鐵路編組站是全中國三大編組站之一，石家莊郵政局是全中國四大郵件處理中心之一，石家莊成為全中國重要的鐵路、公路、郵政、通信樞紐，中國北方最重要的海陸空客貨運輸中轉擴散地。同時，石家莊市作為距首都最近的省會城市，與首都在政治、經濟等方面存在著「唇齒相依」的關係，石家莊市政治上的安定，直接影響著北京的穩定。所以，石家莊現在已經成了名副其實的「首都的南大門」。

武強潰水堤為什麼又稱「長城堤」

在衡水市武強縣的街頭鎮，由南往北到縣城的邊界，有一條時斷時續的古堤，被當地人稱為潰水堤。這條古堤寬五丈，高約兩丈，為北宋時所建，距今約有 900 多年歷史。潰水堤長大約 75 公里，從遠處看上去好像千里平原上的一道長城，因此也稱「長城堤」。

關於潰水堤的來歷有一段精彩的歷史故事：在北宋時期，武強縣所處的地帶正是北宋邊界，如果再往北就屬於遼國的領地，當時遼統治者下決心要滅掉北宋，以達到鞏固遼國政權的目的，於是經常派兵進攻北宋。他們以今天的雄縣一帶為進攻突破口向北宋發起進攻，武強縣便處於首當其衝的地位。抗遼英雄楊延昭奉朝廷之命抵禦遼兵南侵。楊延昭客觀地分析了當時的環境條件，根據當時軍事需要，在武強縣西北部築堤攔水，從而形成了方圓幾十里的水庫，布潰水陣退掉了遼兵，今天的潰水堤便是潰水陣的遺址。

現在的潰水堤由於水利及交通道路的需要，大部分被破壞或改成農田，存在的部分大約只有 14.5 公里，但人們在習慣上仍稱它為「長城堤」。

你知道中國唯一以帝王尊號命名的城市嗎

在中國幾百座大中城市中，以帝王尊號命名的城市唯有秦皇島。秦皇島地處河北省東北部，北依燕山，南臨渤海，西近京津，萬里長城橫亙全境，是渤海海濱開放的港口旅遊城市，素以北方天然不凍良港秦皇島港、歷史名城山海關和旅遊避暑勝地北戴河而聞名中外。

秦皇島歷史悠久，自古便是觀海聖地，其地處古碣石地區。《史記・秦始皇本紀》記載：「三十二年（西元前 215 年），始皇之碣石，使燕人盧生求羨門高誓，刻碣石門。」秦始皇求仙未成，曾駐蹕於此，因此而得名。秦皇島名字最早見諸於史籍的，以現在掌握的資料是嘉靖十四年版的《山海關志》：「秦皇島，城西南二十五里，又入海一里，或傳秦始皇求仙駐蹕於此。」清乾隆二十一年《臨榆縣誌》則記：「秦皇島，距城西南二十五里，又入海一里，四面皆水，惟島居中。」在光緒四年的《，陸榆縣誌》中對秦皇島又

作了如下地理描述:「秦皇島,距城西南二十五里,山脈由東轉西插入海中,橫壓水面,遠望形如臥蠶,海陽鎮之水口山也,上有觀音廟。」而明萬曆年間蔣一揆在《長安客話‧關門雜記》中作了這樣的記載:「山海關內六里有孤山,屹然獨立於海上,四面皆水,唯島居中,俗呼秦皇島。又說秦始皇至此山,曾下馬拜荊,山上有秦始皇下馬跡,因名秦皇山。」地方史志和文人詩作中也多有記述。清代又有秦王島之說,《撫寧縣誌》記載,「秦王島誤秦皇島,在縣東七十里,四面皆水,惟島居中,唐太宗征高麗駐蹕於此,島上荊條伏生。相傳秦王下拜伏。」由此看來,秦皇島這個名稱與兩位皇帝有關,一個是「千古一帝」秦皇,一個是一代明主唐太宗李世民。

唐太宗路過此地而被稱為「秦王島」的說法不太可信。那麼「秦皇島」以「秦皇」命名是否有足夠的證據呢?1984年以來,考古工作者和地方史志工作者,先後在遼寧省綏中縣萬家鄉牆子裡和北戴河金山嘴,發現並挖掘出規模宏大的秦代行宮遺址;1990年,又在海港區東山發現了秦代建築遺址。這些遺址的發現,證實了秦始皇統一中國後,為穩定東部統一局面,東巡渤海時親臨秦皇島,並在濱海高丘上修建規模宏大的宮殿建築群,這與史記的記載正相符合,為傳秦皇島是因秦始皇而得名,提供了確鑿的依據。因此,秦皇島以「秦皇」命名,不但有史料記載,而且有出土文物證明,秦皇島這個地名飽經滄桑,的確是名副其實。

▌你瞭解承德及其「九山半水半分田」說法的由來嗎

承德位於華北平原和內蒙古高原的過度地帶,北連壩上高原,南界河北平原,西以白河谷和冀西北山間盆地為分界,東至遼寧省界。就地貌單元而論,分為高原和山地兩類,即壩上高原與冀北山地兩大地貌類型。本地山區地貌具有群峰對峙、河谷狹窄、急流奔騰、地面非常破碎的特點。由於山地多平地少,向有「九山半水半分田」的說法。全區地勢西北高東南低,西北部的雲霧山等高峰組成的一大山群,海拔多在1500米左右,素有「熱河屋脊」之稱。在承德隆化一帶,也分佈著一系列山峰,各峰挽臂相連,均在1500米左右。七老圖山是灤河水系和遼河水系的分水嶺。山地的岩石呈多樣性,

山地隨岩石不同而形狀各異。雙塔山、元寶山、磬錘峰、蛤蟆石、羅漢山、雞冠山、峰林、僧帽山等，以其千姿百態的風貌點綴著承德大地，形成許多壯美的景觀。在這重重疊疊的山嶺中，形成了許多小盆地，使農業生產有較好的條件，也使當地物產更加豐富充實。

承德市的起源比較晚。而「承德」兩字的命名就更晚了。在避暑山莊正東武烈河左岸的山麓階上有一座溥仁寺，它是承德現存最古老的建築之一。寺中有清康熙五十三年（1714 年）所寫碑文說，中央掌疆域版圖的部門，並不知道它的名稱，本地山河名勝也沒有承德這個地方的紀錄。其實有名的棒槌山，在北魏地理學家酈道元的《水經注》已有描述，當時稱棒槌山為石挺，但沒有寫周圍有無村莊。

承德尚未興起之前，這裡原有一個居民點，叫做熱河上營，還有另一個村莊，叫熱河下營。現在承德是從熱河上營的基礎上發展起來的，當初不過幾十戶人家，隨著避暑山莊的興建，居民逐漸多了起來。避暑山莊是北口外最大的一座皇帝行宮。山莊興起的當年，清政府在這裡設立了熱河總管。1733 年，雍正皇帝將熱河命名為「承德」，並升為承德廳。乾隆四十三年（1778 年），又升為承德府。嘉慶十五年（1810 年，）設熱河都統，管理熱河軍政、民政事務，成為京畿重地。承德隨著行政級別的提高，居民也越來越多，終於發展成一箇中型城市。現在這座美麗的城市被命名為國家級歷史文化名城。

▌張家口的「口」與地形有什麼關係

張家口位於河北省西北部，地處京、晉、冀、蒙四省市區交界處，東臨首都北京，西連煤都大同，南接遼闊的華北腹地，北靠廣袤無邊的內蒙古大草原，是溝通中原與北疆，連接東部經濟帶與西部資源產區的重要紐帶。

全市地形分為壩上、壩下兩部分。張北、尚義、沽源、康保四縣為壩上地區，地處海拔 1300 米至 1500 米的高原，是內蒙古高原大草原的重要組成部分，是天然的生態旅遊之地。崇禮、赤城兩縣處在壩上、壩下中間地帶，既有高山峻嶺，也有山谷盆地、河流山川。獨特的地理位置，形成了良好的

小氣候。崇禮降雪期早至 9 月下旬，存雪厚度達 1 米左右，存雪期達 150 天，是良好的滑雪場地。壩下 7 縣 2 區位於張家口市以南區域，主要有桑乾河與洋河匯合於官廳水庫。中有幾大山川盆地，蔚縣壺流河盆地、陽源桑乾河盆地、懷安、萬全、宣化盆地和懷來洋河盆地。盆地周圍有高山，平均海拔在 1500 米以上。蔚縣南山及蔚縣之東的小五台山是河北的最高山峰，海拔達 2882 米。壩下盆地自然氣候條件獨特，日照時間長，晝夜溫差大，雨熱同季，有利於農業發展。境內土地肥沃、水地發達，田疇相望，果樹成行，呈現一派繁榮景象。

張家口名稱的來歷與整個地形特徵並沒有太大聯繫。張家口的「口」，最初是指東西太平山之間的山口。元朝時，因為內外統一，這個山口只是交通要道，沒有什麼特殊意義。到了明代，蒙古貴族不斷南侵，山口就變成了具有軍事價值的「隘口」。明朝初年叫這個山口為「隘口關」。到了明朝宣德四年（1429 年），史料有了「張家口」的記載。從明初到宣德四年，張家口遷來不少移民。據《宣府鎮志》記載，洪武二十六年，這一帶因民戶不足，調山西的餘丁來補充。其中張姓人家遷至隘口附近定居，村名定為張家莊。久而久之，隘口被冠以張家二字，稱為「張家隘口」，後來又簡化為「張家口」。宣德四年（1429 年），張文修築城堡，以張家口作為堡的專稱，命名為「張家口堡」。張家口正式得名為堡之後，人口增多。張家口擴大了範圍，成為廣大城鎮接受的地名。而原來東西太平山之間的山口卻成了「大境口」。大境口，是清朝辟大境門而得名。

▋你知道刑台名稱的由來嗎

刑台具有悠久的歷史，燦爛的文化，豐富的物產，距今已有 3500 多年的文明史。古刑台北通幽燕，南達淮河，西扼太行之三川隘口，東為廣闊的華北平原，素有「鴛水之濱，襄國故都，依山憑險，地腴民豐」之美譽，是河北著名古城，曾湧現過許多仁人志士。歷史上曾四次建國：周朝時，周公旦四子姬苴，在刑台建邢侯國；戰國時，趙襄子建趙國；秦漢之際，張耳建

常山國；東晉時，石勒建後趙國。三次定都：商朝祖乙遷都刑台，戰國時趙襄子定都刑台，後趙石勒定都刑台（當時稱襄國）。

刑台的來歷追溯久遠，西元前十七世紀，西方姜姓井族（邢族），順河水東移，最初遷徙到豫北，後來又遷到冀南，以本氏族名字命此地為「井」（邢），即今刑台。西元前十一世紀，周朝剛剛建立，大封宗親和功臣，作為王室屏藩。周公第四個兒子姬苴，被冊封為邢侯，統領邢國（今刑台），開拓疆土，興修水利，發展農業。邢國本為小國，常常遭到戎狄入侵。周惠王十八年（前 659 年），戎狄大舉進攻邢國。邢軍力戰不支，全線潰退，邢侯向齊國求救。當時齊國兵強馬壯，齊相管仲極力主張「助邢複國」。齊桓公出兵救邢，並動員宋、曹兩國參戰。在齊、宋、曹三國聯軍的猛烈攻擊下，戎狄軍隊丟盔棄甲，倉皇北逃。後來聯軍用戰車百乘，裝載從敵人手中奪回的人畜和財物，幫助邢侯把都邑遷到了夷儀山下（今漿水境內），並組織兵役數千，築起夷儀城和「邢侯行台」。邢侯登台設宴，為聯軍慶功。以後「刑台」遂流傳為地名。1970 年，刑台專區改為刑台地區，1983 年 11 月 15 日，經國務院批準升為省轄市。1993 年 7 月，刑台地區與刑台市合併，改稱刑台市。

▌亞洲最古老的山脈在哪裡

都山係燕山的餘脈，主峰海拔 1846.3 米，方圓 200 餘平方公里，橫亙在青龍、寬城兩縣的交界處。根據地質部門勘察，它是前震旦紀的片麻岩和大量花崗岩侵入體構成的。這恐怕是亞洲大陸最古老的山脈之一了。遠在唐代以前，此山就已經得名都山或馬都山了。至於其得名由來，不見正史記載，歷來說法不一。有人認為「都」者，「總」也，「大」也，因其為群山之尊而得名；也有人認為都山一名始自戰國時期的燕國，燕建都於薊（今北京附近），而都山為薊門之鎮，因而得名。

都山南依長城，東臨渤海，西望京津，戰略位置很重要，加上這裡峰高穀深，溝壑縱橫，易守難攻，自古為兵家必爭之地。據傳說和史書記載，周武王遣旅伐紂軍，齊桓公統兵逐山戎，魏武率兵征烏桓，唐太宗揮師伐高麗，

都曾涉足於都山一帶。1933 年，震驚中外得「長城抗戰」，就發生在都山長城沿線上。它曾經鼓舞了全中國人民抗戰的勇氣。

都山不僅歷史悠久，而且風光如畫。此山山頂有巨石組成的石海覆蓋，在陽光的照射下，遠遠望去，似白雪蓋頂，故古人稱之為「都山積雪」，名列《遷安縣誌》記載的塞外八景之首，歷來為文人墨客所題詠。明代邊關副使陳所立賦詩詠日：「祈連絕處總燕支，到此回看北低。六月山頭猶戴雪，罡風吹落薊門西。」

▌世界上最古老的地層在哪裡發現

世界上最古老的地層，20 世紀 70 年代在河北灤河流域發現。灤河流域古地層是怎樣形成的呢？

唐山大地北依燕山，南臨渤海。遠古時期，這裡曾是渤海的一部分，其陸地的形成經歷了漫長的歲月。20 世紀 70 年代，美國的地球物理探測衛星在探測到燕山山脈時，發現了一條構造十分奇特的岩石帶。後經測量，這一岩石帶就位於唐山市遷西縣太平寨一帶。科學研究人員採集了大量岩樣，對岩石進行科學測定，測出這裡的岩石形成於早太古紀，距今已有 36.7 億年，是目前已知的地球上最古老的岩石之一。

古生代末期（距今 6 億年到 2.25 億年前），這裡出現了大片蕨類為主的原始森林。後來，這些樹木死亡於凹陷下沉的內陸盆地，逐漸形成了蘊藏豐富的煤礦。到了中生代三疊紀（約 2 億年前），陸生植物分佈很廣，地殼運動劇烈，岩漿侵入和噴出，構成岩層和褶皺，逐漸形成燕山山脈。後來，由於海進與海退，及河流沉積又形成了平原。在新生代第四紀（約二三百萬年前），由於冰川的影響，滄海變為陸地。古濡水（灤河）、封大水（《水經注》記，今陡河）等河流，挾帶泥沙向渤海灣西部堆積，從而逐漸把燕山東南麓的淺海大陸架填高，成為陸地。溫濕的氣候，充裕的水域，豐厚的土地，使古人類得以在這裡生活、繁衍。因此，灤河也像長江、黃河一樣，是中國古代文明的發祥地之一。

▊為什麼「一定要根治海河」

　　海河是中國北方著名的河流。它起自天津市西部的金鋼橋，東到大沽口入海，全長約 73 公里。海河水系由北三河、永定河、大清河、子牙河、漳衛南運河五大支流及 300 多條較大支流組成。海河各支流從三面向天津附近彙聚。在平面上看來，幹流海河好像扇子的柄，各級大小支流組成了一個巨大的扇面，在華北大地上展開。

　　海河流域北部的燕山、西部的太行山和山西高原，高度都在 1000 米左右，東部為海拔 50 米以下的沖積平原，山地和平原之間的地形突然轉折，高差較大。發源於山西高原的幾條支流，因高原上覆蓋著疏鬆的黃土，被侵蝕後大量進入河流，所以，這些河流的含沙量都很高。泥沙淤積也使河道的斷面愈來愈狹，排泄洪水的能力愈往下游愈小。

　　海河流域的降水，年平均總量雖然不大，但年內分配很不均勻。往往夏季降水量占全年的 50% 以上，夏汛期河水陡漲陡落，造成洪水來勢比較兇猛。華北地區降水的年際變化也很大，河流各年徑流量的大小相差懸殊。海河嚴重災害的產生，還有政治上和社會上的原因。新中國成立前，歷代統治者對海河非但不加治理，甚至進行破壞，使得海河的災情愈來愈嚴重。

　　據記載，從 1368 年到 1948 年的 580 年間，海河流域發生過 387 次嚴重水災，天津市被淹泡過 70 多次。

▊中國三大砂岩旅遊地貌分別是什麼

　　「丹霞地貌」、「張家界地貌」、「嶂石岩地貌」並稱為中國三大砂岩旅遊地貌。這一點已普遍得到旅遊界、風景界、地理界、地貌界專家學者的共識和承認。其中「丹霞地貌」以武夷山為代表，「張家界地貌」以張家界最典型，「嶂石岩地貌」的命名地，為嶂石岩景區。

嶂石岩地貌的五大特徵是什麼

（1）丹崖長牆延綿不斷。峻峭的陡壁猶如一堵巨大的紅牆，連綿屹立在山體的頂部。「萬丈紅嶺嶂石岩」，道出了其連綿壯闊的氣勢。

（2）階梯狀山體貫穿全境。嶂石岩山體普遍呈階梯狀三級大陡崖。各層陡崖的高度都在 100 米以上，陡崖間形成了 4 層平台，稱之為「棧」，自下而上為「底棧、二棧、三棧、頂棧」。

（3）「Ω」型嶂谷相連成套，如果從空中俯瞰，陡崖、峽谷形成了似電阻符號「Ω」的嶂穀，一個連著一個。

（4）棱角分明的塊狀造型。嶂石岩，無論是大的山體，還是小塊的山石，都是有棱有角，基本呈現塊狀造型。

（5）幽深的峽谷遍佈景區。「一線天」、「三秀峽」、「北峽」等青翠幽深的峽谷，在景區內分佈較廣。

著名的「長城石窟」是什麼

懸陽洞，又名「長城石窟」，它深藏於山海關東北九公里的黃牛山中，為花崗岩岩洞。懸陽洞在黃牛山腰，系天然洞穴，高 13 米，寬 14 米，進深 37 米。洞內石壁平滑，綠苔遍佈。洞壁上鐫有歷代遊人留下的碑刻：「紫塞桃源」、「地海天視」，「通天幻境」，「清虛凌空」，「別有洞天」等。洞內建三層閣樓一座，龕內原供神像，洞後壁中塑釋迦牟尼像，旁邊塑有十八羅漢彩像，神態各異。主洞內側有一小洞，拾級而上，洞愈窄，光漸暗，再行則黑不見五指；又行 50 步，始見光從洞頂射來。仰而視之，但見洞頂有二孔，日光直射洞中，古人稱之為「懸洞窺天」。懸陽洞由此得名。懸陽洞之奇，在於洞中有洞，洞外有洞，洞頂有穴。出後洞口，抵山門，門額上，書「紫陽宮」，外寫「黃牛山」。上數十級台階，即達關帝廟舊址。這裡背靠崇山，下臨河谷，有兩株高 30 米、粗 3 米的古松，巍巍挺立，蔚為壯觀。

霧靈山古洞深潭中為什麼有風聲和流水聲

　　古洞深潭，是霧靈山的一大奇景。洞廟是霧靈山上一座規模不小的廟宇，共有 50 多間房舍，是清朝初期的建築，房屋依山傍林，散落各處，環境十分幽靜。

　　洞廟的洞，叫做「古洞深潭」。站在「深潭」外還不是潭，而是五間寬敞的廟宇，往裡去就是洞口，再行數步，則到了深潭的狹窄部分，裡看有一清澈見底的水池，池水冬暖夏涼。過水池再往裡走，突然出現了寬闊的洞腹。在這裡，可以聽到洞內深處呼呼的風聲和嘩嘩的流水聲。這風聲、水聲可引起遊客的無限想像。有人說，風水一家親，是風婆婆和水母娘娘的對話；也有人說，是洞外水聲和風聲傳入洞內。還有人猜測，深洞一定和霧靈山相通，才有聲音傳過。風聲和流水聲到底從何處而來？至今無人能說清楚。好奇的遊客，你不妨來此親耳聽一聽這神秘又悅耳的聲音。

九龍潭八卦井裡為什麼夏季結冰

　　興隆縣城南 13 公里處，有一九龍潭自然風景區。風景區山高林密，峰奇石秀，峽谷縱橫，溪潭珠聯，景色十分誘人。

　　景區內，有一井、三峽、九潭、八大景觀等 50 多個景點。其中有一井可謂奇井，此井名為八卦井，井深 8.6 米，無水。嚴冬，井內酷熱，熱氣冒出，好似蒸籠一樣，到盛夏則相反，井內凝寒結冰。此井容水火之功，同冰炭之異，冬則生暖，夏則凝寒，地脈靈泉，神秘莫測，故稱太極八卦井。太極八卦有熱極生寒，寒極生熱，充滿著陰陽變化，矛盾相互轉化的辯證法，而八卦井則是解釋八卦的實例。

　　對於八卦井「冬則生暖，夏則凝寒」的現象，地學專家解釋說，這同凍土層自然現像有關。凍土層有季節凍土層和永久性凍土層兩種。北京以北地區，多數是季節性凍土。到春天，氣溫回升，表層凍土慢慢解凍，有的地方凍土受氣溫影響較微弱，就仍然保持著結冰狀態。八卦井周圍凍土，處於中

間狀態。到了夏季，凍土層還接著往下凍，所以結冰；到了冬天，凍土層已完全融化，故有水蒸氣上升。無論如何解釋，八卦井也堪稱「奇井」。

秦皇島以前曾經是島嶼嗎

秦皇島地區有著悠久的歷史。這裡考古發現了舊石器、新石器和精美的青銅器。據明朝嘉靖十四年（1535 年）版《山海關》中記載，當時的秦皇島，專指現在港區南部的「東山」。「東山」現在不是島嶼，只是深入海中大約100 多米的半島。那麼歷史上，秦皇島是否曾經是島嶼呢？

從地質構造上看，秦皇島屬於山海關古陸地的一部分，由混合岩組成。其表層保留著大約五六千萬年前，第三紀濕熱的南亞熱帶氣候形成的紅色風化殼，說明很長一段地質歷史時期，這裡是陸地。但是，距今三百萬年以來，地球上冰期與間冰期交錯出現。當寒冷的冰期時，冰川廣佈、冰面下降，這裡是陸地；而溫暖的間冰期時，氣候轉暖，冰川消融，海面上升，這裡便成為海水環繞的島嶼。近年來在海浪花市場、秦皇島商城施工時，都挖出大量海沙，其中含有大量貝殼，經碳十四絕對年齡測定，只有大約一千年。說明大約一千年前，秦皇島即東山還是海水環繞的島嶼。秦皇島又是什麼時候變成半島的呢？據民國十七年（1928 年）的《臨榆縣誌》記載：「秦皇島，距城西南 25 公里，山脈由東轉西插入海中，橫壓水面，遠望形如臥蠶。」這時秦皇島即東山已成為半島了。演化時間大約在乾隆二十一年（1756 年）至1928 年的 172 年間。

到底是什麼原因使秦皇島演化成半島的呢？據科學考察，二百多年前，秦皇島一帶的海面並無明顯的升降。但是這個島嶼據陸地只有一里，島嶼背海一面的海岸和海底受到遮掩，海浪沖刷減輕，泥沙淤積，年深日久，這個島嶼保護的「波影區」，便淤積成了連接島嶼與陸地的連島沙壩，島嶼於是演化成為半島。這種由島嶼與陸地相連形成的半島在地貌學中稱為「陸連島」。

▍秦皇島為什麼稱為中國的「夏都」

　　秦皇島氣候宜人，夏無酷暑，冬無嚴寒，綠樹成蔭，空氣清新。北戴河海濱，位於京山鐵路北戴河車站 20 里的渤海之濱。西起戴河口，東至狼牙山橋，海岸線長 16 公里。7 月份平均氣溫 21°C 左右，8 月份平均氣溫也僅在 24°C 左右。沿海岸線，背山面海，在萬綠叢中，休息療養單位鱗次櫛比，公園浴場接連不斷，坡緩水清，沙細浪平，是中國最好的海濱浴場和理想的避暑勝地。

　　據記載，北戴河海濱由於海灣形勢險要，歷來為軍事要地和海運儲積之地。光緒十九年（1893 年），津渝鐵路由開平延至山海關。築路工程師英國人金達測量路線時，發現海濱風景優美，是海浴避暑的好地方，於是在劉莊海邊建了一座木房作為避暑辦公的地點，並大肆宣揚，隨即招引英、美等國使館人員和傳教士以及中國達官貴人、資本家接踵而來，在這裡建築別墅後，人數逐年增多，遂發展成市。

▍秦皇島的「天然地質博物館」在哪裡

　　河北秦皇島柳江國家地質公園位於河北省秦皇島市，南臨渤海，北依燕山，東與遼寧接壤，西與唐山毗鄰。面積 650km2。地質公園以古生物化石、地層遺蹟、岩溶地貌和花崗岩地質地貌為特色。地質公園的核心部分，位於秦皇島市區以北的柳江盆地，其南緣距秦皇島市 12km，有 240km2，包含了對追溯地質歷史具有重大科學價值的典型層型剖面、生物化石組合帶地層剖面、岩性岩相建造剖面及典型地質構造剖面和構造形跡，內容豐富，為中國罕見。其內三套地層及三大岩類分佈廣泛，均為自然露頭，地層完整，界限清楚，岩類齊全，化石豐富，沉積構造發育，被公認為「天然地質博物館」。構造類型多種多樣。不同規模的褶皺、不同級別的斷裂以及揉皺、牽引、裂隙、岩脈充填等宏觀、微觀構造發育，形跡清晰。多種類型的構造形跡對研究區域地殼運動發展史具有重要的意義。還有金屬、非金屬礦化、礦點；岩溶作用形成的象鼻山、溶洞、天井、石芽、溶溝等；流水作用形成的離堆山、跌水、河流階地等其他地質遺蹟。國家地質公園內薈萃了眾多的內生、外生

礦床，但大多因規模小而不宜開採，卻適於科普教學，其成因分析具有重要的地學意義。第四系洞穴堆積，可以使人們瞭解史前生物群落、生境及生物演化，是重要的科學研究、科普基地。距今 25 ～ 16 億年間混合花崗岩構成了北戴河、山海關著名旅遊區的地質背景；距今 5.4 ～ 2.5 億年間古海洋中沉積物石灰岩形成了象鼻山、溶洞等華北罕見的岩溶地貌；距今 2.5 億年～6500 萬年間的中生代花崗岩山體高大雄偉，陡峭險峻，形成了山地旅遊景觀；現代海洋地質作用形成了中國最大的沿海沙丘和潟湖，形成了各種海蝕、海積地貌景觀；是大自然的鬼斧神工，造就了秦皇島「天開海嶽」的驚世之美。

祖山為什麼被稱為「群山之祖」

祖山，位於青龍滿族自治縣東南部牛心山鄉境內，立渤海之濱，居長城之首，遼代稱臨榆山。到清代，因其位於石河以西，青龍河以東，眾山依祖山分出支脈，故稱之為「群山之祖」，名祖山，又名老嶺。其廣約有八十平方千米，主峰黑尖頂海拔 1424 米，風景秀美，有奇山、奇水、奇洞、奇石、奇花，占盡了雄、奇、險、秀之美。黑尖頂為祖山主峰，因山石呈黑色，頂尖如戟而得名。響山，海拔 1362 米，其山勢如同覆鐘，陰雨或大風天氣，常常發出忽揚忽抑，時有時無的響聲。因為這裡的石洞、石柱、石隙很多，雨急風吹，便產生共鳴。香瓜頂，又名茶盤山，坡緩頂圓，夏季綠草如茵，冬天銀裝素裹，玉樹瓊花，人稱此景為「花盤積雪」。「百龍吐布」位於主峰西麓，為瀑布中之奇觀，以冬季為妙。天寒水結冰，漸漸堆積成百丈玉屏，銀白的瀑布時瀉時停。天女木蘭花為稀有花木，在中國北部，僅遼西和燕山東段有零星分佈，在祖山則成片生長。它生長在海拔近千米的山石堆中，每年六月中旬開花，花白瓣大，葉厚墨綠，高潔素雅，幽香宜人。

滄州是如何滄海變成桑田的

滄州地處華北平原，以京滬鐵路為界，西面屬沖積平原，東面屬濱海平原。

　　大約 1 萬年前,地球氣候由冷轉暖,陸地冰川消融,大量陸地被湧入海洋,海面迅速上升。五六千年前,海平面比現在高 3 米左右,那時的黃驊、海興沿海一帶,皆為汪洋一片。是渤海灣的一部分。這片土地被淹沒了近 3000 年,才露出水面,成為現在的濱海平原。

　　黃驊、海興一帶的濱海平原,自有人類歷史以來,仍在不斷地向渤海灣延伸,這與黃河幾次從這一帶入海有密切關係。黃河從上游攜帶了大量泥沙,在河口附近堆積成陸地。至今,在歧口、武帝台、苗莊,仍可看到由三條貝殼堤組成的古海岸遺蹟。

　　京滬鐵路以西,主要是由黃河、滏陽河、子牙河、滹沱河等沖積而成的氾濫平原。當時,這些河流進入滄州一帶平原後,由於流速驟緩,分支漫流,成為「九河下梢」之地。這些河流幾經改道,有的被淹沒在地下,有的半淹半露,形成了現在遺存的古河道。這就是滄州一望無際的大平原上,形成微波起伏地貌特徵的主要原因。

▌為什麼說滄州海岸稱作「黃金海岸」

　　滄州地區的海岸線,北起黃驊歧口,南至海興大口河口,長達 88.75 公里;灘塗和潮間帶達 2700 公頃。其間擁有中捷、南大港兩個縣級農場,長蘆、部隊兩個鹽場,資源非常豐富。這裡海底平坦。沿海擁有 15 米等深內海 296 萬畝,餌料豐富,是多種魚蝦產卵索餌場所。海產資源主要有對蝦、毛蝦、梭子蟹、海蟄等,魚汛多集中在春秋兩季。這裡灘塗廣大,類型多樣。根據灘塗形成的早晚、特點及分佈規律,由海洋向陸地大致呈現三種基本類型。一是潮間灘塗,面積達 27000 公頃。二是積鹽灘塗,約 50000 公頃。三是沿海荒灘,即脫鹽灘塗,面積達 25.7 萬公頃。

　　正是因為滄州沿海地區自然資源豐富,非常適宜發展海洋捕撈業和海水養殖業,所以是一處待開發的「黃金海岸」。

什麼是「地下古潛山」

任丘油田是中國最大的一個古潛山油田，是根據地質學家李四光「新華夏體系」第二沉降帶有希望出油的地質理論勘探開發的，在 1 億年前形成的。它由眾多深藏在地下的遠古山縫、山洞形成。這種古潛山，在河北一帶大、小有幾十座，當年都屹立在華北的湖盆中，星羅棋佈，好似島嶼。後來由於地殼沉降，大量沉積物湧入，這些「島嶼」被淹沒，便成了「潛山」。在這些潛山被掩埋地下的漫長年代裡，和具有良好生油條件的地層廣泛接觸，生油層生成的石油，因受自己上部特厚地層的重壓，透過斷層、不整合面逐漸運移到縫洞極為發育的潛山中，聚集起來，便成了理想的天然油罐。1985 年探明石油儲量 9.3 億噸，天然氣 16 億立方米。自 1976 年開發建設以來，最高單井日產原油達 5400 噸，最高年產量達 1733 萬噸。1977 年至 1986 年10 年間，原油年產量都在 1000 萬噸以上。自 1975 年 7 月第一口油井「任 4井」出油，到 1986 年底，共生產原油 13367 萬噸，對中國國民經濟發展發揮重要作用。

世界上現存三大古貝殼堤在河北的是哪一個

滄州古貝殼堤、美國聖路易斯安那州古貝殼堤和南美蘇利南古貝殼堤並稱為世界三大古貝殼堤。古貝殼堤的形成及豐富的古海洋文化遺蹟，一直為中外學者所關注。1998 年 9 月，河北省成立了黃驊市古貝殼堤省級自然保護區。

古貝殼堤是由貝類、孢粉、藻類、有孔蟲、介形蟲等生物群組成。黃驊古貝殼堤共有 6 道，與現代海岸線基本平行分佈，東西跨度約 31 公里，分別形成於距今六七千年至一千多年左右。據科學家考證，這些古貝殼堤，是渤海潮起潮落時波浪中夾帶大量的貝殼及其碎屑，經過長期風化形成的天然海擋。

黃驊市古貝殼堤是目前世界上保存最為完整的古貝殼堤。它是渤海西岸7000 多年來成陸過程中的重要產物。其發育規模、時間跨度和所包含的地質古環境資訊，為世界罕見，在國際第四紀地質研究中佔有重要位置。它可為

研究古海洋變遷、環境變化趨勢提供天然本底，對預測今後環境變化趨勢具有重要的科學價值。它的形成及豐富的古海洋文化遺蹟，自上個世紀 20 年代以來，一直為中外學者所關注。

陸地上的 5 道古貝殼堤，除了第 2 道露出地表外，其餘均深埋地下。第 2 道古貝殼堤，北起天津，南接海興，長約 60 公里，曾是一條不可多得的天然海擋。這道古貝殼堤，高約 2—3 米，東西寬約 1500 米，上面長滿了酸棗樹，還出產沙參、麻黃、棗仁、土元等多種名貴藥材。由於植被繁茂，這裡也成了狐狸、獾、野兔的樂園。古貝殼堤上沙層疏鬆，有利於雨水蓄積，在古貝殼堤上挖一個坑，甘甜的水就會源源不斷地滲出來，淘也淘不盡。這道貝殼堤，不僅替漁村擋住了大潮，而且也是漁民的天然航標。在遙遠的海裡，漁民遠遠地看到這條綠堤，就如同看到了溫暖的家園。

▋華北平原第二大淡水湖是怎樣形成的

冀州湖又名「千頃窪」，也稱「千頃窪水庫」。冀州湖與滏陽河相連，總面積 130 平方公里，湖面面積 75 平方公里，陸地面積 55 平方公里，僅次於白洋淀。因此，被稱作「華北平原第二大淡水湖。」

冀州湖形成的傳說有許多種。其中，有為紀念大禹治水的傳說。說大禹治水首先從冀州揚起第一鍬土，就形成了冀州湖。還有龍宮借寶、金龜醉酒、李三娘石磨等許多美麗的傳說。冀州湖的實際形成，大約在西元前 600 多年。當時，冀州是古黃河故道。經考查，在鉅鹿、南宮、新河、冀州、束鹿、甯晉、隆堯、任縣間有一個很大的古湖泊遺蹟，後來湖泊逐漸淤積，冀州湖就是由這個古湖泊演變形成的。冀州湖曾在歷史上多次發生水災，也曾多次治理。而今天，冀州湖則成了一個能引、蓄、灌、排的蓄水工程，習慣上稱為「千頃窪水庫」。

冀州湖有多種多樣的生態系統，有很高的生態價值、經濟價值以及旅遊開發價值。在其地棲息的水禽多達 286 種，其中丹頂鶴、白天鵝等 40 餘種野生動物，被列為國家一、二級保護動物。「落霞與孤鶩齊飛，秋水共長天一色」，是冀州湖的真實寫照。

為什麼滄州的南大港濕地有「京津之腎」的稱譽呢

濕地，不僅有保持水源、淨化水質、蓄洪防旱、調節氣候和保護海岸等生態功能，也是生物多樣性的富集地區，是世界上最具活力的生態系統，保護了許多珍稀瀕危野生動植物種。人們把濕地稱為「地球之腎」、天然水庫和天然物種庫。濕地所具有的景觀和文化價值，也為世界文明的延續和發展做出了重要貢獻；是生態安全體系的重要組成部分，也是實現經濟與社會可持續發展的重要基礎。

河北省內的濕地對保證京津兩地的用水、改善生態環境、調解氣候、維持生態平衡起著關鍵作用，是京津之「腎」。在河北省大大小小幾十處濕地中，位於滄州東部的南大港濕地，當屬保護最好的一處。南大港濕地約 1.4 萬公頃，是一個由草甸、沼澤、水體、野生動植物等多種生態要素組成的濕地系統。走進南大港濕地，是一望無際的蘆葦。葦草下麵溝塘縱橫，靜靜的水面上展現著白雲的倒影，鳥兒翻飛嬉戲。看到這一切，簡直不敢相信這塊濕地就在滄州，在離京城只有 200 公里的皇城腳下。保護區內，現已發現有記錄的植物 47 科 140 種，野生鳥類 38 科 253 種。其中，國家一級保護鳥類有白鸛、黑鸛、白肩雕、丹頂鶴、白頭鶴、白鶴、中華秋沙鴨、大鴇等 8 種，國家二級保護鳥類 37 種，同時，狐、獾、貉、野兔、蛇、蛙等，都在此繁衍棲息。河北省一系列的保護措施，使南大港濕地較好地保持了原始自然狀態，被譽為「京津之腎」。

滄州奇異的火山地貌在哪裡

突兀在濱海平原上的滄州海興小山，又名馬騮山，位於海興縣城東 8.7 公里處，臨近渤海。它是滄州唯一的一座山，是距今 2、3 萬年前，隨著火山噴發和地殼變動形成的火山地貌。山丘突起自南向北，複折向西，逐漸低平，長 4 公里，寬 0.6 公里，海拔 39 米，區域面積約 20 平方公里。

小山為火山碎硝岩構成，岩質鬆散，易風化。山頂表層為較厚的細沙覆蓋，土質肥沃。現在，山上山下，果林連片，樹木參天，山腳灌木叢生。春暖花開時節，漫山遍野，紅綠相間，秀麗宜人。山上有古人開鑿的石井數眼。

井深 30 至 50 米，雖然山周邊的土地多含鹽鹼，井水苦澀，但小山水質卻甘冽可口。小山西面，地勢低窪，常年積水，葦蒲叢生，水鳥成群。在風和日麗的晨曦中，登山東眺，可見海上船隻浮動。

山上原有望海寺、藥王廟、碧霞元君祠；山腰有娘娘廟、菩薩廟、龍王廟等古建築。日寇侵華時，曾兩次用幾十架飛機狂轟濫炸，破壞了這些古廟。現山南盤山子有漢墓兩座，為河北省重點文物保護單位。

▌張北高原為什麼稱壩上

河北省北部張北高原南部邊緣，有一段崎嶇蜿蜒的群山。它的西段即大馬群山，自張家口而東，過獨石口外，又東北穿過豐寧縣、圍場縣境，直連大興安嶺。這段突然高聳的一線山嶺，遼、金、元、明時稱為「嶺」，到清時又俗稱「壩」。據《張北縣誌》記載：「南由各溝渠而上達其巔，過此雖屬高原，愈趨愈下，故名曰壩，如防水壩之意。」這條「大壩」，寬 15 至 16 公里，大都海拔在 1500 米以上。其中，張北境內的樺皮嶺最高，海拔達 2129 米。與張北高原內部相對高差達 200 米左右。而壩頂同壩下的相對高差，可達 400 至 600 米。

大壩沿高原南緣，東西千里橫亙，地理位置十分重要，自古就是中原與大漠的天然分界線，其戰略地位極為重要。北魏時，就在壩頭修築長城，到明朝更設立了「九邊」防線。清朝雖未修長城，但在壩口設柵欄，派重兵防守。經大自然長期風化，河流切割形成的山口、河谷稱之為壩口，如柳條壩、黃土壩、黃石崖壩、青羊溝壩等。

由於這道山嶺千里橫亙，使得南北溫差很大。大壩南北兩重天，壩北還冰天雪地，而壩南已溫暖如春。壩上年平均氣溫為攝氏零下 1 度到 4 度，而壩下則在 4 度到 7 度之間。由於水熱條件的差異，壩上自然植被為草原，並有耐寒植物可種植。胡麻、豌豆、大豆、小麥、蓧麥等低桿植物，最適宜當地生產。大壩具有重要戰略地位，大壩南北氣候又有著明顯的差別，加上張北高原就在「大壩」以北，所以，習慣上人們把張北高原稱為「壩上」。

赤城獨石口的獨石是飛來的隕石嗎

獨石口位於赤城東北，地處縣境白河東岸。赤城、寶昌公路穿村而過。獨石口素為北路絕塞之地，三面孤懸，是一個易守難攻的關口，被譽為「朔方天險」。明代九邊中最為衝要，《畿輔通志》載：「獨石口在赤城東北，北魏太和中（450 年）置禦夷鎮，為六鎮之一。」獨石口古屬開平衛（今內蒙古多倫），至宣德五年（1431 年），陽武侯薛祿始建獨石城，後開平衛移至獨石口。

獨石口因城南一里多有獨石而得名。這是一座奇特的巨石，巨石平地突起，高二丈多，周圍只有百餘步，巨石凹凸不平，有山石裂紋，灰色。離幾十步觀看像園林中假山。如鐘靈天地，鬼斧神工，像是有意鑿刻而成。正因為它稱奇，人們賦予了這座巨石許多美名，曰：「星石」、「丈夫石」等。歷代也有文人墨客對獨石的奇特寫下了不少詩詞。在獨石上留下了許多墨筆。石壁西南書「突兀」、「孤秀」，「一石飛來」、「孤根柱漢」。獨石孤傲的風骨，雖因歷年風雨剝蝕，仍像一位守門的衛士巍然不動。石上還生四株古榆，枝繁葉茂，給這塊孤石增添了生命的活力。巨石從何而來？是飛來的隕石？是火山噴發岩熔的堆積？還是地震變化從地層中伸出的山峰？這會給遊客們留下一個不易解開的謎。

懷來「天漠」是怎麼形成的呢

沿北京到張家口高速公路，行到東花園出口，順康野公路，就到了懷來縣的旅遊景點龍寶山了。這裡距北京 90 公里，與八達嶺長城、康西草原一線貫通，是西出京師的一片不毛之地。龍寶山四周綠草遍野，山清水秀，可就在這塊美麗大地上，突出了兩座十分壯觀的大沙龍。東沙龍南北長 300 米，西沙龍南北長 1900 多米，寬度均在百米以上，沙龍高 30 米，占地近 500 畝。兩座沙龍不見沙源，東南西北都沒有沙漠，是什麼原因造成的大沙龍呢？科學家們也有不同的說法，有的認為是狂風把遠處的沙子運到此地，遇到特殊的地形落了下來；有的認為沙子是當地風化造成；還有的認為是河流改道聚積而成。到底是什麼原因，仍是不解之謎，所以把這兩座沙龍稱為「天漠」。

為什麼稱安固裡淖是塞外水鄉

使遊客心情開闊的地方莫過於草原，使遊客深感博大的地方那就是大海。其實，只要你走進張北高原，草原和大海就會同時找到，這就是張北縣的安固裡淖。安固裡淖岸邊有保護最好的原始草原，有華北最大的內流河，更有與白洋淀相媲美的湖泊。

安固裡是蒙語「鴻雁」的意思，淖是「諾爾」的簡稱，是水泊之意。安固裡淖是鴻雁水泊。這裡歷來被稱作塞外水鄉。早在八百年前，即以「鴛鴦濼」馳名海內外。這裡水草豐美，最適合鳥類繁殖，尤其是鴛鴦最多。遼聖宗時，這裡常設行帳，來觀水看鳥。據遼史記載，幾代皇帝曾多次率領王公大臣，來此春獵。

安固裡淖是張北高原的一處低地，海拔 1300 米，比南部壩頭低 700 多米。這裡集中了許多河流的水，是十大股河、三台河、黑水河彙集處，最大蓄水量 2.2 億立方米，正常蓄水量也有 1.2 億立方米。水面達到 71000 畝，湖面呈橢圓形，水深可達 2 米。近年來，這裡建成了旅遊渡假村，開發了許多遊樂項目，可在草原騎馬放歌，可駕舟蕩漾湖中，也可清晨垂釣，或夜間賞月。

白石山的石頭都是白的嗎

白石山風景區，又稱白石山國家地質公園，位於淶源縣城南 15 公里處，因山多白色大理石而得名，又因其風光酷似安徽黃山而被人們稱為「小黃山」。

白石山體現著雄、奇、險、峻的山嶽景觀。山體高大，有「三頂、六台、九穀、八十一峰」，主脊線長 7000 餘米，最高峰海拔 2096 米，奇峰林立，絕壁橫陳，險壑縱布，到處直上直下如刀削斧劈，少曲線，多棱角。尤其是峰林地貌帶，高差大，密度大，是中國唯一的大理岩峰林景觀。

白石山植物種類繁多，植被茂密，森林面積 2.8 萬畝，有鬼箭錦雞等國家二級保護植物。有大面積觀賞價值極高的純紅樺林。國家一級保護動物華

北豹及大量的山羊、獾、鷹、錦雞、山兔等在這裡出沒。山北麓的全中國重點文物保護單位白石山長城，是長城中保存最完好的一段之一，毛石砌築的牆體顯現著歲月的滄桑。

▌淶源為什麼有「涼城」的美譽

淶源地處盆地之中，周圍有太行山、恆山、燕山環繞。由於地面抬升，層巒疊嶂，形成了涼爽清新的自然氣候。淶源暑期日均氣溫 21.7℃，超過 35℃的酷暑天氣年均只有 0.1 天，超過 30℃的高溫天氣年均只有 6.9 天，加之濕度適中，每當平原地區酷暑難耐時，這裡卻是「日披衫，夜擁棉，涼風吹面樂悠然」的景象，被譽為入伏不見伏的「天然大空調」，「涼城」也因此得名。淶源山清水秀，風光旖旎，是觀光遊覽的好去處。

▌中都草原為什麼是避暑的好地方

走進天然純樸的中都草原，它以寬廣的風姿展現在您面前。七月的草原，水草豐美，百鳥齊鳴，草青花豔，環境宜人。

它的命名源於元代，元朝在今北京設有大都，內蒙開平設上都，張北建中都。中都是皇室宗族巡幸的避暑勝地。中都草原是至今保存最好的原始草原，距北京 250 公里，交通十分方便。西元 1307 年，元武宗在張北草原上闢建中都，規模宏大，瑰麗壯觀。成為皇家狩獵、避暑、巡幸之地。中都的繁盛經馬可‧波羅介紹到西方，與元大都齊名，享譽海內外。

中都草原是內蒙古高原錫林郭勒盟大草原的組成部分，是內蒙大草原的精華。草原碧波萬里，視線開闊，腳下綿軟如毯，綠草茵茵；馬蘭、黃花、紅梅、金蓮花沸沸揚揚，一望無際，發放出沁人心脾的芳香。口蘑、酸柳、地皮菜俯首可拾；草原動物旱獺、草原袋鼠，嬉戲跳躍，湖澤岸邊百鳥齊鳴。中都草原海拔 1400 米，在盛夏七月，氣溫也不超過 24 度。是遊人避暑的好地方。

▌崇禮為什麼擁有華北最理想的天然滑雪地域

　　國家體育總局和中國滑雪協會，把崇禮滑雪場譽為「華北地區最理想的天然滑雪地域」。這是為什麼呢？崇禮位於張家口大境門外，這裡有大面積的茂密森林，有流暢的草地緩坡。冬天的崇禮是一個雪園。到十一月份，天然積雪可達到滑雪的程度，年積雪厚度可達 1 米以上。這在同緯度的華北其它地方幾乎不可想像，然而，它在崇禮卻是現實。這是大自然對勤勞樸實的崇禮人保護植被，植樹造林善舉的一個回報。在崇禮縣境內，有 74 萬畝森林，有以白樺、山楊為主的原始次森林，有陸續種植的落葉松和一部分果林，正是這大面積的森林植被形成了崇禮特殊的「小氣候」，使崇禮大部地區風和水沛。雨，不期而至；雪，應時而灑，因而為崇禮滑雪造就了的獨特環境。進入冬季，崇禮的雪就開始下起來。逐漸把遠山近坡淡淡地隱藏起來，這一重重雪山帷幕把崇禮的山水裝扮得晶瑩透亮，變成一個銀色世界。

　　崇禮這獨特的氣候，還造就了獨特的雪。其它地方的雪，多呈鵝毛大片飄降，不適合滑雪；而這裡的雪，專家們說顆粒成球狀，有硬度有彈性，握在手中似沙粒，不粘，非常適宜滑雪。外國滑雪愛好者來崇禮說，崇禮的雪能與歐洲阿爾卑斯山的雪相媲美。正因為這些天然條件，從 1997 年開始，崇禮縣境就開設了三大滑雪場，即翠雲山滑雪場、塞北滑雪場和華北最大的長城嶺滑雪場，吸引著一批又一批的遊客前來遊玩。

▌被譽為「野外沉積岩博物館」的地質公園在哪裡

　　臨城國家地質公園（包括崆山白雲洞、天台山、歧山湖、小天池）在 2005 年全中國第四批國家地質公園評審中榮獲國家地質公園稱號，這是刑台市第一個被命名為國家地質公園的景區。臨城地質公園地處太行山東麓，河北省西南部，西依巍巍太行，東鄰一望無際的大平原，地理位置優越。目前地質公園內已建立了崆山白雲洞、天台山、歧山湖、小天池等景區，該地質公園占地約 250 平方公里，公園集山、水、洞、林、文物為一體，境內深山、丘陵、平原等地貌齊全，群山拱翠，流泉碧潭。評審專家對臨城地質公園給予了高度評價，稱天台山是「野外沉積岩博物館」，小天池是「野外實驗室」。

武安國家地質公園有什麼特色

　　武安國家地質公園位於武安市西部山區，總面積 412 平方公里，擁有古生物、火山岩、溶洞等多種地質遺址。大自然的鬼斧神工不僅在園區內留下了拔地騰霄的高山、山水相映的峽谷，還雕塑出一幅幅叢峰赤壁、川幽谷險、碧水清潭的絕美畫卷。

　　距今 18 億年至 14 億年間的幾次地殼運動，使這裡形成了小摩天嶺、老爺山、十八盤三支山脈，山勢由西北向東南傾斜，最高海拔達 1898.7 米。公園內的蓮花洞景點，是由於火山運動而形成的岩溶景觀，遍佈其間的鐘乳石姿態萬千、造型各異，具有很高的欣賞價值；其周邊方圓 1 平方公里內，分佈著珍貴的藻類、三葉蟲、頭足類、腹足類等化石群，歷史長達 4 億多年。而公園內的柏草坪火山岩迭置景觀，是以岩漿噴溢口、岩漿內黃土包裹體等系統形成的火山噴溢遺蹟，在全中國罕見，極具保護、科學研究、遊覽價值。這裡自然風光優美，地質構造奇特，人文歷史悠久，包含了地質、地貌、古生物、火山岩、溶洞景觀等多種地質遺址，其地質遺蹟有諸多鮮明特點，具有很高的地質科學研究、地質知識普及和旅遊觀賞價值。

山水河北

　　河北山水一言以弊之曰「奇」。有奇山、奇石、奇水、奇泉、奇寨、奇洞、奇峽、奇關，而且這有「奇名」，如若不信，請你往下看。

▌為什麼蒼岩山有「五嶽奇秀攬一山，太行群峰唯蒼岩」的美譽

　　蒼岩山坐落在太行山東麓的井陘縣境內，距石家莊市 50 公里。石太鐵路、307 國道擦景區而過，石太高速公路有專用出口直通景區，交通十分便利。

　　蒼岩山是中國華北地區較大的佛教文化名山。隋代即建廟宇，經歷代修整，形成現在的格局和規模。景區內群峰巍峨，怪石嶙峋，深澗幽谷，古樹名木，清泉碧潭，構成了奇特、幽靜、秀麗的自然景觀；千年古剎以悠久的歷史和卓越的建築藝術構成奇異壯觀的人工之美，使之享有「五嶽奇峰攬一山，太行群峰唯蒼岩」的盛讚。秀麗景色以蒼岩三絕十六景為特色。

▌被載入世界金氏世界紀錄的天然回音壁在哪裡

　　在嶂石岩的紙糊套景區北套之中，有一道紫紅色弧形崖壁，就是 1997 年選入「金氏世界紀錄世界大全」的，世界上最大的天然回音壁。它最早被髮現於 1990 年，弧形的崖體自然地把天空圍成一個半桶形。壁高 100 米左右，弧長 310 米，弧度有 250 度，呈半封閉狀態。從壁內向任何一個方向說話，都可聽到清晰的「回音」，是目前發現的世界上最大的天然回音壁。

▌「天下奇寨」抱犢寨奇在何處

　　抱犢寨，古稱萆山，即漢將韓信背水一戰攻打趙國「令人持赤幟萆山而望」（《史記‧淮陰候列傳》）的地方，位於石家莊市西 16 公里處的鹿泉市城西，是井陘出口要衝，為歷代兵家必爭之地。北魏正光四年（523 年），

葛榮叛魏，戰火頓起。當地百姓抱犢上山避亂，耕地求生，因而得名抱犢山。金元之際，井陘人武仙在抱犢山嘯聚民眾，抗擊蒙軍，建寨屯兵，故有抱犢寨之稱。

抱犢寨之奇，奇在造化。它東傍華北平原，西連太行群巒，南臨井陘古道，北有滹沱滔滔。雖海拔只有 580 米，但處在高山、平原交接處，沒有丘陵過度，使其一山突起，崛出平川，萬嶺西來，至此勢斷，崢嶸雄秀，蔚為奇觀。山之四壁如刀削斧劈，只南北鳥道可通其頂。由東北望之，如一尊碩大巨佛仰臥天際，神態安祥，眉目畢肖，令人歎止。山頂平曠坦夷，恍若天上公園。因此，抱犢寨有「天下奇寨」之美譽。

▌你知道劉秀泉、劉秀洞因何得名的嗎

仙台山空氣清新，泉水眾多，水質優良，單從泉名上就可看出這裡泉水之美妙：不幹泉、流音泉、雙龍泉、明目泉等。這裡水位較高，稍經開挖便出泉水。水中富含多種礦物質，硬度為 12 度，屬優質礦泉水。其中最為著名的是劉秀泉。劉秀泉位於小寺村中，石下小泉，涓涓細流，清澈見底，飲之清涼爽口，泉水中含有多種微量元素，小寺村村民常年飲用此水。從古至今，村裡未有一例癌症患者，平均壽命在 75 歲以上。相傳，當年劉秀逃亡時，偶爾發現此泉，解除了全軍乾渴，故名劉秀泉。劉秀即位後，賜名「不幹泉」，立碑於泉旁。可惜動亂中此碑被搗毀。

劉秀洞是仙台山的主要景觀之一，位於護國寺北岩下，高約 10 餘米，寬約 15 米，深約 20 米，是天然形成的巨大石龕洞。傳說，當年劉秀兵敗時，被王莽追趕，見此有一洞，便藏身進洞。進洞後，洞內蜘蛛迅速在洞口織成了嚴密的蛛網。王莽追趕至此，見此蛛網密實，斷定劉秀不在此處，使劉秀躲過一劫，劉秀洞因此得名。洞內有堪稱一絕的石蓮花台，為洞中泉水長年流淌碳酸鈣沉澱而成，高數米，狀若蓮花。從蓮花台再往裡走，有一個深十餘米的小溶洞，極其隱蔽，傳為劉秀藏身處。中有盤龍狀鐘乳石。劉秀洞內山泉清澈，長年不斷，富含微量元素，鄉人常飲此療疾。洞內石壁上存有古

代摩崖石刻數幀。有 36 尊線刻菩薩像，分上中下三行。菩薩頭戴花冠，手持法物，足蹬蓮座。有關專家依臉型、服飾風格分析為唐代所刻。

天桂山為什麼有「北方桂林」的美譽

天桂山位於平山縣西部，東距石家莊市區 90 公里，面積 60 平方公里，是中國北方著名的山嶽古剎型風景名勝區。

天桂山是北方珍貴的岩溶地貌（喀斯特地貌）區，集雄、險、奇、秀於一山，融山、泉、林、洞於一區，頗具廣西桂林山勢之特點，故有「北方桂林」之美譽。尤其是位於玄武峰頂部的山頂石林，怪石林立，似柱似塔，如禽如獸。游龍、仙蛙、象陣、雲屏、瑤台等造型，千姿百態，形象逼真。尤令人歎為觀止的是，林立的怪石中，多有松柏、櫟樹、山桃等，或叢生石上，或匍匐山岩，或曲折斜出……石林之上生樹林，森林之中隱石林，令人拍手稱絕。整個石林步換景移，似一幅幅立體畫，如一首首無言詩，既有自然野趣，又有園林工秀，宛如藝術家精心構築而成，如此高品位的地貌景觀，在中國北方絕無僅有。

龍鳳湖因何而得名

龍鳳湖位於石家莊市西南 15 公里處，其左岸一山峭峙，是青龍山，又稱李廣山；右岸又有鳳凰山，最高海拔 197 米，舒展如鳳凰展翅。青龍山、鳳凰山，兩山夾一湖，因名龍鳳湖。

龍鳳湖水域面積 600 多畝，湖中魚蝦肥美，湖岸楊柳依依。湖濱花園百花爭豔，萬紫千紅。龍鳳湖以水得勢，以山得名，山水相依，青翠碧透。山腳山坡更是林木蔥蘢，植被繁茂，環境清幽。優美的湖山環境成為人們渡假療養的最好選擇。如今，龍鳳湖內建有翡翠山莊、青龍湖別墅區、蒙古遊樂城、水上樂園、湖濱遊樂場等諸多設施，吸引著眾多遊客前往觀光遊玩。

▌「燕趙第一瀑」在哪裡

　　「燕趙第一瀑」位於五嶽寨的銀河峽景區，它落差 108 米，像一道白練自半山雲霧中飛身而下，被風一吹，開出萬朵玉蘭，及至崖底早就粉身碎骨，立刻化作一道煙霧，飄飄灑灑，渺渺茫茫，每到雨季，水大瀑急，勢如千軍萬馬，聲傳十里不散。大有「飛流直下三千尺，疑是銀河落九天」之勢。按其落差與水量綜合評價，可稱「燕趙第一瀑」。此瀑四季不涸，冬季以冰瀑、冰錐等造型出現，另有一番風韻。

　　五嶽寨地處太行山中段東麓，位於靈壽縣境內的西北部山區，距省會石家莊市 110 公里。東臨阜平縣，南連革命聖地西柏坡，北與佛教聖地五台山巔連。現在已經開發出旅遊面積 24 平方公里。包括銀河峽、南駝梁和五嶽寨主峰三大景區。五嶽寨景區以自然景觀和氣候天象景觀為主，山峰雄秀、峽深谷幽、水豐瀑大、林茂花繁、氣候涼爽而多變，景觀優美而多樣。大面積的原始森林、亞高山草甸、奇峰幽谷和形態各異的眾多潭瀑為風景主體，是集旅遊觀光、避暑消夏、健身療養、尋奇探險、科學考查於一體，高品位多功能的自然風景區。

▌崆山白雲洞為什麼被譽為「地下岩溶景觀博物館」

　　崆山白雲洞位於臨城縣西豎鄉山南村白雲山南端，距縣城 6 公里，1988年開發，1990 年對遊人開放。崆山白雲洞形成於 5 億年前的中寒武紀，是中國北方大型的喀斯特溶洞。

　　崆山白雲洞現初步探明並對遊人開放的有 5 個洞廳，總面積 4000 多平方米，游線總長四華裡，主要景觀 200 多處，非常罕見的絕景有六處。根據洞廳的景觀造型特點，依次命名為「人間」、「天堂」、「迷宮」、「地府」和「龍宮」五個洞廳。第一洞廳比較寬敞明亮叫「人間」，此洞內有白雲洞第一絕「網狀捲曲石」，像絲瓜瓤一樣的毛針狀沉澱物，在毛細水流作用下，沉積固結而形成。第二洞廳是「天堂」。此洞內有 4 處絕景，即白雲洞第二絕景「石百葉」，這是洞壁裂隙中的水流滲出時，形成各種幔狀鈣華，逐漸發育成上密下疏半透明的百葉狀，非常罕見；白雲洞第三絕景「玉簪對淨瓶」，

美學觀賞價值很高，是一件精美絕倫的藝術精品；最使人稱奇的是「橫天一枝」，它是白雲洞第四絕景，在石鐘乳上橫向長出一個形似樹枝的捲曲石，它的形成至今還是一個謎；白雲洞第五絕景「線型石管」，又叫「朝天一炷香」，這些石管極細且空心。第三洞廳是「迷宮」，洞道狹窄、潮濕、曲折迴環，好像迷魂陣。第四洞廳因為色調灰暗，格調低沉，氣氛陰森恐怖，被命名為「地府」。第五洞廳是白雲洞最新、最奇、最險、最幽的洞廳，所以叫「龍宮」，裡面的絕佳境地是仙山瓊閣，內有白雲洞第六絕景針狀石花。它們是岩溶滴水受毛細現象的影響，不斷髮育成長而形成的。整個岩洞囊括天下溶洞之奇觀，造型類型齊全，因而被人們讚譽為是中國北方岩溶造型的「博物館」。

▌太行奇峽群「奇」在哪裡

　　刑台峽谷群位於刑台市西南刑台縣的路羅鎮賀家坪村，距刑台市 62 公里，遊覽面積 18 平方公里。它由 24 條峽谷組成，其中千米以上的達 8 條之多，具有狹長、陡峻、深幽、集群、赤紅五大特點，形成了獨一無二的石英砂沉積岩峽谷群，成為八百里太行一大奇觀，被專家譽為「世界奇峽」。峽谷群主要景觀 50 餘處，如鬼門天塹、臥峽晴虹、雲崖散珠、飛瀑瀉玉、千佛壁立、雙龜戲石、白雲人家、十八盤等，最主要的是峽谷群有三奇。一奇峽長，該峽谷群穀深狹長、峽岸壁立，在穀群入口處有長嘴峽，長 800 米，寬 10 餘米，高 70 餘米。還有竹會峽，長 3000 米，雖不險峻，但可稱得上是野生植物的天堂，野生動物的樂園；主峽黃巢峽，是群山間的一道地塹，長達 4000 餘米，峽深 150 餘米，寬處幾米，最窄處僅幾十公分，險峰對峙，壁立千仞，抬頭仰望，雲崖傾撲，與青天成一線，幾欲合攏，又稱「一線天」。二奇境幽，18 平方公里的地方，紅崖絕壁，樹木鬱鬱蔥蔥，峰巒層疊。三奇連綿 10 餘里的清潭飛瀑，千萬年的流水沖刷出數不清得太行年輪，在黃巢岩下形成了深不可測的石甕水潭，山泉奔流至此，旋即從石甕中迴旋噴流而出，形成了高數十丈的瀑布。

為什麼稱衡水湖為「包羅萬象」

衡水湖是衡水市內最為著名的自然景觀之一，總面積達 187.87 平方公里，其中又分為東西兩湖。東湖面積 42.50 平方公里，可蓄水 1.23 億立方米；西湖面積 32.50 平方公里，可蓄水 0.65 億立方米。衡水湖水源主要來自西南部匯水，引蓄運河和黃河之水。

衡水湖有其獨特歷史形成過程。據歷史記載：西元前 602 年，黃河大決口改道，在滏陽河北一帶沖刷成一片窪地，即成衡水湖。因此，衡水湖也被稱為「千頃窪」。今天，衡水湖是「南水北調」工程的樞紐，這不僅為衡水、冀州提供了生活用水，而且還為湖周邊地區提供農業用水，更重要的是衡水湖是京津等下游地區的主要水源地，在涵養水源，控制汙染，美化環境等各方面都有重要作用。

為什麼稱衡水湖為「包羅萬象」？這是因為衡水湖有草甸、沼澤、水域、林地、灘塗等多種天然系統及丹頂鶴、白鶴、東方白鶴、黑鸛、大鴇、金雕、白肩雕等國家一級、二級重點保護動物，完整的淡水濕地生態系統在華北內陸地區具有典型代表性。因此，衡水湖在保護珍稀物種、維護華北平原生態系統等方面佔有重要地位。衡水湖不僅在生態上起著不可估量的作用，而且在旅遊方面也有其特色。水面平靜如鏡，晨暮在湖中泛舟，欣賞著落日中的湖面，別有一番心境。

你知道曲陽聚龍洞名稱的由來嗎

聚龍洞位於曲陽縣靈山鎮東北 2 公里處的蓮花山腳下。經專家考證，聚龍洞一帶是典型的北方喀斯特地貌，屬上億年來地殼變遷形成的裂隙式天然溶洞群。該洞洞體酷似一條長龍，總長 2800 米，洞內景觀也多為龍狀，故取名聚龍洞。聚龍洞分為猿人古洞、聚龍大殿和地下迷宮三部分。

猿人古洞，距今約三萬多年，長數百米，洞內古猿人生活留下的灰燼沉積，長 12 米，厚 3 米，深 2 米，全中國罕見。洞壁深處有 26 萬年前絕跡的古動物化石堆積物，是河北省首次發現的，在考古學上具有重要意義。洞壁

上方有北宋文豪蘇軾墨寶真跡──「蓬萊」二字。聚龍大殿，百龍爭雄，氣度恢弘，景觀奇特。猶如一個童話般的世界。地下迷宮，曲徑迴廊，神秘莫測。洞內景觀以神、奇、妙為特色，天然形成雲溪花徑、定海神針、小三峽、金山銀谷等百餘處景點。洞內石紙、鵝管、石峽谷、石毛等人文遺蹟，都屬中國罕見。

你知道中國北方最大的瀑布群在哪裡嗎

在保定阜平縣城西南 30 多公里處的百草坨東側，分佈著九個大瀑布，一座天然形成的橋樑，被專家鑒定為中國北方最大的瀑布群和由變質岩形成的中國最大的天生橋。

瀑布群集中在與百草坨相連的一條溝穀中，最高的瑤台瀑布落差 112.5 米。天生橋是由瀑流沿山谷裂隙沖蝕、崩塌形成的，長 27 米，寬 13 米，高 13 米，與流量最大、落差最高的瑤台山銀河瀑布組合，形成了一個天然地質奇觀。豐水期飛流直下，如天馬奔騰，驚天動地；枯水期清流潺潺，聲韻清脆，宛如輕音樂協奏曲。冬季瀑布水凝，生成千千萬萬、大大小小、姿態各異的冰柱，猶如鬼斧神工造化的玉雕。

你知道楊六郎當年駐守的兩座關隘嗎

太行山中的一些山口，自古就是通往山西的交通要道。北宋時期，這裡是宋、遼邊界，建有許多古代關隘。其中易縣的紫荊關、唐縣的倒馬關及北京的居庸關合稱為著名的宋代內三關。紫荊關位於易縣城西 40 公里的紫荊嶺上，是內長城的重要關口，這裡崖壁峻峭，狀如列屏，山勢險要，穀口狹窄，有「一夫當關，萬夫莫開」之險。紫荊關，宋時名為金陂關，後因山多長紫荊樹而更名紫荊關。關城原有五座門，券頂上額分別嵌有「畿南第一雄關」、「陽和門」、「紫塞金城」、「表裡山河」、「河山滯瀝」、「紫荊關」等巨幅石匾，關城隨山就勢而建，如巨蟒盤臥，十分雄偉。盛夏，雄關內外，漫山遍野荊花盛開，芬芳四溢，長城景色，雄偉秀麗。紫荊關西南 70 公里的唐縣北部，有著名的倒馬關，兩山對峙，唐河切開一隙峽谷，穿山而

過，成為古代交通要道。倒馬關也是兵家必爭之地，相傳當年抗遼將領楊六郎至此馬失足而倒得名。倒馬關西三公里以圈山上有楊延昭碑。宋真宗時，楊廷照為保州緣邊都巡檢使，率軍抗遼，多次運用靈活的戰術戰勝遼軍，因功授莫州刺史，後再立戰功，升保州防禦史等，明人為紀念他鎮守三關有功建碑銘志。

▌野三坡「野」在哪裡

　　淶源縣的野三坡是國家級風景名勝區，但為什麼起「野三坡」這個不雅的名字呢？原來野三坡地勢由南向北逐漸增高，氣候也隨地勢變化而不同，所以習慣分為上、中、下三坡。「三坡」由此而來，至於前邊的「野」字，那可就有講究了。據傳，明初燕王來到三坡地界，下馬休息時，發現一隻松鼠在面向自己捧吃松果，燕王以為山間的野生動物都臣服朝拜自己，心裡十分高興。於是燕王下令免除三坡地區的賦稅。清朝又恢復了三坡的賦稅，三坡人民起來反抗，官府下令剝奪當地百姓參加科舉的權利，三坡人民更加不滿，多次組織反抗鬥爭。消息傳入朝廷，康熙氣憤地說：「三坡僻野，莽夫刁民！」此後，人們就叫起了野三坡。其實，三坡風景的妙處，也就在這個「野」字上，景點多是野山、野水、野花、野草等純樸野景，正是這「野」的特色吸引了越來越多的遊人。

　　野三坡現有七個景區，它們各有特點。百里峽風景遊覽區以深山峽谷內的多處景點而聞名；拒馬河避暑療養遊樂區，有美麗的傳說、眾多的景點，近年還建立了數處少數民族村寨；可去領略一下民族風情；白草畔原始森林保護區內，有珍貴的鳥獸、罕見的花草、豐富的山泉和奇特的石林；佛洞塔奇泉怪洞流覽區，山峰似塔，峰下有洞，洞中有佛，河北八怪泉之一的魚穀泉也在這裡；龍門峽長城文物保護區裡的古城堡、古石刻、古長城，均為重點文物；金華山尋奇狩獵遊樂區，有無邊無際的林海，時斷時續的瀑布，栩栩如生的古寺壁畫；三皇山旅遊區內，遍佈名人古墓、古庵，風光旖旎，引人入勝。七個景區、百餘景點、山石草木、鳥獸魚蟲、峰洞泉瀑、寺庵城堡等天然野趣和古蹟文物，構成一個包羅萬象的遊樂整體。在這裡，你可以品

嚐野味：遍地的野菜野果，滿坡的野兔山雞，河裡還有魚蝦，都是純綠色天然食品。遊客可以留宿野舍，農家土坏火炕溫暖舒適，民族風格的各式客房乾淨別緻，可以享受野趣兒：天然河道浴場、滑沙場、竹籠、騎馬、毛驢車任你選擇，可以聽聽野史奇聞，也可以買些土特產品。

　　值得一提的是，野三坡還有一個能向外噴魚的魚穀洞泉。該泉位於佛洞塔景區，佛洞塔並不是一座塔，而是一座形狀酷似塔的山峰。山麓有一個魚穀洞，洞內鐘乳石發育良好，鐘乳石有的像人，有的像馬，還有各樣石幔雕像，千奇百怪，惟妙惟肖。奇景出怪事，魚穀洞不遠處怪泉平時噴的是水，而每年農曆穀雨節前後，都會往外噴魚，多時可達兩千多條，因此，魚穀洞泉也被列為世界奇聞。據行家分析，這口泉眼，可能與附近的河道有一個較寬大的通道，冬季裡，一些怕冷的魚遊進通道避寒，到了穀雨節前後，「春江水暖」，通道內避寒的魚也要遊出來活動，其中一部分回頭由通道的進口重新遊到河裡，另一部分可能「忘記了回頭」，而順著通道一直往前遊到泉眼的出口，最終從泉口被噴出來。這裡也便成了噴魚怪泉了。到野三坡一遊，相信會讓你的身體和精神享受一次奇妙的新鮮感受，給終生留下美好的記憶。

▌百里峽的深山幽谷為什麼誘人

　　電視劇《三國演義》「空城計」、「張飛釋嚴顏」的場景：那森嚴的壁壘，雄險的關城；「華容道」、「落鳳坡」中刀劈斧削般的懸崖深谷，密密麻麻的樹叢草莽等外景地，你知道是在哪裡拍攝的嗎？那就是野三坡百里峽。它由蠍子溝、海棠峪、十懸峽合成，形如鹿角，總長 100 餘華里。蠍子溝長 25 里，因長滿大面積蠍子草而得名，這種草跟蠍子一樣把人蜇得很疼。溝谷內有龍潭映月、鐵索崖等著名景點。十懸崖全長 45 里，進入峽谷不遠就是抻牛湖景點，據說石潭中有一條鯰魚精，它用兩條長鬚將一頭為害鄉里的野牛怪拉下潭水，活活淹死，救了一方百姓，因此叫抻牛湖。峽谷深處還有「母子峰」、「不見天」等景點。最值得一遊的是海棠峪。它有 30 多里長，峽谷兩側如壁，高達二三百米，寬度不過 10 米，最窄處僅容一個人透過，這種峽谷在地理學上稱為「嶂谷」。因為這裡遍生野海棠，花開時節，滿山如錦，

四野飄香，所以叫海棠峪。百里峽三大「絕景」──「老虎嘴」、「一線天」、「天生橋」都在這裡。「老虎嘴」是一處狀如老虎血盆大口的山體，虎口中有一潭積水，雨季會下瀉成瀑布，雄奇而險峻。到了「一線天」，峽谷在這裡收成一條地縫，穀底每天只有幾分鐘能見到太陽。「天生橋」更是人間奇觀，它凌空飛架，連接兩山，跨度有十多米，下面橋孔有 6 米，真可謂鬼斧神工，天設地造。但據科學考證，它是由溶洞演化而成的。

▋白草畔為什麼有獨特的高山景區

百里峽以幽深的峽谷而稱奇，白草畔是以獨特的高山景色而聞名。白草畔是野三坡的至高點，主峰海拔近 2000 米，是京西四大高峰之一。這裡至今還保存有一萬多畝的原始森林，這在人口稠密，經濟繁榮的京西乃至整個華北極為少見。景區動植物就有 15 種之多。白草畔因為草木繁茂，植物品種多，一年中除冬季外，三季山花爛漫，色彩斑斕，香氣四溢，成為名副其實的天然大花園。景區內山泉豐富，溝穀間到處都是淙淙的泉水，潺潺的溪流。景區「螞蟻嶺」可看到色如紫銅，通體暗紅的螞蟻，罕見的蟻巢令人驚歎；還有僅憑兩個極小的支點矗立於懸崖之上，五米見方，幾十噸重的「風動石」，人立在上面，會覺得隨風搖動，驚心動魄，給遊人帶來奇特或驚險刺激。而白草畔最具特色的景緻還要算「六月冰川」和「二林競秀」。所謂「六月冰川」，是說每年 6 月份，山下已暖意融融，鳥語花香，而峰巔之上，仍有長達百米的冰川。這一奇觀，真令遊客叫絕。「二林競秀」指白草畔紅色安山岩石柱突起，造型奇特，引人遐思，大面積原始森林遮天蔽日，禽獸出沒，清幽而神秘，原始森林和安山岩石林生於一處，共同構成雄、奇、險、怪的景觀，是百草畔風光的精華所在。

▋龍門峽為何被譽為「歷史文化長廊」

龍門峽景區群峰競秀，斷崖絕壁高聳入雲，谷中清泉溪流激浪奔騰，景色尤為壯觀。有大龍門城堡、摩崖石刻、蔡樹庵長城三處河北省重點文物保護單位。

大龍門城堡是明長城「內邊」上的重要關隘，被譽為「疆域咽喉」，此地三峰鼎立，形勢如門，原是京都通往塞外的交通要道和兵家必爭之地。城堡週邊長約四華裡，有東西兩門，城北隔河相望，建有炮台三處，構成了一個完美的古代關隘防禦體系。

蔡樹庵長城蜿蜒於崇山峻嶺之脊，全長約四華裡。多以築牆為主，形成一道人工築成的防禦屏障，此段長城建有敵樓六座，造型美觀，結構精巧，建築各異，是明代中葉以後所建成。一般高達 12 至 13 米。多數為一樓二門，辟有十個箭窗，分上、中、下三層。佇立樓頂，極目遠望，塞北起伏奔騰的群山，剪子樑上的積雪盡收眼底，令人頓增豪邁之感。

龍門峽摩崖石刻：金、明、清各代都把此地視為軍事要塞，重兵把守。峽谷兩側峭壁上的題詞、題字就是當時駐守關隘的將軍留下的真跡。縱覽全峽刻字，多達二十餘處，內容分兩類：一為描述關山險要雄偉以振軍威；另一類則是描述山河壯麗俊秀，以激發將士愛國熱情。這是華北地區規模最大的摩崖石刻群，被譽為「歷史文化長廊」。

▌為什麼白洋淀被譽為「華北明珠」

白洋淀位於保定市東北安新縣境內，距北京 120 公里，是華北地區最大的淡水湖泊。

白洋淀有大大小小 143 個澱泊，相傳是當年嫦娥飄離月宮，不慎將隨身寶鏡落入人間，摔成了 143 塊化成的。這只是美麗的傳說，其實它是一片平原窪地，聚上游九河而成的水泊。這片湖泊並不是一片汪洋，而是由 3700 多條濠溝、12 萬畝蘆葦分成了 143 個大小不同，形狀各異的澱泊。水面間點綴著片片汀洲，洲島上的村莊星羅棋佈，園田交錯。風景秀麗、氣候宜人，是天然的風景區。春天，澱水清澈、煙波浩淼，葦芽青翠，生機勃勃；夏天，水鳥翩翩，秀葦搖曳、蓮葉接天，荷花映日；秋天，蘆花紛飛，稻穀飄香，鴨鵝成群，漁舟泛湖；冬天，地凍冰封，一片碧玉，冰床急馳，如飛燕穿梭。一年四季，水光天色美不勝收。近年來，澱區又開發了許多旅遊景點，供遊人欣賞。鴛鴦島是白洋淀中最大的一個景點，島上建有水泊梁山宮，可供參

觀；還可乘坐觀覽車，在高空鳥瞰全澱的迷人風姿，可駕駛衝鋒舟翔翔水面，盡情展示青春的活力，或坐水上單軌車娛樂遊玩，也可駐足特產小攤，選購些雞頭米、蓮子芯，餓了、累了能為您提供就餐、住宿等各種服務。九龍潭遊覽區建有三華裡的木製走廊，徜徉於走廊，可盡情觀賞小島上莽莽蘆葦蕩和澱泊裡疊疊荷花叢。聖水玉景點塑有幾尊大佛，還有手持滴水瓶的觀音菩薩，所滴「聖水」可「包治百病」。後院還建了一個「小兵張嘎宮」，展示了澱區人民在抗戰中英勇不屈的精神和戰鬥生活場景。荷花澱是白洋淀又一壯觀景區，碧水藍天間，豔麗多姿的荷花競相開放，碩大的荷葉，肥美的蓮蓬一望無邊，真不愧十里的荷香，人間仙境啊！乘船遊覽的姑娘們，見此美景，都不禁要唱起動聽的歌曲，宛如天上的荷花仙子，飄臨人間。

▌白洋淀的名與楊六郎有何關係

　　白洋淀眾多的淀泊和島嶼各有各的名字，大多是根據它們的形狀和出產取名，但也有不少地名蘊含著一個個歷史傳說或神話故事。燒車淀，是說宋代的楊六郎任安州（安新縣）團練使，鎮守白洋淀北邊的雄關，當時白洋淀通往雄關有一條很窄的土路，只能容一輛單車透過，人稱宋堤。一年北國韓昌率遼大兵南犯，宋兵退守白溝河對峙。一日，楊六郎想出破敵妙計，他命宋兵埋伏在宋堤兩旁的蘆葦蕩，自己與韓昌大戰，假裝敗退，將敵兵的人馬糧車引入宋堤，未等韓昌反應過來，蘆葦蕩射出無數火箭，由於路窄，敵軍車馬不能掉頭，大火將北國糧草戰車燒了個精光，宋兵大勝，從此這裡取名燒車淀。撈王淀傳說更為離奇。清代，皇帝在白洋淀修築行宮，常來淀區狩獵。一次，一個叫李登龍的後生正在打魚，見一個裝飾華麗的龍船緩緩駛來，船上絲竹悠揚，歌女們載歌載舞。突然淀中起了大旋風，淀水浪濤翻滾，龍船被打沉，李登龍跳入水中，救上來一個身穿寬大龍袍的人。他聯想到剛才龍船上的情境，心裡明白一定是乾隆帝，就把皇帝領入家中，給他換上乾衣服，又做了一頓玉米麵餅子熬小魚，皇帝吃得很香。吃飽後問李登龍：「真好吃！這叫什麼飯？朕從來吃過。」李登龍說：「半蒸半煮（鍋上邊貼餅子，下邊熬魚）。」從此「半蒸半煮」成了御膳，「撈王淀」這個名字也叫起來了。

另外，白洋淀的鴛鴦島、九龍潭等也都蘊含著一個個美麗的故事，你不妨到淀上來聽一聽。

承德磬錘峰有多高

磬錘峰古稱石挺，是承德的名山之一，也是承德旅遊勝地的標誌性山峰。該峰位於市區東北武烈東岸的山巔之上，海拔 596 米，上部直徑 15.04 米，下部為 10.7 米，高 38.29 米，山峰就坐落在一個通高 60 米的山台上。

磬錘峰不僅形狀稱奇，更奇的是在峰的半腰還生長了一顆桑樹，樹為蒙桑，高 3 米，直徑 30 公分，別看樹不大，可它已有 300 年的樹齡了。每年結出的蒙桑甚又肥又大，當地百姓說吃了這桑甚可治百病。桑樹同石挺都是大自然的傑作，結合的天衣無縫。真是「蒙桑賴石峰生存，石峰因蒙桑生趣」。在峰北 300 米處有一石崖，清代在此建了一個小廟，廟內有摩岩石刻，從北到南分別為彌勒佛、七世達賴、宗喀巴、五世班禪、不動金剛、米拉日巴和吉祥天丹。峰的東北山坡有石幢，上刻四字，但何字何意已無人知曉。

現在磬錘峰風景區還建了索道，專門運送旅客欣賞山谷景觀。索道全長 1620 米，是全中國目前較長的座椅索道，全程行 42 分鐘，共有 174 個座位。索道依山而建、翻山越谷，既可觀孤峰突起的磬錘峰，又可看風景美麗的避暑山莊。

羅漢山一年四季景色如何

承德是一座山城，處在燕山腹地的一個盆地之中，被群山峭壁包圍。其東山有一座形狀如一尊撫膝趺坐的老僧，所以人們叫它羅漢山。羅漢山是承德週邊十景之一。

羅漢山高 120 多米，坐東面西，頭、胸、腹、臂歷歷可見，而且比例勻稱。它挺胸凸肚，安然靜坐，閉目養神，悠然自得，一副憨態，令人忍俊不禁。康熙皇帝說，磬錘峰是它扔掉的磬錘，僧冠山是它扔掉的帽子。

羅漢山還有一個美麗的傳說。相傳天神降龍羅漢被唐僧派到承德管理仙草神藥，以普渡眾生。可降龍羅漢沒有去辦正事，整日飲酒作樂，酒醉不醒，被雲遊的孫悟空發現，抓了一把泥糊在了羅漢臉上。並回去稟報了師傅。唐僧命八寶金身羅漢去查看。金身羅漢生氣，用手一點狂風大作，風過之後把降龍羅漢變成了石頭羅漢，永遠坐在那裡。

傳說當然不可信，只是以景造事。可羅漢山的美景卻是真的。羅漢山一年四季都有秀麗景緻。春天羅漢山草木蓬生，映山紅花、杏花、桃花開滿山，「羅漢」身披粉紅色的袈裟；夏天，滿山綠色，它又改換成了綠色袈裟；秋天，金色籠罩，它又黃袍加身；冬天，白雪覆蓋，「羅漢」又銀裝素裹。在羅漢山腳下，洶湧的武烈河為它唱歌，碧綠的湖水是它的梳妝鏡。站到羅漢山上可見山水相映，避暑山莊似一巨大盆景盡收眼底，與雄偉的磬錘峰遙遙相對。

承德也有「五指山」嗎

站在避暑山莊「四面雲山」亭中，向東南方嚮往去，可見一處峰巒之顛，突兀矗立的石峰。石峰一字排開，由高低不齊的五個銳峰組成，其狀同人的五指相同，所以人們叫它「五指山」。《承德府志》說「五峰纍纍若雞冠」，所以人們也叫它雞冠山。現在承德人叫雞冠山的為多，而叫五指山的為少。

這五座連峰，陡峭如刀削，無路可攀。最高點海拔 936.5 米，石岩間灌木叢生，給嶙峋的山崖抹上斑斑綠色。登臨峰下，舉目遠望，群山巍巍，連綿不斷；灤河水，如一條銀龍蜿蜒遠去。石峰南側深谷中，有饅頭山、龍王墳等奇峰異石，與雞冠峰比奇爭變。石峰北側，則糧果飄香，一派田園風光。

「天下名山僧占多」。石峰下有元代所建靈峰寺，據碑刻記載：元初建廟，至元二十四年（1287 年）立碑。該寺為承德寺，現廟已不存，只留遺址。攀山路，登雞冠，真正走進了自然。再聽一聽山村百姓講的「金雞吃壽蠍」的美麗傳說，更增加了許多神秘感，更令人頓生感歎。

湯泉為何備受皇家青睞

　　湯泉位於遵化市西北湯泉村東，距縣城 18.5 公里，歷史上曾是皇家洗浴之地。這個湯泉歷史悠久，而且很有特色，早在 1300 多年前就被開發利用。當年唐太宗李世民東征時，就曾在此駐蹕沐浴，並賜名為「福泉」。湯泉周長約 23 米，四周由大理石砌成，池上有石欄，建有「流杯亭」。明萬曆 5 年（1577 年），戚繼光任薊鎮總兵時曾修葺湯泉。泉水水質甚佳，內含硫磺等多種礦物質，常浴可健身。清朝皇帝對湯泉尤為酷愛，康熙皇帝不僅多次到此，題詩作賦，修整池館，而且建造了別具一格的流杯亭。該亭為八角攢尖頂，簷下雕龍，下有石凳，亭內頂端有木雕雲龍，探頭俯視亭內。地面石板上刻有「S」形水道石槽，熱氣騰騰的泉水從池南的石雕龍頭引入石槽。如在亭中設宴，將盛酒的酒杯放在亭下環形石槽內，杯隨水漂，在「漂杯」的過程中，水燙酒熱。這種流杯飲酒之法，古已有之，但利用溫泉「流杯」，卻是湯泉的一大特色。湯泉北百米處有六棱碑及清代皇帝的行宮，現行宮改建成工人療養院。這裡群山環繞，綠樹成蔭，環境清靜，可觀瞻古蹟，洗塵健身。

靈山風景區有哪些神奇之處

　　靈山為冀東名山，位於長城腳下的遷安市。在這裡你可以領略到靈山、聖水、神樹的風采，而且我們還會為你講述那古老而美麗的傳說。

　　形狀各異，色彩斑斕，鬼斧神工的巨石為靈山所獨有。人們依據其形狀，起名石夾、石椅、石櫃、石鼓……，並寄予良好的祝願：久摸此石可延年益壽、消災避邪、財源滾滾……，因而被當地人視為珍寶，冠名以長壽石、藏寶石等。相傳這是女媧補天煉石處，補天所剩下的一塊五彩石化作通靈寶玉轉世人間，若干巨石的邊角料遺棄在靈山。女媧補天后，其張開的五指手影化作五座山峰，巍然聳立，故靈山又名五峰山。五峰山風格獨具，春夏之交，雲霧繚繞，玉帶纏腰，透出一股靈氣、仙氣。靈山南邊山峰幽谷深處的飛流瀑布，分上下兩層，落差十餘米，能讓人感受「飛流直下」的氣魄，為北方所少見。

靈山神奇的「聖水」井，深不過一丈，闊不滿三尺，而常年井水似滿非滿，且久雨不溢，久旱不枯，冬溫夏涼，清冽爽口。經化驗，「聖水」含偏氨酸和微量元素達 20 餘種，此水比礦泉水價值要高幾倍，實屬神水、寶水。

靈山腳下有棵銀杏樹，據科學家考證，此樹經歷了 2600 多年的悠悠歲月，至今仍枝繁葉茂，顯示出頑強的生命力。據遷安縣誌記載：「此樹圍有八抱，高可五丈，亭亭然，植於路旁，每年結果數百斤。」目前中國 500 年以上的古銀杏不足 80 株，2000 年以上更屬罕見。相傳此樹為春秋五霸之一齊桓公親手所植，人們把此樹視若神明，譽之「神樹」。

▍天橋山下的「石牛」為什麼會叫

天橋山與朝陽古洞毗鄰，是承德十大名勝之一。此山凌空橫臥，欲接蒼穹，因其山頂巨石中空，遠遠望去，宛如一架連接人間與天堂的橋樑，令人躍躍欲攀。天橋長約 180 米，寬 6 米，橋面平坦，兩頭微微上翹，橋下面有兩個天然橋拱，一個跨度約 25 米，另一個跨度為 6 米。民間傳說，凡成仙者必走此橋，如從天上被貶成凡人也必走此橋，所以凡是有志者都想從此橋上走一走。

天橋山最奇妙之處就是橋下會叫的「石牛」了。這是天橋山風景區的一絕。拱橋下，有一懸臥的大「石牛」，當你爬上牛的脊背時，石牛便輕微的晃動起來，同時發出「哞哞」的叫聲。如再爬上三五人，石牛仍能晃動和發出叫聲。石牛為什麼會動？怎麼會發出叫聲？當然少不了民間傳說為你做出解釋。相傳玉皇大帝走天橋，訪民間疾苦，發現百姓泥裡來水裡去很辛苦，就派金牛星告訴百姓說，一天吃一頓飯，洗三次臉就可解除疾苦。金牛怕百姓餓死就改為吃三頓飯，洗一次臉。結果犯了違背玉皇命令罪，被點化成石牛。人們爬上牛背，牛發出聲音就是金牛對天帝的憤怒不平的喊聲。

現在，石牛會叫能不能做出科學的解釋？當然是可以的。但這個問題總是留給了聰明的遊客，或許更能增加對天橋、石牛觀賞的興趣。

▌潘家口水庫內為什麼有「水下長城」之稱

　　潘家口水庫位於燕山深處的寬城縣境，距縣城 25 公里，距承德市 135 公里。景區處於燕山山脈東段，是個群山密集、溝穀縱橫、山坡陡峭的地方。水庫建成後，水域面積達到 10 萬畝，成為華北屈指可數的大型人工湖。150 平方公里的生態山林構成了綠色的海洋。中國「引灤入津」水利樞紐工程雄偉壯觀。從空中俯看水庫，浩淼宏大，水面如鏡，使人心曠神怡。

　　潘家口水庫被密集林場所包圍，成為長城腳下的一顆璀璨奪目的明珠。從壩口乘船沿途可見不可勝數的風光，沿黃金水道溯水而上，走蘭旗地、椴木峪、燕子峪、西安峪、暖河塘、瀑河口、城牆峪等，既可看到「江南風光」，又可觀沿途山林畫廊。

　　潘家口的水上長城和水下長城極為壯觀。自「引灤入津」工作攔河截流後，喜峰口長城就被淹沒水下，關城高出部分的還可露出水面，關城兩側城牆淹入水中。長城在水下時隱時現，在水波湧動下如一條蛟龍在遊動，被稱為「水下長城」。露出水面的東西兩側長城像一條飄帶向山峰延伸。這裡獨特的人文景觀和自然景觀融為一體，是二者的有機結合。潘家口水庫沿岸有多處勝境和歷代的詩文碑刻及動人的傳說，令人有無限遐想。

▌豐甯白雲古洞周圍有哪些洞穴

　　豐甯白雲古洞，又稱白雲峽谷，由陡峭的山峰、奇特的山洞、曲折的峽谷和古蹟寺廟組成。位於距承德 45 公里處的蓮花山。景區占地 4 平方公里。區內峭壁環立，澗道峰迴路轉。景區口只一道山塹，左右矗立的山峰自然形成山門。關於白雲古洞的景點，當地群眾總結為一句話即「三寺、六山、九景、十二洞」。

　　「三寺」。為寶華寺、青雲觀、隱仙庵，是人文景觀的精粹。其中寶華寺建築規模宏大。傳說是一名打獵的人進山，看到這裡山清水秀，很有靈性，就下決心籌款集資建了寺廟。他本人便成了蓮花山的開山祖師。

「六山」。進入白雲峽谷，左右環顧，就可見到重重疊疊的山峰。這些山多以形定名，有筆架山、邊牆山、虎頭山、臥獅山、望吼山、雞冠山，山峰各有奇形，峰間隱藏怪石。

「九景」。傳說貼近事理，形象逼真。依次為一線天、仙人橋、風動石、小月牙天、大月牙天、仙人掌、百丈谷、三井、連蔭寨。

「十二洞」。大自然的造化，鬼斧神工，造就了許多山洞，使人目不暇接。有白雲洞、哈哈洞、二仙洞、子午洞、白骨洞、修真洞、蛇仙洞、虎仙洞、鶴仙洞、無底洞等。白雲洞面積最大，洞內有 600 平方米，可容千人有餘；哈哈洞最高，可遠眺外朝河；仙人橋是山腰的透體洞；二仙洞兩洞相通；賜福洞穿透殼底；無底洞深不可測。白雲洞景區古木攀枝，遮天蔽日，朝霞暮靄，氣象萬千。

承德滴水崖瀑布風光如何

承德滴水崖位於承德地區承德縣下板城鎮北圈村與老梁溝門村之間的灤河左岸上。距下板城 10 公里。滴水崖又名珍珠崖，灤河從崖山腳下而過，山勢陡峭盤旋數十里，山上松柏蒼翠，積翠成屏，崖山臨河，石壁峭立，山腰有石洞，流泉錚琮，珠璣迸落，所以叫滴水崖。

滴水崖頂上是一塊幾十畝大的平地，生長著鬱鬱蔥蔥的灌木及奇花異草，在平地裡側是更高的懸崖，險不可攀。在平地裡有一泉眼，泉水從眼口汩汩流出，至斷崖直瀉而下。斷崖從出水至崖底落差有 20 餘米，形成了天然瀑布。尤其是雨後，崖水增大，如珍珠簾掛於半空中，聲震如雷，崖底濺起幾米高的水柱，實為壯觀。瀑水小的時候，可以看見崖壁上有被水劃出的一道道溝槽，這些溝槽記錄了滴水崖數萬年的歷史。在晴天，崖前噴珠吐玉，麗日飛虹。到絕壁溝底抬頭仰望令人頭暈目眩，細雨飛濺，甚感涼爽。

山崖周圍還有許多景點，如通天洞、指天石、紅龍洞、二朗神歇腳地等。站在山崖高處可觀像帶一樣的九曲彎彎的灤河。每當細雨霏霏，薄暮冥冥之

時，景色更加迷人，瀑布與細雨連成一片，溪流與天河融為一體。正如柳宗元描繪的一樣：「江如青羅帶，山如碧玉簪」。

木蘭圍場面積有多大

木蘭圍場是清康熙二十年（1681 年）設立的，它位於北京通往內蒙的交通要道上，位於承德市北 150 公里。木蘭圍場北高南低，為蒙古高原南緣，平均海拔 1200 米左右。人們通常稱為壩上草原，壩下是崇山峻嶺的燕山山脈，這裡氣候溫和，雨量充沛，植物繁茂，水草豐美，野生資源特別豐富。

木蘭圍場是清朝的重要活動場所，經過了康熙皇帝的精心策劃，木蘭秋獮成為加強對蒙古管理的重要措施。圍場位於京師之北，可造成拱衛京師、北控蒙古草原，聯繫北部少數民族上層人物，鞏固北方邊陲的作用。同時，也是訓練清兵作戰能力的場所。

整個木蘭圍場全是皇家狩獵練兵的場地。全部用木欄圍了起來，形成了一個木製長城，周長達 750 公里，占地面積為 10400 平方公里。今日圍場縣的地界，大體接近原來的皇家狩獵場面積。

在如此之大的圍場內，按照地形變化又分成 72 處小圍場，每年只是在部分小圍場狩獵，並且每年輪換一次，以便野獸繁殖。木蘭圍場樹木遮天，草甸豐美，各種動物達數十種，為皇家狩獵提供了優越條件。據統計，康熙在位 61 年，來此行獵達 48 次之多。乾隆在位 60 年，舉行狩獵達 47 次，到嘉慶皇帝在位 25 年，也行獵達 15 次。

朝陽古洞因何得名

朝陽古洞，位於承德市郊 18 公里處，始建於康熙四十年（1701 年），屬於一處民建官助的道觀。

朝陽古洞在海拔 720 多米的懸崖峭壁之上，為天然溶洞，正面無路可攀，只可仰視。該洞深 60 米，面積約 0.5 平方公里。若從背後迂迴上山，從山上俯視，在一座長滿樹木野草的土山上，突兀拔起幾十丈高的石崖，石崖中間

有一洞，洞口兩側有雕樑畫棟建築，掩映在綠樹中，這就是朝陽洞口。洞口上下是光滑的岩壁，令人看後雙腿發軟，根本不能攀登。不過遊人可以沿山間小道，拾級而上，順路而尋就可找到另一個洞口，朝陽洞的西洞口。

在朝陽洞的周圍，還分佈著大小石洞上百個，大者如瓊樓廣廈，小的只能藏一個人。而且，洞中有洞，洞外有洞，洞連洞，走進洞中就像進了迷宮一樣。《承德府志》說：「曉日東初升，光照石罅，隔山可見朝陽」。原來朝陽洞大洞口正對東面，初升太陽穿過重山，直接照到洞口，洞口燦爛輝煌，因此得名朝陽洞。

■霧靈山為什麼稱為「京東第一山」

霧靈山，又名「五龍山」，古稱「伏凌山」，位於興隆縣城北 30 公里處，距承德市 160 公里。霧靈山為什麼稱的起京東第一山？理由主要有三，一是歷史名山，名勝古蹟多；二是國家重點自然保護區，省級森林公園；三是為燕山主峰，海拔 2116 米，方圓 860 公里。

霧靈山是一座天然動物園、植物園。早在 300 多年前，這裡就被清朝封為清東陵的「後龍鳳水禁地」，生態保護一直很好。霧靈山植物繁茂，鬱鬱蔥蔥，山上生長有 488 屬、989 種植物，其中僅人參、靈芝等中藥材就有300 種，尤其是野生櫻桃是中國北方現存的一種稀有珍貴藥種。在原始森林裡動物成群，生存著豹、獐、麃、羚羊、猴和石雞等幾十種野生動物。由於山上山下氣溫差異大，所以植物成帶狀，垂直分佈，形成一道道美麗的風景。霧靈山陽坡叫萬花台，陰坡叫清涼界，分為歪桃峰、仙人塔、龍潭、清涼界四大景區。

霧靈山名勝古蹟遍及山中。入山有石碑一通，是一個罕見的大石碑，高20 米，寬 10 米，上刻明朝大臣劉基所題「霧靈山清涼界」6 個 2 米見方的大字。在半山腰萬木叢中有天然石塔「仙人塔」，高 50 米、直徑不足 10 米。此外還有落差 58 米的「龍潭瀑布」，花海如洋的「蓮花池」，霧靈極頂的「七盤井」及「歪桃峰」、「紅梅寺塔」、「丹鳳石」、「三柱香爐」等景觀。

每到盛夏，霧靈山雲霧籠罩，人至山腰，可觀峰巒雲濤，使人猶如進入天宮仙境一般。

▌霧靈山古洞深潭中為什麼有風聲和流水聲

古洞深潭是霧靈山的一大奇景。洞廟是霧靈山上一座規模不小的廟宇，共有 50 多間房舍，是清朝初期的建築，房屋依山傍林，散落各處，環境十分幽靜。

洞廟的洞，叫做「古洞深潭」。站在「深潭」外還不是潭，而是五間寬敞的廟宇，往裡去就是洞口，再行數步則到了深潭的狹窄部分，裡看有一清澈見底的水池，池水冬暖夏涼。過水池再繼續往裡走，突然出現了寬闊的洞腹，在這裡，可以聽到洞內深處呼呼的風聲和嘩嘩的流水聲。這風聲、水聲可引起遊客的無限想像。有人說風水一家親，是風婆婆和水母娘娘的對話；或說洞外水聲和風聲傳入洞內。還有人猜測，深洞一定和霧靈山相通，才有聲音傳過。風聲和流水聲到底從何處傳來？至今無人能說清楚。好奇的遊客，你不妨來此親耳聽一聽這神秘又悅耳的聲音。

▌京西「珠穆朗瑪峰」在哪裡

近年來，河北涿鹿縣開闢了一處東靈山生態旅遊區，游區位於縣城東南 50 公里的礬山鎮，北靠官廳湖，東距北京 220 公里，總面積達 3680 公頃。區內主峰海拔達 2303 米，是屏護北京的最高峰，被譽為京西「珠穆朗瑪」。

生態旅遊區內以擎天柱東靈山為主軸，又分割數個景區：東靈山景區、塔寺景區、北靈山景區，共有 160 多個景點。區內有海拔 1700 米以上的萬畝草甸，為華北最大的空中草原。東靈山奇峰怪石，流水潺潺，紅的、黃的、紫的野花遍野，綠草茵茵，百鳥爭鳴。景區內森林垂直分佈，有樺樹、椴樹、松柏樹達 1840 公頃。京西最高峰直插雲天，周圍怪石嶙峋，千姿百態，有勝景二郎山、仙人台、大郎山、臥虎石、南天門、鳳凰峪、雲頂高原、靈山日出，還有終年不化的萬年冰等。

在京西最高峰底，分佈著許多人文景觀，冰溝景區內有靈雲寺，有許多遊人前來遊覽、許願和朝拜。朝陽洞為靈山藏經洞，傳說洞內藏有大量經書，此洞神秘莫測、洞洞相連，曲徑通幽，進洞觀看，令人驚奇感歎。景區內還有令人神往的金獅朝佛、飛天閣、僧冠山、仙姑台、將軍石、石佛灣等景點，可謂一步一景，人移景變，景景相連，妙趣無窮，好似人間仙境。

整個靈山旅遊區森林草甸覆蓋率達95%，野生花卉190多種，中草藥570種，野生動物達185種，有國家一級動物穿山甲、褐馬雞等，專家稱這裡是天然動物園、植物園。

▌赤城龍門峽為什麼又稱捨身崖

從赤城縣城北行18公里，到雲州水庫不遠就到了捨身崖。捨身崖原名為龍門峽，在1500年前又稱獨固門。現名捨身崖是什麼時期改的呢？這裡原來有一個悲壯的故事。明正統十四年（1449年）韃靼酋長也先瓦刺入侵，明英宗在太監王振的唆使下率兵親征，兵至土木堡，中埋伏被俘，歷史上叫做「土木之變」。倉上堡千總田坤在這次事變中戰死，田坤的女兒，因君俘父亡，不勝悲憤，遂跳龍門崖而死。人們為了紀念這位捨身成義的烈女改名為捨身崖。後人在崖上鑿石架木，築觀音閣。上書「捨身大士」四字。下刻捨身大士石像，刻一女子端坐蓮花盆內，栩栩如生。

捨身崖上石刻文物較多。進峽絕壁上有巡按直隸檢察禦史孫愈賢題的「朔方屏障」大字，關中屈叟善題的「三路咽喉」及《龍門崖聯句》：「龍門關外龍門口，關外重關關外關，雲自穿荒開日積，雨從太古去時還。懸崖磅礴乾坤表，峭壁巉岩天地間，形勝千古歸鎖鑰，匈奴莫敢過陰山。」這首詩說明龍門峽地勢險要，屬軍事重地，交通要衝。1970年這裡築成了一道大壩把白河水攔腰截斷，形成了蓄水一億立方米的龍門水庫，可發電1200千瓦，庫水養魚澆地造福人民。

赤城滴水崖勝景知多少

滴水崖是赤城縣名勝之一。位於縣城東南 35.5 公里處。此崖高 180 丈，呈丹褐色，系火礫岩。崖頂有一洞，名叫碧落洞，洞中有一泉，泉水滴瀝而出，故名滴水崖。

崖的正中有一個方形洞、深不到 2 米，但很高大，原有大雄寶殿，洞口側有一聯「關外名山，壁立萬仞」，字二米見方，正中刻「塞奇觀」。往東走，崖半腰還有一座石窟，洞裡刻滿大小佛像，正面石案上有七尊坐佛像和三尊站佛像，背後石壁上全都刻有雕像，全洞共有 108 尊，所以，這洞稱為千佛洞。崖的西南方向山腰上有大小石窟八個，總稱朝陽觀。第一窟是泰山殿，雕石佛 14 尊，中有三位娘娘，兩旁四大元帥及侍者站像。泰山殿外，迎面而出的一山高百丈，壁立陡峭，十分雄偉挺拔，上書「天柱」。西邊還刻有「乾坤柱石」字樣。從泰山殿西出就是三官殿，殿內有天、地、水三官石雕坐像和四侍者站像，左右還有六個武士。三官殿出西南方，又有三教殿，供奉釋迦牟尼、太上老君、孔子石像，兩旁是儒家四大賢人。往西去還有水母殿，殿內有水母石像，洞內有一清泉。緊挨水母宮的還有玉皇閣，樓閣分三層，下層文昌閣，中層三皇，上層為三天尊。

滴水崖從明嘉靖二十五年（1546 年）始建，直到明末尚未完工，前後共一百餘年。給後人留下了寶貴財富。此處，名勝多，風景佳，是一處絕好的遊覽勝地。

赤城溫泉為什麼稱為「關外第一泉」

赤城溫泉是中國著名的療養勝地和旅遊休閒勝地。地處湯泉河畔周裡溝，距縣城 7.5 公里。

溫泉早在明朝萬曆年間就冠譽「關外第一泉」，這是為什麼呢？理由有三：一為此泉歷史悠長，有史記載 1800 多年，早在漢代桑欽所著《水經》裡就有記載，北魏水文地理學家酈道元所作《水經注》注中又有詳細詮釋。是歷代著名的洗浴場所。到元朝溫泉遭到破壞，房舍拆毀，泉淹沒於荒草之

中。後明朝將領楊洪，披荊斬棘，重新發現此泉，並於 1430 年、1445 年兩次擴建此泉，立碑稱譽「關外第一泉」。二是文化蘊藏深。溫泉有八景：「曲溪煙暖」、「急澗轟雷」、「邃淵珠語」、「趵突星飛」、「金波月夜」、「琪樹朝霜」、「紫氣凌虛」、「青松聳岫」，這八景各顯特色，總匯為優美畫廊。從明到清，有不少官員、墨客文人前來游賞，有感歎、有詩贊，也有題詠。康熙皇帝曾親奉太皇太后前來洗澡，泉旁邊有康熙題「洗心」二字，抗戰時期吉鴻昌將軍題詞「洗恥」以示抗日決心。其三溫泉所以為第一，是它的水質水溫好。泉水水溫高達 68℃，含有鈣、鈉、氯、硫酸鈉、硫酸銀、溴氟等 29 種化學元素和化合物。對治療關節炎、皮膚病等有顯著療效，對搔癢治癒率達百分之百。解放後溫泉療養院進行了擴建，美化了環境，增加了休閒設施，使遊人更方便，更舒適。

雞鳴山為何稱作塞北名山

　　沿京張高速公路到下花園，便能看到雞鳴山。雞鳴山海拔 1128.9 米，面積達 17.5 平方公里。雞鳴山結構複雜，山峰與山腰部的岩石各不相同。山勢突兀、平地拔起，孤峰插雲，遠看十分壯觀，所以有「參天一柱」之稱。也有「飛來峰」之稱。據地質部門考察，此峰的形成是十億萬年前古代地震堆積而成的。

　　雞鳴山成名已有 2400 年的歷史了。據府、縣誌記載：2400 多年前，趙國趙襄子即位後，殺了他姐姐的丈夫代王，隨即迎其姐，行到雞鳴山下，代夫人聽說弟弟殺了丈夫，痛心疾首，隨即用磨笄（頭上插的簪）自刺而亡。當地村民為了紀念這位剛烈夫人，就在山頂蓋了廟。後因常有成群結隊的野雞在祠廟屋頂鳴叫不息，故把山定名為雞鳴山。

　　北魏、唐、遼、元、明、清歷代，都在雞鳴山上興寺建觀，最盛時寺廟有 108 間。山中最古老的道觀為北魏孝文帝太和五年（481 年）建的碧霞元君殿，最大的寺院是半山腰的永寧寺。傳說北魏孝文帝、唐太宗、遼聖宗、蕭太后、元順帝、明英宗等都曾登過此山。清康熙皇帝曾四次臨駕下花園，二次登雞鳴山。他休息過的「熙龍石」至今保存完好。

雞鳴山孤峰插雲，秀麗壯觀，夏秋季白雲環繞山腰，登臨山頂有如進入仙境的感覺。到雞鳴山旅遊有數處奇景可觀。一為南天門，要想上山頂，須透過一山門洞口，這段山路蜿蜒崎嶇，坡陡難行，一旦透過即可步入山頂，豁然開朗。另一奇景即避風橋，該橋由白石砌成。它橫跨頂峰斷崖之間，橋身西側有雕刻而成的石柱和石獅，站在橋上，憑欄四顧，身如懸空，橋頭前有一石碑，左右石壁都有雕刻的人物鳥獸圖案。橋中有塊石頭，人立其上，大風掠過也不覺有風，故稱「避風石」。

陽原溫泉為何久負盛名

陽原溫泉是該縣八大勝景之一。位於陽原縣城東三馬坊東澡洗塘村。古溫泉有悠久的歷史，遠在南北朝時期就有記載。北魏時，這裡曾修建過行宮 -- 溫泉宮。魏太后從平城（大同）乘車馬來此沐浴療疾。北魏《土地記》及《魏書列傳》、《陽原縣誌》對溫泉都有記載。據《察哈爾通志》記載：「北魏太和二年（478 年）春，孝文帝拓跋元宏，駕幸代之溫泉。三年，太皇、太后隨帝幸代之溫泉、問民疾苦，鰥寡者以宮女妻之。」《陽原縣誌・地理》雲：「泉出平壤，深丈餘，珠湧泡佛，噴溢於外，氣隆隆蒸蒸。旁覆小亭，A 石為池以供浴，療疾者皆在焉。」

陽原溫泉，屬高溫、弱鹼礦泉水，水溫達 43.5 攝氏度，化學物質含 30多鐘。主要有陽離子鈉、鈣和鉀、陽離子含碳酸氫根、氯硫酸根及鐵、鐳、鉻等。這些物質對治療風濕性關節炎、皮膚病都有顯著療效。

新中國建立後，這處溫泉建了療養院，成為洗澡療疾的佳處和風景優美的遊覽勝地。療養院外有潺潺流水的水庫，溫泉南去有桑乾河波濤，北靠著名琉璃八角井，井內有龍眼金魚，井水從獅子口淙淙流出，井旁有漢高祖劉知遠夫人擔水的「足跡」。這是一處令人神往的寶地，難怪前人把它與華清池相比，留詩曰「風光得並華清美，振衣亭畔午露凝。」

▌蔚縣空中草原有何迷人風光

　　我們從張家口出發經宣化向南就進入蔚縣境內了。在蔚縣南山深處，有一塊神奇的地方，這就是空中草原旅遊區 -- 甸子梁了。或許你知道古代巴比倫有過空中花園，那是人工造台，種植花草，規模並不大，而蔚縣的空中草原卻是天然造化，美麗無比。這裡海拔 2158 米，是華北最高的草原，面積達 32 平方公里。空中草原野花五顏六色，水美草肥，白雲飛渡。站在平地如毯的甸子樑上給人一種伸手觸天的感覺。這裡天地相接，氣候涼爽，不見蚊蠅，牛羊在草地上嬉戲，野生小動物不時出現，俯首下看，甸下峰巒疊翠，一望無跡。景區有許多自然形成的景點，每個景點給人以神秘之感。「老鷹岩」壁立千仞；「探崖岩」峭拔挺秀；「南北好姑娘石」亭亭玉立；「天池」幽然有致；「水淖」一泓明靜；「萬年冰」層層疊疊，晶瑩透亮。空中草原幾乎囊括了所有塞北風光，使人神往目眩。這裡盛產的沙棘、地皮菜、香蘑、山丹花等具有極高的食用和藥用價值。8000 畝落葉林濤中，出沒林中的動物有野雞、山兔、麅子、豹子、狐狸、野豬等，因此空中草原又是一個天然動物園，讓人驚歎無比。

▌金河口旅遊景點有哪些特色

　　自駕車從北京出發，走京張高速公路，由東花園口下，沿野康公路西行入 109 國道到西合營轉南到夏源，向東到金河口景點，這是一處自然風景區。

　　金河口山峰峻峭是特色之一，峽谷內山高嶺峻。這裡是河北的屋脊，最高山峰小五台東峰達 2882 米，為群峰之冠。這裡山水映襯，峽谷幽靜。山峰隨著高度不同，可變換四季景色。峰頂陰坡常年冰雪不化，而山下卻鳥語花香，植物繁盛。金河口特色之二是原始神韻濃厚，這裡有豐富的生物資源，是中國華北地區生態系統的典型代表。這裡有狐、豹、麅、兔、鷹、褐馬雞等動物，也有各種野草、野花、藥材等。中國外專家稱這裡為「天然動物園」、「天然植物園」。特色之三是景觀奇特，景觀集中溝底。依次排列，井然有序，一步一景，步移景變，主要有「東坡遺址」、「觀佛台」、「風動石」、「七彩石灘」、「一線天」等共 31 處景觀。特色之四是這裡食宿的地方化。

金河口渡假村，設有地方風格的賓館、旅館，也有風味獨特的風味小吃，「油炸糕」、「煎餅」、「豆腐乾」、「蕎麥飴餎」、「貢米粥」、「八大碗」等。在這裡還可以購到貨真價實的當地山珍 --榛子、山蘑、大杏扁、貢米等。

飛狐峪因何得名

飛狐峪，即現代的北口峪，又名神通溝，也叫黑風峪。位於蔚縣城南 30 里南山之中。飛狐峪以山峰怪異、穀幽奇險稱絕。其地形南北走向，神幻複雜，逶迤蜿蜒 40 里。飛狐峪是河北平原北方邊郡的交通咽喉。因而又稱飛狐道。

此峪道路貫穿蔚縣大山南北，現今仍是蔚縣通往淶源的行人便道。飛狐峪自古以來就是軍事要地，被稱為「扼晉冀咽喉，樹燕趙屏翰。」為歷代兵家爭奪廝殺的戰場，佔有者總是派有重兵把守。所以，古代又叫它飛狐關、飛狐首。飛狐關的由來，皆起源於飛狐口。此關口古屬常山郡，是常山郡與北方郡縣商業貿易、行人往來、交流物資的必行門戶，所以又稱常山關。

飛狐峪其險要，古代即流傳著許多神奇的傳說。飛狐峪真的有飛狐嗎？如果沒有為什麼會起這個地名呢？相傳飛狐口確實有過狐，並在紫荊嶺吃了五粒松子，就變成了飛狐，從此地名就叫做飛狐口。雖然狐吃松子變為飛狐是荒唐之言，但確實飛狐口就是由於這個故事而得名的。早在漢代就設置的飛狐縣，即現在的淶源縣，縣名就是由於縣城位於飛狐峪南而起名的。漢高祖劉邦對這個流傳故事也是認可的。

懷安虎窩山奇景知多少

虎窩山位於懷安縣西南邊境，西與山西天鎮毗連，南與陽原縣接壤。海拔二千米，山雖不大，但奇景不少。虎窩山上的「古松」、「虎臥石」遺蹟、天然的「仙人洞」都會把你帶入一個幽美的境地。

雲杉漢松根據虎窩寺廟碑記述，古松栽於漢代。漢松高約 20 多米，粗 3.67 米，看上去像一個巨大的傘蓋，樹旁有一天然巨石，遠望漢松巨石之上

常有雲霧繚繞。從盤山道進入寺院，有一顆獨特的古雲杉，翠綠的古雲杉雖有 2 米多高，但枝葉繁盛。紮根於山石中，顯得特別蒼勁，似乎是一個飽經風霜的「老壽星」蹲在那裡。「羅漢松」雖不算大，但它於漢朝壽峰寺同齡。

　　陰陽二洞虎窩山更奇特的是有天然陰陽二洞。陽洞，在寺南十多步，山的陰面，上有懸崖峭壁遮隱，洞口由林木蔽蓋。扒開林木，便可見一米多大的洞口，站在洞口有熱氣沖出，聽風聲呼呼，看深不見底。有人試著把紙片投入洞內，片刻就被洞中的風吹出。冬天陽洞暖氣如蒸籠，直衝洞口。清晨，如縷白煙；中午，似白練倒懸天空。明代進士張士範叫它「雪寶回春」。陰洞，位於寺東北數十步，洞頂有塊巨型龜形石覆蓋。洞口怪石林立，像一石獅，撥開洞口草叢，匍匐入洞，見怪石希奇，危聳的乳岩呈現眼前，洞內寬敞。如果是春天入洞，你會見洞隙內水滴漣漣。但到了伏天進洞，整個石洞就變成了冰雕玉琢的世界，那些冰串、冰柱、冰珠，晶瑩透亮。張士範給它取名為「冰天傲骨」。

　　石泉寺南四五百步遠，有石泉高懸半山腰，泉水由山頂滲下。石泉常年不枯，水略顯黃色。取一杯品嚐甘甜可口。水中含有草藥根莖成份，故可治病。附近村民常用此水來熬藥，療效顯著。

　　虎窩山有許多奇景，也有豐富的植物、動物，是天然的植物、動物園。

█白龍洞有哪些奇景

　　從張家口出發去白龍山，應走張家口至張北公路。到了壩底，可見層巒疊翠，再順盤山路來到壩頭，有萬里長城像一條黑龍蜿蜒山峰。在絕壁間的洞口上無梯，下無路，不知怎樣進得去。然而洞口煙霧繚繞，洞內有人聲，真是一處「空山不見人，但聞人語聲」的奇景。

　　要想走到白雲洞，還需費一番工夫，不走幾處奇險之地是不行的。順著芳草連天、山花遍地的小路下山，眼前矗立一座山峰，如巨斧劈出一半，無法攀登。經過仔細尋找，才在草叢中發現隱藏一洞口，人只能彎腰鑽進去，洞內漆黑，伸手不見五指，摸著洞壁前行，不一會兒前邊有了亮色，出洞口，

又是懸崖峭壁，下看是萬丈深溝，前面是「仙人橋」，過了這猿猴難攀的仙人橋，才到了白龍洞洞口。

洞內原有方丈禪堂，現已是遺址。再前行，就是原始山洞，正面有塊石碑，兩旁有平面巨石，洞深莫測，無人敢進。令人奇異的是在這海拔兩千多米的壩頭山腰處，還有一清泉，用方石砌成的小井，水池外有石刻龍頭伸出洞外。龍頭噴水甚為壯觀，陰天，水花飛濺，白練當空；晴天，層巒疊翠，懸掛一道彩虹，極為美麗。

冰山樑風景區有哪些特點

冰山樑風景區位於河北沽源縣東南三道林村境內，距縣城 46 公里，其主峰海拔 2332 米，屬陰山山脈東段，與老掌溝原始森林隔溝相望。

景區周圍山巒起伏，溝底溪流蜿蜒曲折。植物種類繁多，植被覆蓋面大。高山、草甸、密林構成一幅美麗圖畫。山頂積雪終年不化，所以得名為冰山樑。這裡夏日是旅遊最好的季節。站在山頂一望，晴空萬里，山澗雲霧繚繞。傍晚，霞光萬里，光芒四射，好似綵帶一般。眺首遠望，峭壁林立，古木參天，俯視腳底山花爛漫，山谷霧氣繚繞，深不見底。

樑上特別稱奇，山巔上有古烽火台，故樓等古長城遺址，更有許多神話傳說，給該地蒙上了一層神秘色彩。山巔上有一深洞，到洞口一看深不見底，洞裡懸一鐵繩，據說是用來綁巨蟒的，傳說遠古時代冰山樑叫「霧龍山」，山上有一巨蟒，能吞雲駕霧，呼風喚雨。它常吐霧使山澗雲霧瀰漫，傾盆大雨山洪暴發，使當地百姓遭受苦難，後來，天公降神，降服了巨蟒，用鐵繩綁在山洞。山頂上還有棋盤石，傳說是神仙下棋的地方。有歷史可考的還有明朝守將劉挺戍邊興疆的流傳事蹟。

為什麼說金蓮山莊是另類草原風光呢

金蓮山莊位於張家口沽源縣境內，距沽源縣城 50 公里，海拔 1800 米，總面積達 6 萬餘畝，有野生動物植物 1300 多種，是塞外天然野生動物植物園。

金蓮山莊渡假村是 1995 年開闢的山莊式旅遊風景區。它集旅遊、避暑、渡假、休閒為一體。

　　為什麼說金蓮山莊是另類風光呢？首先這裡有草原景觀和丘陵山勢的特色。莊內景區 10 處，景點上百個，看山有山，山莊不遠處有冰山樑勝景，山峰重巒疊翠，植物茂盛，隨海拔高度不同，生長著不同的植物圈，每層都給人以全新的感受。山石造型，或人、或物、或獸，天工造化，栩栩如生。水或湧於山巔，或繞於山腰，或溢於山澗。草原起伏曠達，天高氣爽，陽光明亮。草原花草達 30 餘種，其中有羊草、皮城草、冰草、無芒雀草等，夏秋之季，草高齊腰，傲風乍起，萬傾碧綠，蒼茫浩蕩。草甸上盛開金針花、野苜蓿、馬蘭、幹枝梅、蒲公英、水紅花、金蓮花、野菊花等。

　　這裡還有名勝古蹟與現代休閒娛樂的有機結合。這裡是北魏禦夷鎮、遼代梳妝樓、金代景明宮、元代察罕腦兒行宮、清代胭脂馬溝的故地，文物古蹟多，引人注目，發人深思，讓人回味。莊內 7 月溫度 16 度，空氣清新，環境優美，古樸的仿木結構木屋中，有現代歌舞，山珍野味，特色餐廳，遊藝、客房、游泳室、礦泉浴、靶場等設施齊全。古代的名勝建築與現代化的設施融為一體，這不就是另類嗎？

▌爐峰山有哪幾大奇觀

　　邯鄲磁縣陶泉鄉境內，大山起伏，層巒疊翠，主峰雄偉高大，從南側遠望，山形酷似一香爐，當地百姓稱為爐峰山。走近爐峰山，飛崖陡峭，山泉流淌，植被茂盛，古松倒掛，奇觀無數。山腹底部有始建於唐代的流泉寺，舍利塔基猶存。深山觀古剎，別有洞天，此為奇觀之一。溝底懸壁層迭，陡峭直立，側身站立仰望「一線天」，山峰呈現各種獨特造型，極具觀賞價值，此奇觀之二。山腰有一棵胸圍 6 米的古青榆樹，樹齡約 2000 年，枝葉茂盛，傳說在古代戰亂期間，這棵樹的葉子晝采夜長，救過無數百姓的性命，被奉為「神樹」，此為奇觀之三。崖上有一「天書岩」，賦有美麗的人間傳說，置身「天書岩」，品味傳奇故事，令人浮想聯翩，此為奇觀之四。「五龍洞」位於峭壁之上，極難攀援，傳說是民間祈雨的地方，與峰頂的「五龍宮」遙

相對望，色彩神秘，此為奇觀之五。從山底沿山路陡峭的「小鬼道」爬爐峰山，體驗登山之險，此為奇觀之六。夏觀森林綠，秋賞山葉紅，猶如到香山，此為奇觀之七。雨後天霽時，山嵐林濤湧，幽靜情人路，一心登爐峰，此為奇觀之八。山上有古人居住的石砌庵體群遺存，斷壁殘垣，芳草淒淒，體味先人生活，此為奇觀之九。過天橋，登爐峰觀日出，看漳水襟帶，觀林海霧嵐，此為奇觀之十。許多到過這裡的遊客不禁發出「早知有爐峰，何必登泰山」的感歎。

█你知道滏陽河的發源地「黑龍洞」嗎

黑龍洞位於峰峰礦區神麇山東麓。這裡是滏陽河的發源地，背山面水，風景秀麗。峰峰礦區的神麇、南鼓兩山，南北對峙，其轂口稱「滏口陘」，是兵家必爭的要道，北齊及隋朝曾在此設立「昭關」，陘口南旁「深邃莫測」的石洞，便是傳說中主宰人間旱澇的黑龍居留之地 ---- 黑龍洞。古人曾有「驪龍出洞去，洞深不可測」的詩句。附近的泉水稱黑龍泉，黑龍泉附近有一條滏陽泉。黑龍泉與滏陽泉是滏陽河的發源地，兩水匯流為滏陽河。因泉水從沙際冒出，猶如釜中沸騰的開水，故稱滏陽河，黑龍洞在兩大泉水匯流深潭的南側，潭水清澈見底，隆冬不凍。噴泉終年湧騰翻浪，游魚悠然，水草映翠，加之河水倒映古塔、山影，遠近高閣亭榭隱若呈現，更添幾分秀媚。黑龍洞岩壁腰部的廟宇建築群稱風月關。始建於唐代，後經歷代維修，現存建築為明代萬曆年間所修。有崑山明月閣、菩薩廟、關公廟、黑龍廟等幾個殿宇的外表，莊重緊湊，具有濃厚的傳統風格。黑龍洞東臨滏陽河，西依神麇山，河岸綠柳成蔭。四周山巒起伏，山青水秀，氣候宜人，終年遊客不斷。

園林河北

河北園林沒有得天獨厚的氣候條件，所以沒有江南園林的風韻，但河北園林把自然景觀與燕趙文化溶為一體，古樸典雅，極富先哲「天人合一」的理想境界，當你走進河北園林的時候，別忘了它並不是陶淵明的「桃花園」。

▌你知道「華北第一園」在哪裡嗎

石家莊市地處華北平原，太行山麓，是典型的冬季寒冷、多風沙，夏季炎熱乾旱的內陸季風氣候。為了豐富省會人民的科普知識，同時填補石家莊沒有植物園的缺憾，石家莊市委、市政府參照中國外先進的造園藝術，結合本市的特點，於 1998 年投資建成了一座以科學研究、科普、觀光為一體的特殊公園——石家莊植物園。

石家莊植物園是一個集旅遊、娛樂、休閒、教育為一體的綜合性生態公園，總面積達 5000 畝。植物園體量大、景觀美、功能全，堪稱「華北第一園」，石家莊的「頤和園」。石家莊植物園不僅用植物組成豐富多彩的自然景觀，給人們以變化無窮的自然美的享受，同時也展示植物科學不斷湧現的研究成果，使人們得到植物分類學、生態學等許多方面的知識，是集科學研究、科普、示範、觀光、教育和苗木生產為一體的多功能園林，是豐富多彩的觀賞植物栽培中心、研究中心和珍稀瀕危植物的保護地。

植物園在經營上也將借助得天獨厚的硬體開發，「以人為本」的軟環境，透過多種措施開展健身游、生態游、觀光遊等多種活動，把自然景觀和人文景觀有機結合，對於提升石家莊的形象、改善環境，滿足群眾日益增長的文化休閒需求起著極其重要的作用。石家莊植物園的建成不僅為省會群眾營造了一處格調清新、環境獨特的學習和遊憩場所，同時對整個城市環境品質和綠化水準的提高，以及科技知識的普及，文化素質的提高都造成了積極作用。

石家莊市如何實現引河入市夢想的

石家莊屬於暖溫帶季風氣候。四季分明，寒暑溫差大。雨量集中，幹濕期比較明顯，並且夏冬季長，春秋季短。由於石家莊較為乾旱，市區內沒有天然河流，為了改善生態環境，美化城市景觀，1997 年石家莊市政府投資 9.9 億元人民幣，興建了民心河工程。該工程於 1997 年 9 月 29 日動工興建，1999 年 9 月 29 日一期工程竣工通水。

工程包括三部分，其中第一部分是河道工程，共開挖東南西北中 5 條河流，總長度 56.9 公里，水面平均寬 20 米。給石家莊市區增加水面面積 249.66 萬平方米，形成環形的人工河湖體系，實現了石家莊人清水繞城的夢想。

第二部分是河湖綠化工程，即對民心河沿岸進行的大面積綠化、美化工程。同時，在沿河新建、擴建了 22 座風格各異的公園、遊園，增加公共綠地 140 萬平方米。

第三部分是河網改造工程。沿線新建、改建 30 多公里的地下排水管網，使城市所有汙水全部透過地下管道排放，在石家莊歷史上第一次全面實現了雨汙分流。每年從 50 公里外黃壁莊水庫經石津灌渠引入市區的水 3058 萬立方米，保證了民心河碧水常青。

民心河的通水，使多少代石家莊人引河入市的夢想變成了現實。沿河的大小園林，像顆顆晶瑩的翡翠，飄落在鱗次櫛比的高樓廣廈之間。清澈的河水穿行於大街小巷、樓群廠區之間，浸潤著綠蔭花卉，浸潤著石家莊人的生活，浸潤著城市的空氣，也浸潤著這座城市人的心。一尊尊流派紛呈的園林雕塑，一座座風格各異的亭台橋樑，給這座城市平添了幾分靈秀，營造出一片溫馨、典雅的氛圍。

仙台山森林公園植被分佈有何特點

仙台山位於井陘縣辛莊鄉，距石家莊市 50 公里。仙台山主峰海拔 1195 米，總面積 60 平方公里，是一處融山峰、溶洞、森林、山泉、峽谷和歷史

文物為一體的綜合性風景區，年平均氣溫 20 度，是河北省的森林公園。仙台山山峰奇秀，儼然一尊大佛巍然屹立。樹木繁多，自然景色優美，每至汛期，百泉匯合飛流直下，山光水影，宛如銀河倒懸，仙朗凌空，故名仙台山。

仙台山山勢逶迤，層巒疊嶂，植被豐茂。有「十里畫廊」之稱的大峽谷，有風格各異的溶洞，有挺拔蒼翠遍佈山崖的南松北柏，有蔭翳蔽日的原始次生林，有溪流淙淙，常年不斷的山泉，有飛架斷崖的古橋，有蜿蜒曲折的古長城，有氣勢雄偉的古關險寨，有山色相映的人工湖，有千年古剎護國寺，有百團大戰井陘指揮所和百團大戰井陘展室，更有那古樸神奇的傳說和美麗動人的故事，吸引著越來越多的遊客。

仙台山現有森林面積 3 萬畝，主要樹種有松樹、柏樹、漆樹等，有野生植物 500 多種，其中野生藥材達 300 多種。分佈最廣、儲量最大的藥材有柴胡、五靈脂、黃芪、半夏、丹參、元胡、益母草等，較名貴的有地龍、天南星、茯苓、元胡、黨參等。南松北柏是仙台山植被分佈的最大特點。奇特的氣候條件和地理環境，使得這裡南坡生松樹，北坡長柏樹，遮天蔽日，青翠蔥蘢。而長滿山野的株株黃櫨，每逢秋季，樹葉由綠變黃，由黃變紅，使得山林盡染，如火如荼，十分壯觀，是觀賞紅葉的絕佳去處。豐茂的植被，為各種動物的棲息提供了良好的環境。現已查明，這裡有野生動物 92 種，如狐狸、山兔、野雞、野豬、野豹、獾、黃鼬等，其中鹿、花雕、角鴞、雉雞等為珍貴動物。

▌你聽說過歷代帝王、元首在古蓮池的奇聞軼事嗎

保定古蓮花池歷史悠久，是華北地區著名的古典園林。它始建於元太祖成吉思汗二十二年（西元 1227 年），原名「雪香園」。到了明代，因園內荷花滿塘，被稱作蓮花池。自清代以來皇帝、太后、民國總統及共和國的領袖們留下了不少奇聞軼事。蓮池碑刻長廊的東段，有康熙皇帝「龍飛」題書，題書字大如鬥，蒼勁有力，被視為園中鎮園之寶。相傳這是康熙帝親政時御筆，是乾隆皇帝特意為蓮池行宮帶來供奉的「聖蹟」。乾隆帝也曾多次臨幸蓮池，北門內原有假山南北兩座，乾隆遊園時曾在此親題「春午坡」三字，

意取蘇東坡「春午發濃豔」。蓮池內許多亭子的寶頂是「蓮葉托桃」的獨特造型，據說八國聯軍攻陷北京，慈禧挾光緒皇帝連夜逃往西安，返回時到了保定，住進行宮御苑古蓮花池，見到一位老藝人雕刻「蓮葉托桃」的工藝構件，準備裝到亭子的寶頂上，西太后先是很欣賞，後細一思量，臉色大變，懷疑這是在諷刺她「連夜脫逃」，便傳旨殺了老藝人。後來人們為了紀念這位老藝人，把園內所有亭子的寶頂都建成了蓮葉托桃的造型。蓮池正門匾額題有「古蓮花池」四個字，這方匾是北洋軍閥政府總統徐世昌所書，操辦這件事的人，是另一個當過總統的直系軍閥曹錕。毛澤東在二十年代組織留法勤工儉學的時候，就到過古蓮花池，新中國成立後，黨和國家領導人也多次光臨蓮池公園。一次，毛主席走進蓮池大門，第一句話就說：「蓮池書院當時在全中國是很有名的」。蓮池上，題有「小方壺」的匾額，小方壺字的來歷是：傳說東海有三個仙島，分別叫瀛洲、蓬萊、方丈，其中方丈也叫方壺，「小方壺」也許出自這個典故吧。

▌保定市的光園是誰所建

　　光園，位於保定市裕華路中段，該地原為清直隸按察使司獄署。1918年，曹錕被北京政府任命為川、粵、湘、贛四省經略使，指令其駐軍保定，1918年8月，曹錕由天津移駐保定，將原直隸按察使司獄署改建後作為居住、接待賓客、舉行集會、宴請休閒的場所，因其慕戚繼光之英名，遂將其命名為光園。

　　當年，這裡作為直系軍閥的大本營，曹錕、吳佩孚等人，曾在此策劃了直皖、直奉戰爭。曹錕還在此策劃了賄選總統的鬧劇，直至他就任北京政府大總統後，直系軍閥的大本營才從保定遷往北京。此外，奉系軍閥張作霖、張學良父子，京津衛戍總司令閻錫山，國民黨保定行營主任錢大鈞及蔣介石等重要人物，也都曾在此園寓居過。目前，光園僅存原來建築二十餘間，西式房屋兩排，保存基本完整。

康熙皇帝為什麼要修避暑山莊

皇帝出巡時要修行宮或離宮。避暑山莊就是清朝皇帝熱河行宮，也叫承德離宮，它是一座規模龐大、舉世聞名的行宮。

承德地形險要，山川秀麗，冬暖夏涼，是理想的避暑勝地。清王朝平定了南方的「三藩之亂」後，把軍政的注意力集中到了北方，這時恢復了「木蘭圍場」。木蘭，滿語意鹿哨，就是圍獵時士兵身披鹿皮，學鹿的鳴叫聲，誘鹿就捕。一年，康熙在冬獵中聽說熱河「草茂，絕蚊蠍，泉水佳，人少跡」，便親自帶人到此考察，他看後十分滿意，勝過他「數巡江南、兩幸秦隴、北過龍沙、東遊長白」所見到的地方，決定在這裡修建山莊。實際上，康熙皇帝除了對承德地形、地位、環境的滿意外，早就打算建一個除北京之外的第二個皇家活動中心，以此來懷柔北方，於是一個皇室避暑的離宮別苑破土動工了。

宮苑經五年修建初具規模，御筆親題「避暑山莊」刻於皇苑南門額。後又經幾代建造，園內景觀多達一百多處，光是康熙、乾隆題名就各有三十六景。山莊按功能分為宮殿、景苑兩大部分，景苑部分又有湖泊、平原、山巒之分，把中國大地濃縮到園林之中。

為什麼說避暑山莊是中國錦鏽河山的縮影

避暑山莊是中國保存最完整、最大的一座皇家園林，它集中了中國許多優秀園林的精華，它是中華錦繡河山的縮影。

從地形上看避暑山莊正好是西高東低，有丘陵山地，有平川草原，有湖泊沼澤。這一切雖然是自然天成的地勢，卻好像人工雕琢了一般，竟如此巧妙地和我們偉大祖國的地形相吻合。全中國各地的許多景緻被神奇般地集中在山莊。專家們考察後一致讚歎：避暑山莊就是偉大祖國錦繡河山的縮影。

從園林建設角度來看，避暑山莊建設充分利用自然景色，遵循了康熙「物盡天然之趣、不煩人事之工」的造山莊原則，因地制宜修築亭台樓閣，儘量保留大自然的野趣。在建築上把全中國園林的優秀代表建築移植到山莊之中。

有北部草原的蒙古包，也有江南小橋流水、水榭亭閣。它集園林藝術精華於莊內，具有高度的藝術成就，不愧是中國古典園林的一顆燦爛明珠。

園林佈局設計突出表現了多民族聯合的大一統思想，突現了各民族特點，再現了中華民族文化多元的特點。同時，也嚴格恪守了清朝統治者的中心地位。宮殿建設雖然樸素簡潔，但嚴格遵守「天子身居九重」之制。使帝王的威嚴與百姓的純樸集於園林之中，雖說只有一園之地，但它卻容納了中國等級森嚴的整個社會。

▌避暑山莊內的正宮主殿為什麼叫澹泊敬誠殿

澹泊敬誠殿是避暑山莊主要建築之一。皇帝在北京時，是將紫禁城的太和殿作為慶典、朝覲、接見中心；在承德避暑山莊，這些活動的地點則是澹泊敬誠殿。

澹泊敬誠殿比北京太和殿更加寧靜、肅穆。因大殿全部用楠木建成，所以也叫「楠木殿」。該殿不僅色彩十分和諧，還散發出濃馥的香氣，進了大殿給人以清新氣爽的感覺。主殿兩側是東西配殿，各有樂亭一座，以借慶典演奏之用。

殿中陳設十分講究，寶座的圍屏是用紫檀雕成的圖案，圖案是反映豐衣足食、國泰民安的「耕織圖」。天花板是以楠木雕成的蝙蝠、壽桃、靈芝等吉祥圖案。大殿北牆壁有排列整齊的書櫥，存放《古今圖書集成》。東、西山牆放几案，陳放西洋鐘、瓷器和《皇輿全圖》等書籍，以體現皇帝文治武功。

寶座上方有康熙皇帝親題的「澹泊敬誠」大字，用意在於自誠。諸葛亮在《誡子書》中說：「夫君子、勤以養德，靜以修身，非澹泊無以寧靜，非寧靜無以致遠」。康熙為大殿取名「澹泊敬誠」，目的是約束自己，詔告天下。

▌避暑山莊文園有何藝術特色

文園是避暑山莊內頗具特色的園中之園，它合理地利用了地形和水勢。文園獅子林地處山莊東南角地勢最低處，它東臨鏡湖和宮牆，西接草地與一

條水道，南接銀湖水面，北隔湖泊與清舒山館相望。文園西北有一水道可乘船到其他湖面。正西水心榭修建一八孔閘。東南又修建一五孔閘，可調控山莊水量。文園從東北鏡湖入水，由延景樓轉北、吐秀亭下折向西，鑽河亭入清閟閣前湖面，過虹橋、在占峰亭腳下複東流出水門，進銀湖。文園整個水流流經路程，是動中有靜，曲水多變，如乘舟順流而下，使人有步移景異、意趣無窮的感覺。把十分優美的畫面展現在遊人面前。

文園建築具有靈活多變性。不但在橫向上著意刻畫，也在立面上苦心經營。園林靈活地應用了點、透、障、漏、誘等造園手法。使人置身園內，處處有美景可覽，恰似天宮樓閣。如果您從山莊高處俯視文園，文園像一個巨大的盆景點綴在園內。在空間劃分上也很有特色。乘船進入水門，船前是莊重穩健的橫碧軒大殿，船左是清淑齋敞亭，船右是假山上的占峰亭。三座建築高低錯落，形成了豐富的立體空間。再看園內蒼松翠柏、濤浪齊鳴，鶴鹿遊群，琴聲悠揚，又構成了靜於動、聲與物的立體空間畫面。文園是南北園林藝術的融合，並創造了特有的藝術風格。

文津閣藏著什麼寶典

文津閣位於避暑山莊內平原區的西部，始建於清乾隆三十九年（1774年），一年後峻工。它是仿浙江寧波天一閣形制建成的。

文津閣是外看為兩層，實為三層的磚木結構建築，上懸乾隆禦書「文津閣」匾額。閣前有池塘，池南有假山。山上建敞亭。假山和池塘的設計別具匠心，園內勁松挺拔，池水清澈，池邊垂柳數株，柳絲在微風吹動下，阿娜多姿，拂起層層漣漪。假山千姿百態，峰巒起伏，山影入山，水湧山動，呈現出水天一色的景象。在倒影的峰巒中，一彎新月映入水中，覺得特別寧靜和清新。玲瓏的假山上還建有趣亭和月亭。

文津閣是座皇家藏書樓。樓東有碑亭一座，碑上鐫刻著乾隆御筆《文津閣記》，記述者編纂和儲藏《四庫全書》和修建文津閣的緣由。

文津閣與北京故宮文淵閣、圓明園的文源閣、瀋陽故宮的文溯閣合稱北四閣。閣內原存《四庫全書》、《古今圖書集成》各一部。《四庫全書》自乾隆三十八年（1773 年）開館編纂，歷經十載完成，分經、史、子、集四部，故稱「四庫」。全書著錄圖書 3457 種，99070 卷，訂為 36300 冊，約 77493 萬字，是中國最大的一部叢書。辛亥革命後，閣內所存《四庫全書》運住北京圖書館，《古今圖書集成》早年被軍閥盜賣。

萬壑松風為什麼又叫「紀恩堂」

萬壑松風是一組清初建築群，位於避暑山莊松鶴齋北，建於清康熙四十七年（1708 年）。主殿萬壑松風坐南朝北，有洞五間，踞崗臨湖，隱現在松林綠蔭之中。經下的假山石蹬通向湖邊，可見一座玲瓏小巧的八角「晴碧亭」。正殿左右和南部，交錯佈置著門殿、鑒始齋、頤和書屋等山型建築，與短牆半封閉迴廊相連，形成既封閉又開敞的庭院，空間層次十分豐富，在參天古松的掩映下，壑虛風度，松濤陣陣，好像杭州西湖的萬松嶺，環境寂靜安謐。這裡是皇帝批閱奏章、接見官吏的場所，故其楹聯題曰：「雲卷千峰色，泉和萬籟吟」。

乾隆幼小的時候很受祖父康熙的寵愛。12 歲被養育宮中，並隨康熙巡幸出塞，到木蘭圍場秋遊等。康熙在山莊駐蹕時，在萬壑松風南的鑒始齋設立書房讓乾隆居住，以便於早晚教誨，並選了二名年輕的妃子住在鑒始齋旁的靜佳室，精心照料皇孫。康熙昭見官吏時，常把弘曆叫到身旁，讓他熟悉宮中禮儀。乾隆繼位後，為了紀念祖父對他的恩寵，感恩對自己的培養，把主殿改名為「紀恩堂」，並親筆題匾掛於殿額之上。

萬樹園是皇帝的什麼場所

萬樹園因乾隆皇帝書「萬樹園」碣而得名，位於避暑山莊平原區東北部，占地 800 餘畝，為乾隆三十六景的第二景。這裡綠草如茵，古木蒼翠。園南部有乾隆手書《綠毯八韻》詩碑一座。園內不施土木，完全為自然環境，僅設蒙古包數座。

　　這裡是皇帝同北方少數民族首領娛樂的地方。皇帝經常在萬樹園舉行草原民族喜愛的文娛和體育活動，如跳駱駝、賽馬、馬技、相撲、民族歌舞等。同時萬樹園也是一處重要的政治活動場所。皇上在這裡經常接見民族首領，外國使節。1754 年，杜爾伯特蒙古三策凌受到接見；1754 年輝特部台吉阿睦爾撒納受到接見；1771 年回歸祖國的土爾扈特部首領渥巴錫受到接見；1780 年，六世班禪額爾德尼受到接見；1793 年，英國特使馬高爾尼也受到接見。許多中外歷史人物都曾在萬樹園留下過蹤影。

遼河森林公園有什麼奇特景點

　　遼河森林公園在承德平泉縣境內，東、北、西分別與遼寧省凌源市、內蒙古甯城和承德縣接壤，距承德市 150 公里。公園總面積達 230 平方公里，其特點是森林面積大，地勢海拔高，溝壑泉眼多，溝底水流大。因位於遼河流域，故名遼河森林公園。

　　公園內植物茂密，品種達 1700 種，觀賞植物達 70 多種，動物有上百種，其中狐、麅、青羊、野兔、獾、貉、山雞不絕於野，還有喜鵲、天信子、畫眉、百靈等各種鳥十餘種。公園中有奇特景點多處。草原花海區綠草如茵，走上去如鬆軟的地毯。草甸裡各種野花競相開放，紅的似火，藍的耀眼，黃的奪目。這裡空氣潔淨，安閒寧靜。森林區樹木茂密，樹陰遮天。數百年古樹藤枝纏繞。有一株九龍盤楊堪稱一絕，樹冠巨大遮地 720 坪，九根枝幹彎曲盤旋向上，似虯龍群戲，鬥奇崢嶸。景區內遠看有景，近觀有奇。主峰馬盂山直刺雲霄，腳下「龍母洞」泉水不絕。不出百步總有奇景，景中套景。這裡曾是遼道宗、遼景宗和蕭太后飛騎狩獵之地。沿途有叫不清名稱的幽谷奇石。「仙人石」、「仙人床」、「海豹石」、「鱷魚石」等等，有大自然的鬼斧神工造就，也有歷代好事者做成。若到此一遊，遼河森林公園的山、草、花、石，一定不會讓你失望。

▌北大山石海森林公園的「石海」是什麼樣的景觀

　　北大山石海森林公園位於承德縣北大山林場境內，距承德市 78 公里。這裡山巒起伏，溝壑縱橫、地形複雜，山上有 8 萬平方米的高山草坪和 2500 公頃的天然次生林。一年四季，景色各異，春天綠草萌生，給大地穿上了翠綠色的外衣，夏天密林茂盛，點綴著五彩繽紛的山花；秋天綠野變成金黃，間隔著成片的紅葉；冬季銀裝素裹，樹枝上掛著成串的銀花。北大山堪稱人間仙境。

　　這裡最為引人注目的是「石海」。石海位於北大山半山腰的峽谷中，由成千上萬塊岩石組成，奇形怪狀的岩石犬牙交錯，層層疊疊，鋪展在方圓 7 萬平方米的山坡上，非常壯觀。在這壯觀的海洋裡，奇石甚多，千姿百態，各呈特色，或隱匿草中，或依坡而立，或仰、或伏。有的若牛靜臥，若人盤坐，若鹿驚奔，若馬嘶鳴；站在低處仰視，有的拔地而起，直刺蒼穹；有的橫陳平地，如一葉扁舟，有的直立，如漁翁撒網。「天琴」、「斜掌峰」、「烏龜望海」、「鱷魚抬頭」，各種象形石活靈活現，形態逼真。更為神奇的是，石海上無源，下無流水，但置身石海中，卻有水流擊石之聲，形成了「石海聽濤」的奇景。

▌六里坪森林公園為什麼生態資源保護得好

　　六里坪森林公園位於興隆縣東南，距北京 150 公里，總面積達 1500 平方公里。公園內的柳河湖是柳河的發源地，是海拔近千米的高山湖泊。湖水碧波蕩漾，如鑲嵌在群山峻嶺中的巨大寶石。登上六里坪主峰，可見被雲海籠罩的霧靈山，轉身南眺，清東陵紅牆黃瓦歷歷在目，西望密雲水庫萬傾碧波，東臨挽臂相連的群峰，林海茫茫，松濤陣陣，林濤中還可見隱露屋頂的天文台。環顧四周，迎風而立，可體會祖國大好河山之壯美，令人心曠神怡。

　　目前森林公園裡保存有 300 年的古柞樹、樺樹、楊樹、椴樹和多種喬木樹種，有 100 多年的櫻花，50 多年的華山松，山雞、野兔、野雞隨處可見；獼猴、金錢豹等珍稀動物也時有出現。據統計，公園內各種動植物達 2000 多種。

六里坪森林公園內的生態資源為什麼保護得如此好？這和它的地理位置和歷代政府的保護有關。六里坪處於規模宏大的清東陵之北，清朝建立伊始就十分重視這塊地方，因山南是帝王陵寢，它的北邊便是風水脈源，陵寢福地。早在清朝順治年間就被劃為皇家風水禁地，清兵駐防此地，封閉達 270 年。解放後，黨和政府十分重視六里坪的生態資源，並多次派科學家前來考察，設立了專門保護森林的專業隊伍，致使現在成為山高、林密、水清、石美的旅遊勝地。

▋你知道「武靈叢台」的來歷嗎

在古城邯鄲市中心的叢台公園內，矗立著一座雄偉壯觀、風格獨特的古建築，它就是古城邯鄲的象徵 -- 「武靈叢台」。

武靈叢台相傳始建於戰國趙武靈王（在位於前 325 年 --299 年）時期，距今已有 2300 多年的歷史。顏師古《漢書注》稱，因樓台眾多，而連聚非一，故名叢台。台南門前有明萬曆二十一年（1593 年）立的碑，碑陽鐫有「趙武靈叢台遺址」七個楷書大字。當年趙武靈王建此台是為了檢閱軍隊和觀賞歌舞。史載台上原有天橋、雪洞、花苑、妝閣諸景。當時曾以其結構奇特嚴謹，裝飾華麗輝煌而名揚列國。古人曾用「傳說宮苑似蓬萊，叢台高聳雲霄外，天橋接漢若長虹，雪洞迷離如銀海」的詩句來讚美叢台的壯觀。在漫長的歲月裡，武靈叢台歷經興衰枯榮，歷代的維修重建已非原貌，但仍不失為冀南的一大名勝之地。

現在的武靈叢台，占地 3500 平方米，高 27 米，分上中下三層。下層南北各開一門，進南門，沿台階拾級而上，迎面一碑赫然聳立，上面鐫刻著郭沫若於 1961 年 9 月 19 日登叢台時所寫的七律詩手跡。在北門內與郭沫若碑對峙的是清乾隆皇帝南巡（1750 年）過邯鄲，登叢台時留下的御筆詩碑。台的中層建有武靈館、回瀾亭。最上層的平台原為趙武靈王觀看歌舞與閱兵之地，稱「武靈台」，明嘉靖十三年（1534 年）改為「據勝亭」，其意是防禦者據此高處即可取勝。站在「據勝亭」上，倚欄遠眺，邯鄲市中心的繁華街段及公園全景盡收眼底。

█ 九峰山森林公園有哪些迷人景觀

　　九峰山森林公園位於河北省涉縣更樂村，由四條深谷陡峰間的萬畝天然人工混合林和三十多處自然、人文景觀立體構成，園內山高溝深，峰峻崖險。從溝口進去，兩側有望月、臥獅、南北武仕、佛指、玉璽、虎象、情侶、神龜共九座奇峰，故稱九峰山。最高峰小尖堖海拔 1158 米。登峰遠眺，近見清漳流水一線，遠望武安城古塔倩影，日昇月落，變化萬千。又因巨松參天，枝密林茂，鄉人俗稱大樹溝。三省七縣樹種，園中幾乎無所不有。更有杜梨、山杏、蘋果、山楂、核桃等 20 多種乾鮮果樹散落溝內。連翹、遠志、柴胡、細辛百十種中藥材遍佈其間。陣陣幽香滋潤山風，雨瀝百草涓涓下流，喝一杯九龍潭水，百病可祛，精神倍增。

　　九峰山萬畝山野，隨著樹森繁茂，漸漸變成太行深處的一個世外桃源。進入園林，晴天不見太陽，紅日盡刮綠風。林蔭叢莽之間，蜿蜒條條甬道，鵝卵石鋪面，大理石鑲邊，綠草托方，隨彎就勢，砌階造橋，使得曲徑通幽，將遊人引領到密林深處。險峰要隘有亭台樓榭，扶梯曲欄，仿木長廊，凌空棧道。草間斜坡，臥有供遊人一盡雅興的滑梯。自然與人文景觀遍佈道邊，諸如刀耕人家、象鼻山、天狗蝕月，一步一景，讓人歎為觀止。又有傳國玉璽倚長風仰面朝天，南武仕、北武仕注目千年。其間傳說，或離奇叫絕，或情意纏綿，或俠肝義膽，或史實考證，無不蘊藏著深邃文化底蘊。時間空間結合，歷史現實並存，愈給遊人增加著雅興，真是一個清雅幽僻的休閒寶地。

█ 你知道「北國小桂林」在哪裡嗎

　　在山海關西北 3 公里左右的燕山叢中，群峰環抱著一泓碧綠的湖水，這就是被譽為「北國小桂林」的燕塞湖。燕塞湖，即石河水庫，是由即將出山入海的石河築壩截流蓄水而成，因地處燕山要塞，是一座大中型人工水庫，故名「燕塞湖」。

　　石河，古名渝水，發源於青龍，原本是一條害河，每年夏秋兩季，群山峽谷的洪水，從峭壁懸崖間狹窄而彎曲的河床裡奔出山口，氾濫成災，沖毀農田，斷阻行人。1971 年劈山築壩，蓄水為湖，僅用三年時間，就把昔日滿

流橫溢的石河水鎖在山谷之中，不但成為秦皇島市工農業和居民生活豐富的水源，而且為北國增添了秀麗的風景。

燕塞湖雖為人造，其景緻卻奇趣橫生。湖區諸山皆為花崗岩形成的類喀斯特地形，夾岸峰巒泛翠，奇峰異石，比比皆是，湖水澄清，又因山巒疊嶂，使湖水曲折有致，有桂林之秀，三峽之險，真可謂高峽出平湖，風光譽北國。15公里的湖區，宛如畫境，「母女峰」、「山中月境」、「神女浴日」、「杏嶺銀屏」、「椒山秋色」、「金蟾戲水」、「龜石千秋」、「小山峽」等勝景令人目不暇接，流連忘返。燕塞湖一水三曲，一步一幽，一步一景，一步一絕，大有「山重水複疑無路，柳暗發明又一村」之感，真可謂別有洞天，堪稱「北國小桂林」。

娛樂河北

在河北旅遊，少不了娛樂，你該聽說過「雜技之鄉」吳橋吧？該見過電視上「常山戰鼓」的表演吧？還有河北的地方戲劇「河北梆子」、「保定老調」、河北曲藝「唐山皮影」、「滄州吹歌」、「樂亭大鼓」、「昌黎地秧歌」，河北歌舞「井陘拉花」、「徐水獅子」，那種鄉土氣息，那種純樸民風，不用我多言，盡憑你品味了。

河北省有哪些地方特色的曲藝種類

西河大鼓：西河大鼓又名「西河調」，是河北省流行地區最廣的一個地方曲種。它起源於冀中一帶農村，流行於河北、河南、山東、東北及京津等地。其特點是：演唱者右手執鼓犍子擊鼓，左手操鴛鴦板，用方言演唱；曲調靈活，語言大眾化，富於表現力。主要伴奏樂器是三弦，它說唱並重，長篇、中篇、短篇書目兼有，傳統書目有《太原府》、《截刑車》、《三全鎮》、《呼家將》等，小段如《小姑賢》、《蘭橋會》等。此外，還有不少反映現實革命鬥爭的新編書目，如《平原遊擊隊》、《白毛女》、《狼牙山五壯士》、《董存瑞捨身炸碉堡》、《晉察冀小姑娘》等。

樂亭大鼓：樂亭大鼓又名「樂亭調」，因發源於河北樂亭而得名，流傳範圍甚廣。它有完備的板式和曲牌。常見的曲牌有：四平調、流水板等 10 餘個，即所謂「九腔十八調」。這些曲牌，或委婉清秀、優美動聽，或莊重嚴肅、高亢激昂，剛柔相濟，雅俗共賞。後曲牌逐漸增至 30 多個，說唱並重。傳統書目有：《罵城》、《單刀赴會》、《三國》、《拷紅》、《楊家將》等。近幾年出現了許多新書目，比如《雙鎖山》、《平原槍聲》、《節振國》等。

木板大鼓：木板大鼓又名「鼓子快書」，是河北石家莊地區最流行的曲種。馳名藝人有趙老萬（藝名「大老鴰」）。這種曲藝形式是吸收了冀中民歌及當地做買賣「吆喝」等曲調的特點而發展起來的。起初在深澤、無極、槁城等縣流行，後來普遍到冀中各縣以及北京、天津、石家莊、保定等城市。山西、河南等省也有木板大鼓。唱詞通俗易懂，唱腔簡練有力，富有健康活

潑的地方色彩。可以單口唱，也可以對口唱，伴奏只用木板和一面小鼓，學習比較方便，因而容易在廣大群眾中進行推廣普及。其傳統節目均系中篇（老百姓習稱「八回書」），如《響馬傳》等。

梨花大鼓：梨花大鼓早期叫「犁鏵大鼓」，因演唱者手持犁鏵片伴奏而得名，在河北省南部一帶頗為流行。梨花大鼓歷史悠久，據考，它發源於山東、河北南部農村，清光緒年間進入市井。清末民初小說家劉鶚在《老殘遊記》中所寫的黑妞、白妞皆為馳名的犁鏵大鼓演員。早期的梨花大鼓，因植根於民間，故多訴露民間疾苦和表現家庭故事。它風格樸實，富有濃郁的鄉土氣息。曲調高昂，說、唱、道、白兼備，敘事抒情交融。傳統書目很多，現流行的有《包公案》、《海公案》、《西廂記》等。現今仍活躍於曲壇的孫金枝（藝名「大金枝」）功底厚，造詣深，表演風格樸實細膩，酣暢大方，唱腔豐富多變，素有腔多字少、七十二哼哼之稱。

竹板書竹板書又名毛竹板書、竹板快書，俗稱「大落子」、「京口落子」，是河北流行較廣的曲種之一。由於它具有靈活、簡便、易於掌握的特點，所以在全中國也為廣大群眾所喜聞樂見。竹板書起源年代比較久遠。清末明初，竹板書的活動區域逐年擴大到山東和山西。竹板書形式簡單，表現力豐富，有頭板、大接板、二接板、苦相思、流星趕月、堆子板、花板、快板等，隨故事情節的變化而靈活運用。經常演出的節目如《武松傳》、《左連城告狀》、《白綾扇》、《王定保借當》等。近年來，竹板書在河北省的廣大城鄉已十分普遍。

評書：評書流行在河北省的評書，是由唐代「變文」和宋代「說話」藝術演化而來的。一般由一人表演，只說不唱。演出時坐在案前，以一塊醒木為道具。表演中，既有娓娓的敘述，也有琅琅的朗誦。傳統書目大都是長篇，如《三國》《東周列國》《水滸》《精忠岳傳》《英烈》《西遊》等。解放後，河北省的評書藝人編演了一些新內容的評書，如《林海雪原》《烈火金剛》《敵後武工隊》《鐵道遊擊隊》等。長期在冀魯豫邊界地區活動的評書藝人「趙四花鞋」，是河北省臨西縣人，他出身於評書世家，說書形神兼備，以形傳

神，手、眼、身、法、步並用，在群眾中享有盛名。當地老百姓有句俗話；「收了秋，賣了豆，往趙四花鞋書場湊。」

河北有哪些具有地方特色的劇種

在河北曾經流行和正在流行的劇種，有 30 多個，其中河北土生土長的有 26 個。河北最古老的劇種，首推北崑及高腔。這兩個劇種，均來自南方。明末清初傳到北方的崑曲與戈腔，由於長期在河北民間演出。與當地語言結合而形成新的崑、戈支派。因其藝人多為高陽和安新一帶人，故又稱高陽崑腔和高陽高腔（活動在北京的則稱京腔）。1917 年，「榮慶班」到京演出，由於唱、白用北方語言，表演開朗粗獷，形成獨特風格。其劇碼以歷史戲和武打戲最有特色，如《安天會》、《夜奔》、《麒麟閣》、《探莊》等。高腔在清康熙、乾隆之際，曾經盛極一時，民間班社林立，人民喜聞樂見。就連清王朝軍事操練，出征班師，野外狩獵，乃至節日、壽慶等無不演出。當時王公大臣甚至宮廷之中都有班社，據說極盛時上演劇碼有 150 多個，經常上演者有 30 餘齣。但因音高調單，漸失觀眾，已近絕響。如今僅民間花會高蹺還保留部分節目及演唱。

河北梆子見「河北人的家鄉戲是哪一個劇種」部分。

評劇：評劇系在灤縣一帶的對口蓮花落基礎上吸收京、梆及皮影等音樂和表演形成的。早期稱平腔梆子或蹦蹦。1912 年成兆才、月明珠等在唐山演出《花為媒》、《楊三姐告狀》、《王少安趕船》等，影響極大。流行於河北農村和東北各地，後有了女演員，進入京、津大城市，擴大了影響。解放後小白玉霜、新鳳霞、韓少雲等都為群眾喜愛。《劉巧兒》、《小女婿》、《秦香蓮》等已成為全中國性劇碼，評劇也成為全中國性大劇種。

保定老調：保定老調作為一個特有的戲曲聲腔劇種，有著強烈的地方色彩和濃郁的鄉土氣息。它的唱腔質樸健朗，高亢而又清婉。老調有廣泛的群眾基礎，民間曾有「做飯離不開鍋灶，聽戲離不開老調」之說。老調曾先後四次到北京演出，受到首都人民和領導、專家的好評。「保定有寶，老調不老。」老調迄今已有約二、三百年的歷史，早期有以生行演員韓大倉（藝名

霸州紅）為代表的前輩藝人，開創了老調的先聲；中期的名老生周福才，承前啟後，立志改革，以《調寇》、《勸軍》等劇碼，把老調藝術推向一個新階段。

絲弦戲：絲弦戲也稱絲弦，是河北省一個古老的地方劇種。金元時代，北曲三大搖籃之一的真定，成為河北絲弦戲——古名「絃索腔」的搖籃和發展中心。康熙年間，絲弦戲在束鹿就已遍於閭裡，乾隆年間，曾在北京向清王朝獻藝。絲弦戲流行地域東至河北省的東南部和山西省的繁峙、渾源、靈丘，西至和順、昔陽、平定。絲弦唱腔以真聲唱字，然後旋律向上大跳翻高，再用假聲施腔，旋律順級下行。因而激越悠揚、慷慨奔放，時而有如怒濤旋轉翻滾，時而又如瀑布急瀉直下。絲弦劇碼相當豐富，約 500 餘齣。其中既有生活小戲，表現民間情趣；也有袍帶大戲，反映宮廷鬥爭。

另外哈哈腔、平調、落子、亂彈、西調、四股弦、淮調、武安平等亦流行某一地區，定縣秧歌、隆堯秧歌、蔚縣秧歌等亦為群眾所喜聞樂見。曾流行保定一帶的橫歧調、上四調、新穎調等，目前已經絕響。

▌河北有哪些膾炙人口的民歌

千百年來，在河北產生、流傳著數以萬計的民歌。在傳統民歌中，題材非常廣泛，有描寫自然景物、記述民間習俗、傳授生產、生活知識、歡慶節日、表達男女愛情及家庭瑣事的等等。在民歌中反映婦女生活題材的佔有相當大的比重，如《童養媳婦苦難當》、《媳婦冤》、《織布》、《愛二娃》、《四輩和玉妹》、《五哥放羊》、《茉莉花》、《繡荷包》等一類以抒情見長的民歌，這類民歌表達感情細膩，曲調優美，親切感人。

河北民歌題材廣泛、內容豐富、體裁多樣。主要體裁有小調、勞動號子、山歌三大類。還有少量的兒歌、宗教及婚喪儀式的歌曲和少數叫賣、生活音調等。

山歌：山歌是人民喜愛的一種民歌體裁。主要流行於張家口地區和靠近太行山的阜平、淶源、平山、井陘、元氏、武安、涉縣及高原地帶。傳統的

山歌表達男女愛情和離人思鄉的為多。如張家口地區流行的山歌《放牛》、《爛席片》；尚義山歌《南山坡高來北山坡低》、張家口的《爬山調》等。山歌的歌詞常常是見景生情，即興而發，大都是在山嶺野外，環境空曠，多為獨唱，歌者無拘無束地抒發感情。因此，山歌的音樂節奏一般比較自由，長音、高音、自由延長音用的較多，聽來氣息悠長，高亢遼闊，都有便於遠傳的特點。

勞動號子：勞動號子在各地都有流傳，以漁民號子、船工號子、爬坡號子以及各種大、小夯號的數量為最多，具有雄壯、豪邁，能夠表達集體力量的特點。絕大多數的號子是以領唱與和唱相結合。豐南的漁民號子，由《尋找魚群》、《搖櫓》、《起帆》、《拉網》、《裝船》五個樂段聯綴而成，每個樂段也都是領唱與和唱的形式。勞動號子的唱詞大都不固定，往往由領者見景生情，即興創作，常常以活潑、幽默、詼諧、風趣的語言，引起勞動者的興趣，以減輕勞動者的疲勞，音調具有強烈的生活氣息，旋律粗獷激烈，節奏鏗鏘有力。

小調：小調是流傳最廣、數量最多的一種民歌形式。有相當多的小調，由於民間職業藝人的傳唱與加工，在藝術上有較大的提高。我省著名藝人周樹堂演唱的《茉莉花》、《放風箏》、《送哥哥進城》、曹玉儉演唱的《繡燈籠》、《合缽》、《茉莉花》以及永年小曲《四輩和玉妹》等，曲調優美、華麗、精緻、細膩，達到了相當高的藝術水準。晉縣盲藝人苑振發演唱的《反對花》、景縣馮景祥等演唱的《大逛燈》等節奏明朗的小調，在演唱上作了細緻的藝術處理。

全中國流行的河北民歌《小白菜》，是一首膾炙人口的佳作。整個曲調委婉、悽愴，如泣如訴，近似哭訴的音調，令人心酸，深刻地描繪出失去母愛的小姑娘的不幸遭遇。

特別值得提出的是晉縣民歌《孟姜女哭長城》，由於民歌手和職業藝人的不斷加工提高，把旋律潤飾得非常華麗流暢，優美動聽，成為我省一支獨具藝術特色的小曲。其他流行全中國的小調民歌還有《小放牛》、《回娘家》、

《鍋大缸》、《蘇武牧羊》等，這些民歌，在不同地區、不同時期填上不同的詞，深受群眾的喜愛，從河北傳向了全中國。

▌河北有哪些不同風格的「吹歌」

自古到今，吹歌是河北最具特色的一種以吹管樂器為主的器樂演奏形式，吹奏群眾喜聞樂聽的樂曲，絕大部分為歌曲（主要是帶有歌詞的民歌曲調）、戲曲和各類牌子曲、套曲等。演奏形式生動活潑，音樂格調清新剛健，富有地方色彩。據史料記載，早在兩千多年前就已出現在中國北方，特別是河北省的廣大地區。

吹歌的樂器為吹奏樂器，但也配有拉絃樂器、彈撥樂器、打擊樂器。常見的有嗩吶、管、笛、笙、簫。嗩吶最為普遍，也是主要樂器，多以演奏熱烈歡騰、富於濃烈鄉土氣息的樂曲為特長。

永年有「吹歌之鄉」稱謂，吹歌的主奏樂器為嗩吶。嗩吶又分為最高、高、中、次中、低音五種。

唐山吹歌（又稱冀東吹歌）由兩支嗩吶（大桿喇叭）一支為上手，一支為下手，所用的嗩吶，較之其他地區的嗩吶要大，吹時費力，兩支喇叭有時同度演奏，有時八度演奏，有時上、下句交替。還有問答式，對奏學舌，模擬人聲等，聲音宏亮而遠，悅耳不燥。唐山地區人人愛聽吹嗩吶，正如人們所說：「喇叭一響，渾身癢癢」（想扭的意思）。唐山一帶的吹歌名藝人經常吹奏的秧歌曲有：《滿堂紅》、《柳青娘》、《句句雙》、《大姑娘愛》、《上天梯》等上百個曲目，人們非常喜愛。

滄州吹歌以嗩吶獨奏、咔奏加伴奏為多。咔奏是根據戲曲音樂的聲樂藝術再創造的器樂藝術，吹唱是巧妙地運用其吹奏技術，以寬廣的音域，運用「超吹」（假聲）的高音區，表現旦角的演唱聲音，「平吹」低音區，可表現淨角的演唱聲音。經常演奏的樂曲有：《小開門》、《小放牛》、《大金枝草》、《小金枝草》、《扯不斷》、《豆葉黃》、《得勝令》、《柳河音》、《玉芙蓉》以及京劇、評劇、河北梆子的唱腔選段。已故的著名吹歌藝人王金山，

演奏藝術造詣很高，他的吹奏，音色透明圓潤，音量控制自如。《歡樂的農村》，是一首描寫豐收之後的歡樂情景。一問一答的對句勾畫出男女老少在一起談笑風生的場面，在樂曲的高潮時，嗩吶採用模仿不同年齡、不同性別的人們的大笑，烘托出樂曲的主題。河北梆子唱腔選段，是運用的吹奏和呀奏兩種方法，嘴與手的配合巧妙自如，真聲與假聲交替出現，使樂曲的音樂形象更加鮮明生動。模仿小旦青衣和花臉的唱腔，表現了河北梆子高亢、壯美、淒婉、奔放的多種音樂特點。

保定吹歌一是定縣子位的吹歌會，二是徐水吹歌。定縣子位的吹歌以齊奏、合奏為多。特點是紅火熱烈，濃郁質樸。經常演奏的樂曲有《大二番》、《小二番》、《小磨坊》、《八仙慶壽》、《紅繡鞋》、《得勝令》、《備馬令》、《要陪送》、《送情郎》、《朝天子》、《四輩上工》、《扯不斷》、《萬年歡》、《一支花》、《秧歌調》、《種棉花》、《放驢》、《打棗》等幾十首。據統計，定縣子位吹歌會，輸送到革命隊伍中的藝術人才就有 40 多名。

近年來發掘、收集、整理的承德避暑山莊的《清代宮廷、寺廟音樂》及90 多首樂曲，受到全中國音協和音樂界的重視，已有專門論述，並在《中國音樂》發表。

▌河北有哪些別具特色的民間舞蹈

在春節期間，河北各地的農民業餘藝術家們，舞動著五彩繽紛的花扇和綵綢，伴隨著節奏鮮明的鑼鼓聲和旋律優美、高亢清脆的嗩吶聲，在農村、城鎮的街口翩翩起舞，以增加節日的歡樂氣氛。河北省的民間舞蹈基本上以秧歌為主，其他還有各種燈類、鼓類以及借用道具表演的獅子舞、竹馬、旱船、花船、小車、大頭舞等共 140 多種。冀東有地秧歌、撫寧扇鼓、五虎棍；冀北有插花落子、撺鼓、舞花鼓、猴打棒、蹦躂會和反映宗教儀式的假面舞；冀中有滄州落子、竹馬落子、花鼓落子、地平蹺、風秧歌、花貍虎、七巧燈、勝芳胯鼓、戰鼓、荷花燈、花籃燈；冀南和冀西有井陘拉花、踏鼓、排鼓、大秧歌、別杠、拾花杠、花船、花車等等。獅子、龍燈、高蹺、旱船、大頭舞、背閣、擎閣、抬閣等舞蹈形式，遍及河北各地。

河北省有代表性的民間歌舞，如徐水的《花獅》，唐山的地秧歌、滄州的落子舞，石家莊的井陘《拉花》等。

地秧歌地秧歌是我省具有代表性的、自娛性很強的一種民間舞蹈形式。傳說地秧歌起源於元朝末期，千百年來一直流傳在我省東部唐山、昌黎、盧龍、樂亭、灤縣、豐潤等十幾個縣的廣大農村。逢年過節或遇到值得喜慶的日子，群眾就裝扮成各種人物形象，成群結隊擁向街頭或村邊廣場，合著大桿嗩吶奏出的優美旋律，盡情地扭了起來，以抒發喜悅的情懷。傳統節目中有以戲曲為內容的《拾玉鐲》、《鐵弓緣》、《斷橋》、《借傘》等等。還有以民間生活為內容的小「出子」。如《瞎子摸杯》、《鋦大缸》、《打灶王》等等。

落子落子也是河北省具有代表性的民間舞蹈之一。它流傳於滄州地區，據查已有一百五十多年的歷史。落子秧歌類型的民間舞蹈，內容多是表現男女愛情和人民生活的。如《茉莉花》、《放風箏》、《繡手絹》、《老媽歎》、《相思》、《探情郎》、《小天台》、《妓女悲傷》、《尼姑思凡》等。落子的表演形式，演員的增減，服裝頭飾的更換，完全根據人物、內容的需要而定，現在的落子大都已成為由同等數量男女表演的集體舞。滄州人民喜練武術，武術在落子舞中也有明顯反映。男性演員的基本動作，主要來源於武術中的單刀式。女性演員的動作「抽板」、「繞頭板」、「蹬步」、「虛步」等，也接近於武術的動作。

拉花每逢新春佳節，井陘山區的南正、莊旺、固底、小作、南石門、北平望和賈莊的農民們總要扭起「拉花」，歡度佳節，喜迎豐年。「拉花」的舞蹈特點是扭起來可長可短，沒有固定的時間。它的舞蹈動作剛柔並蓄，柔中有剛，富有內在韌力。男性演員動作剛勁挺拔，女性演員動作穩重幽雅。舞姿造型與舞蹈語彙的大與小，高與低，動與靜，曲與伸的對比性強。欲放先收和強烈的抖肩動作，遺有元代蒙族和中原文化交流的痕跡，下肢動作的高抬穩落很有行走山路的特點。「拉花」的樂曲原有 12 首。曲調優美動聽，節拍穩定，富有濃郁的鄉土生活氣息，用民間管絃樂隊伴奏，加進九音鑼的音響效果，使「拉花」具有引人欲舞的魅力。

你瞭解絲弦嗎

　　絲弦，古名「絃索腔」，民間俗稱「弦子腔」、「弦腔」、「小鼓腔」、「女兒腔」等等，現代稱為「絲弦」，流行於河北省中南部，是全中國稀有劇種之一。劇種起源於明末，其聲腔為元、明流行於燕趙的小令。石家莊地區是絲弦劇種發展的中心。清朝初年，絲弦戲就盛行於石家莊地區了。如今絲弦已成為石家莊極其重要的地方劇種之一，也是河北省特有的較古老的地方劇種之一。

　　絲弦戲的唱腔除有《山坡羊》《歌南子》《桂枝香》《鎖南枝》等散曲外，主要由古代地方《弦腔調》系統中官調與越調兩種組合而成，故為混合唱腔體制的劇種。「官調」唱腔明快、清新，「越調」為絲弦戲中另一板式變化體腔，主音正好位於官調音下方四度，成為官調的屬調。戲中生角、旦角均為官調，其唱腔激越、悠揚，宜於敘事和抒情。以真聲唱字、假聲拖腔，交替使用，抒發情感。絲弦戲的表演繼承了木偶戲的衣缽。後來變為真人登台演出，表演以身段動作、面部表情和手指動作等完成戲中角色形象的塑造及人物的刻畫，其間不乏誇張的手法。

　　石家莊地區的絲弦曾經湧現出一批造詣很深，群眾十分推崇的著名藝人，他們技藝高超，名聲顯赫，被譽為太行山麓「四紅」的有獲鹿紅－王振全，平山紅－封廣亭，正定紅－劉魁顯，趙州紅－何鳳祥。

　　周恩來總理生前對絲弦戲倍加關懷和愛護，他曾四次接見了石家莊絲弦劇團全體人員，其中三次合影留念，一次親筆題詞：「發揚地方戲曲富於人民性和創造性特長，保持地方戲的艱苦樸素和集體合作的作風，加強學習，努力工作，好好地為人民服務。」題詞至今仍鼓舞著廣大絲弦工作者。

井陘拉花是怎樣一種舞蹈

　　井陘拉花類屬北方秧歌，形成和流傳於石家莊市井陘縣，是石家莊第一批非物質文化遺產，河北省三大優秀民間舞種之一。她源於民間節日、廟會、慶典、拜神之時街頭廣場花會。早在唐代元和八年成書的《元和郡縣誌》就

有記載。建國以來，井陘拉花得到了進一步的挖掘繼承、改革發展，從而使她享譽全中國、名揚海外。

　　有關井陘拉花的傳說很多。一說拉花是在運輸牡丹花過程中形成的舞蹈，故稱「拉花」；又說拉花是在逃荒中形成的舞蹈，「拉花」即「拉荒」的諧音；還說拉花舞蹈中的女角色叫「拉花」，因而取名拉花等等。後人認為，井陘山路崎嶇，人們行走不便，古代女人多小腳，出走需男人攙扶，而女性雅稱「花」，這時形成的民間舞蹈稱之為「拉花」是有道理的。

　　井陘拉花雖屬秧歌範疇，但她有顯著的自身特點。她以「抖肩」、「翻腕」、「扭臂」、「吸腿」、「撇腳」等動作為主要舞蹈語彙，形成剛柔並濟、粗獷含蓄的獨特藝術風格。她舞姿健美、舒展大方、屈伸大度，抑揚迅變，擅於表現悲壯、眷戀、愛情、行進的情緒。傳統的井陘拉花表演人數為六人或十二人，取「六合約春」之意。演員手執道具，各有其象徵：傘——風調雨順；包袱（現不多用）——豐衣足食；太平板、霸王鞭——四季太平、文治武功；花瓶——平安美滿。現在看到的井陘拉花雖做了很大改進，但均在此基礎上發展而來。

　　井陘拉花的音樂可稱為獨立樂種，女性既有河北吹歌的韻味又有寺廟音樂的色彩。剛而不野，柔而不靡，華而不浮，悲而不泣，與拉花舞蹈的深沉、內涵、剛健、豪邁風格交相輝映、渾然一體，給觀眾留下難忘的美感。

▌聞名全中國的故事村在哪裡

　　槁城市耿村是全中國聞名的故事村。全村 280 戶，1200 多人，能講故事的有 134 人。按照中國外一些專家對民間故事家的劃分方法，確定能講 50 個以上、100 個以下者 21 人，為中型民間故事講述家；講 100 以上者 15 人，為大型民間故事家。年齡最大的 80 多歲，最小的 10 歲。有的一家三代都講故事，還有許多故事夫妻、故事父子、故事兄弟、故事母女。目前已整理出文字資料 4630 篇，約 5000 餘萬字。

自古以來，耿村就處於山西陽泉到德州的交通要道上。這裡的一、六日集市一直十分繁華。每年農曆四月初一到初四的耿王廟會，吸引著方圓百里的各種客商，形成了一個商品和民間文學的集散地，積澱成一個民俗文化的大礦。

你知道河北的宮燈是哪製作的嗎

每逢節日，在華人的世界大江南北，大街小巷，大紅燈籠高高掛的景色隨處可見。你知道嗎，這些喜慶的燈籠大多產自槁城市木連城鄉的屯頭村。

屯頭村生產燈籠的歷史早在 300 年前就開始了。據傳，清代雍正年間，屯頭村有一老漢做了幾對鮮豔奪目的燈籠，被縣太爺看中。縣太爺便把這幾對燈籠作為貢品送給了雍正皇帝，皇帝龍顏大悅，隨即把屯頭燈籠定為貢品，取名貢燈，成為皇宮專用品。後來人們把貢字換成宮字，就成了現在的「宮燈」。

製作宮燈是屯頭人的絕技，早在清代雍正年間，屯頭宮燈就以其「富麗華貴」獨享江北，屯頭博得「江北宮燈獨一處」的讚譽。清末民初直到中華人民共和國成立前的幾十年，由於軍閥混戰，內亂不斷，加之帝國主義的侵略，宮燈生產日見蕭條冷落，後來便銷聲匿跡。改革開放後，宮燈第 64 代傳人李洛碩對傳統的製作工藝進行改造創新，使宮燈更加美觀大方，色豔不俗，並由過去的單一型號，發展到現在的十幾個型號，近百個花樣品種。最小的 20 公分，最大的 300 公分。改造後的屯頭宮燈以精湛的工藝和優美的造型吸引了大批客戶，使宮燈在各地久銷不衰，部分宮燈還遠銷東南亞。

河北人的家鄉戲是哪一個劇種

河北梆子，又稱梆子腔，過去也叫直隸梆子、京梆子，是中國梆子腔的一個重要支脈，也是唯一冠有「河北」二字的主要地方劇種，被河北人民親切地稱為「家鄉戲」，或稱之為「省劇」。河北梆子脫胎於清康熙年間（1662—1722）流入河北的山西、陝西梆子。河北梆子系板腔體結構，有慢板、二六板、流水板、減板等。梆子按節拍，音調高亢激越。這種外地輸入的聲腔，

經河北人民按照自己的語言音調、生活習俗、文化傳統等進行改造、培育後，於清道光年間（1821—1850）形成河北梆子。河北梆子誕生後，經過一段成長、完善時期，於清光緒初年進入興盛時期。20 世紀 50 年代後，河北梆子進入了復興時期，在劇種方面不僅擅長於表現歷史題材，而且能很好地反映現實生活；在舞台藝術上，無論是音樂、表演以及舞台美術方面，都有極大的變化和明顯的提高，從而使河北梆子增添了明朗、剛勁、華麗、委婉的特點，流行於河北、天津、北京以及山東、河南、山西部分地區，成為中國北方影響較大的劇種之一。河北梆子在其興盛期，還曾傳入中國東北三省、江淮地區以及俄羅斯和蒙古人民共和國境內。

石家莊地區梆子劇團很多，經常演出的劇碼有《寶蓮燈》《拾玉鐲》《秦香蓮》《穆桂英大破天門陣》《楊門女將》《趙氏孤兒》《杜十娘》等，深受廣大觀眾歡迎，裴豔玲、張惠雲、彭蕙蘅、許荷英四人五獲「梅花獎」。

▋中國現代民間繪畫之鄉是指哪裡

石家莊市辛集農民畫歷史悠久，源遠流長。早在明清時期，這裡的人們就有畫、繡、剪、編等民間傳統。20 世紀 50 年代，以壁畫為主要形式的辛集農民畫，清新質樸，範圍廣泛。20 世紀 60 年代，辛集農民畫發展趨向文雅工細，注意造型。20 世紀 70 年代以來，辛集農民畫作品注重表現生活，具有醇厚、粗獷、稚拙、絢麗的地方特色。

辛集農民畫題材豐富，充滿濃郁的鄉土氣息；構思奇巧，抒發了作者生活的心聲；畫法細膩純樸，不拘一格；色彩凝重豔麗，具有無窮魅力。它吸取了剪紙、吊掛、民間印染、地方戲曲等姊妹藝術的營養並融入畫中，形成了「稚拙純樸、雅俗共存」的獨特風格。

▋保定民間「聽戲不離老調」之說是怎麼回事

中國成熟的戲劇藝術是從元雜劇開始的。元代的雜劇演員經常在保定（當時叫順天府）演出。據《祁州志》記載，著名的雜劇作家關漢卿就是保定市

安國伍仁村人。王實甫，有研究者認為是保定定興人。他們創作的《竇娥冤》、《西廂記》等至今仍膾炙人口，久演不衰。

今天的河北梆子最初的興起也是在保定，它是在山西、陝西梆子的基礎上，經河北藝人的修改、演變而來的。第一個科班誕生在定興、徐水一帶，現已發展為河北省最主要的劇種。

要說最具保定特色的地方戲，那還要算「老調」。保定老調至今約二、三百年的歷史，元、明年間，在流行於燕趙的民歌俗曲河西調的基礎上演變而成，這就是老調。老調地方色彩和鄉土氣息濃郁，唱腔質樸高亢、剛直而又不乏委婉。在保定，老調有著廣泛的群眾基礎，當地百姓街頭巷尾、田間地頭經常哼唱，所以民間曾有「聽戲離不開老調」之說。

為什麼徐水獅子舞享有盛名

在河北省的 140 多個縣市中，就有 110 個縣市有在節日期間表演獅子舞的風俗，其中又以徐水縣最為著名。

徐水獅子舞的表演形式是由一個人或兩個人手持繡球引逗一頭或幾頭獅子。一頭獅子由兩人扮演，一人耍獅頭，一人耍獅尾，兩人緊密配合，隨著繡球追逐嬉戲，做各種動作。表演上分「文獅」和「武獅」兩種。「文獅」主要特點是刻畫獅子溫順的神態，如搔癢、舔毛、打滾、抖毛等動作；「武獅」則表現獅子勇猛的性格，如跳躍、跌撲、登高、騰轉、踩球、鑽火圈等等。經過加工整理的徐水獅子舞，把「武獅」和「文獅」的技藝結合在一起，既表現了雄獅的勇猛、活潑，又表現了耍獅人的勇敢、智慧。

保定摔跤高手有哪些

保定人歷來尚武，尤其是摔跤，在保定歷史上尤為著名。據史料記載，保定的摔跤是明朝時傳開的，後經保定武林歷代英豪提煉、改進、創新，把摔跤的技巧同拳術中的身、法、步相結合，逐漸形成了剛柔相濟、靈活巧當、快速多變的風格。歷史上保定著名的摔跤高手有道光時期的馬長春，他曾與

王爺奕經手下的「跋士胡」（滿語一等摔跤手的意思）一試高低，大勝對方，由此得「江南柳」的綽號（意為腰腿靈活、柔軟）。生於咸豐年間的清真寺回民平敬一，是馬長春的關門弟子，他武功卓絕、行俠仗義，後成為保定摔跤一流高手，成為保定武術、摔跤著名宣導者。平敬一之後是他的八大弟子張風言、王福田、白俊峰、馬蔚然、馬殿元、尹長祿、於殿奎、馬良，他們個個身懷絕技，八大弟子中的白俊峰是聞名遐邇的白運章包子鋪主人白運章的二哥，此人摔法犀利、乾脆俐落著稱。八人中最有「出息」的是八弟子馬良，他在學成後投軍，靠著高超的武功和聰明的頭腦平步青雲，清時任濟南鎮江守使，第五鎮第九協統領。北洋軍閥時期，任山東督軍，成為獨霸一方的軍閥。民國期間，保定摔跤運動達到了有史以來的最高峰，此時群星爭豔，湧現出了一些名震全中國的跤壇高手。最著名的有張風言的關門弟子、號稱「花蝴蝶」的常東昇、閻善益以及技藝高、招路多的馬文奎。

█你瞭解保定民間最流行的踢毽遊戲嗎

踢毽，作為一種民間遊戲，不登大雅之堂，因而史料幾乎沒有記載，但從一些民間傳說卻反映出這項運動的源遠流長。據說三國時即有了毽子的最早雛形，到了隋唐時期，中國封建社會空前繁榮，人民文化生活也隨之提高，開始有了踢毽遊戲。宋元時期，出現了技巧踢毽和技巧踢球。到了明清時代，踢毽從城市發展到鄉村，踢毽的規模、技巧也達到了鼎盛時期，當時，保定踢毽風靡全城。當地民間歌謠曾有：「柳樹活，抽陀螺；楊柳青，放空鐘；楊柳死，踢毽子。」可見，踢毽在明朝已與陀螺、空竹並列為三大民間遊戲，並且已成為季節性的廣大群眾的遊藝活動了。清末民初，保定作為直隸首府，毽風極盛，古蓮花池門前、王字街口、舊縣街口等均為當時的踢毽「據點」。踢毽十分有益於健身，它既不像太極拳那樣穩慢，又不像田徑運動那樣激烈。常作踢毽運動，可以調養神經，解除疲勞，使情緒亢奮、呼吸加快，有益於血液迴圈、新陳代謝，提高心肺功能及消化功能。尤其是冬季，踢毽更是戶外一種良好的禦寒取暖活動。另外，各種花樣技法踢毽，要求身體各關節活動幅度大，對發展全身肌肉及各關節的韌性也有好處。所以，經常踢毽，對老年保健、延緩衰老，可收到一定功效。對青少年也能造成增強體質的作用。

為什麼吳橋被譽為「雜技之鄉」

河北省吳橋縣一向有「雜技之鄉」的稱譽。當地人們把雜技叫做「耍玩意兒」。此地流傳有：「上至九十九，下至才會走，吳橋耍玩意兒，人人有一手」的民謠，被世人譽為「世界雜技藝術的搖籃」。現在，吳橋境內，無論是在村莊農舍，還是在田間地頭，到處可以看到演練雜技的動人場面。勞動工具或生活用具，都可以當作演練雜技的道具。有些雜技世家，從一兩歲起就訓練小孩子的雜技功底。多年來，這個馳名中外的雜技馬戲之鄉，培養出了一大批技藝精湛的專業演員。現在，全縣有幾十個專業的或業餘的雜技團，演員達 1000 多人，若論有一兩手雜技本領的人，則不計其數。

冀州武術有什麼特點

冀州歷史悠久，民間武術也因此源遠流長，形成了自己的獨特風格，歷史上稱冀州人為「裔燕趙慷慨俠風」。清朝以前曾出現過許多武林大師。清朝時曾有 41 人中過武舉，清末民初還出現了許多劫富濟貧的武林豪傑。冀州武術有眾多流派，其中流傳最廣，技藝最精的是八卦掌和梅花拳，另外還有三皇炮錘、彈腿、地宮拳，大小洪拳、少林拳、太祖拳、形意拳等眾多武術類別。

八卦掌是中國著名的四大拳種之一，海內外許多武林人士都有所耳聞。冀州人尹福，身材瘦小，所以江湖人送外號「瘦尹」，他吸收了董海川的拳藝精華，創立了以冷掌技擊見長的尹派八卦掌，名噪一時。梁振普武藝精湛，收有海內外許多弟子。梅花拳繼承人曹振譜為冀州大羅村人，1921 年到開封收徒傳藝，將梅花拳在河南等地傳播開來，並遠及西安、武漢等地。另外還有許多武林高手像「宋氏三傑」等，他們都德高藝精，除暴安良，體現了燕趙俠士的慷慨之氣。

河北省被譽為「中國音樂的活化石」的古樂在哪裡

距北京 90 公里的河北省固安縣屈家營村，由於「出土」了屈家營古音樂，近些年來越來越引起中外專家學者的注目。音樂界認為，屈家營古樂是中國

目前發現的最古老、最完整的古樂，與西安仿唐樂舞、湖北編鐘樂、北京智化寺音樂並稱為中國四大古樂，被譽為「中國音樂的活化石」。

屈家營古音樂繼承了中國古典樂曲的特點，是河北省境內保留得最完好的古老音樂之一。屈家營音樂會源遠流長，音樂會即民間傳統樂社的專稱。據考證，屈家營村有音樂會的歷史可以清晰地追溯到十五世紀中葉，明清時期已在京津寺廟和冀中民間演奏。屈家營古音樂樂風古樸，樂隊由管、笙、笛、雲鑼和鼓、鈸、鐺子等組成，屬於帶有宗教色彩、濃縮民族文化傳統的吹奏打擊樂。其保留的樂器有很高的史料價值。

屈家營古音樂包括十三支套曲、七支大板曲、三十支小曲和一套打擊樂。它曲目豐富，而且曲譜、曲目都是固定的，時值今日，屈家營古音樂的樂手們，還能演奏《罵玉郎》、《玉芙蓉》《泣顏回》等十三支大麯和《棉搭絮》、《五聖佛》等三十餘首小曲，樂譜完整，其傳承方式在相對封閉的狀態下保存下來，幾乎是原汁原味，古音樂自形成以來，一直在本村內代代承傳。「音樂會」主要為鄉村喪禮及民間祭祀活動無償提供服務，在民俗文化中佔有重要地位，曾被專家稱為「音樂活化石」。

你看過昌黎地秧歌嗎

昌黎地秧歌是一種傳統的民間舞蹈，是在逢年過節或喜慶日子裡，群眾舉辦花會活動中的一種形式。昌黎地秧歌作為一種傳統的民間藝術流傳到今天已經有一千多年的歷史了，昌黎縣的先民們為了祈求風調雨順、五穀豐登，他們借助那些無拘無束的手舞足蹈，來表達自己的思想感情，來磨練自己的意志，來寄託對美好生活的嚮往，這是昌黎地秧歌的雛形。

秧歌的主要伴奏樂器是嗩吶，配上鼓和鈸作為打擊樂，人稱吹歌。昌黎秧歌的樂隊和其他漢族秧歌的樂隊基本相同，但是昌黎秧歌中的許多動作，像「抖肩」、「聳肩」和「搓肩」這些動作和陝北、東北的秧歌大不一樣。這到底是怎麼回事呢？昌黎地秧歌最早可以追溯到元代，當時戰亂頻繁，北方的遊牧民族大量南移，這樣遊牧民族的文化就帶到昌黎這個地方來了。因此昌黎地秧歌的舞蹈動作和服飾都帶有北方遊牧民族的特點。

　　昌黎地秧歌角色有醜、妞、擓、生四類，主要道具按人物性格分別持彩扇、花娟、團扇、煙袋、棒槌等。其舞蹈動作細膩、逼真、風趣，面部表情以傳神為主，這使得昌黎地秧歌獨具魅力，因此昌黎千百年來流傳著這樣一個奇妙的民俗風情：過大年時，老百姓拜年不磕頭，而是扭秧歌。現在不僅過年、娶媳婦、商店開業，凡是有喜事，昌黎人都要自娛自樂扭秧歌，而且還請秧歌隊到家裡來表演，增加熱鬧的氣氛。昌黎地秧歌的代表作為傳統「跑驢」節目《傻柱子接媳婦》，另外還有「鋸缸」、「捶布舞」、「撲蝴蝶」等許多作品。如今，昌黎秧歌聲名遠播，經常被邀請到北京、上海、天津、瀋陽等地方表演。

你知道河北海水浴、陽光浴、沙浴和空氣浴的好去處嗎

　　秦皇島市自然環境優越，自然資源豐富，具有遼闊的海域和漫長的海岸線，而且大部分海岸線為沙岸，海水清澈，沙軟潮平；秦皇島市屬於半濕潤大陸性季風氣候，但又具有海洋性氣候特點，因此這裡四季分明，氣候溫和，日照充足，幹濕相宜，空氣清新，空氣中富含氯、碘、鈉等離子，負氧離子含量大約每立方公分 7000 ～ 10000 個，是進行海水浴、海沙浴、日光浴、空氣浴的最佳天然場所。

　　凡是有海的地方，都可以進行海水浴，但在秦皇島的海水浴卻有它得天獨厚之處：沙岸長、水清、沙軟、潮平、坡緩。這不僅在中國，而且在世界上也是罕見的。海水浴不僅能使人獲得無窮的樂趣，而且還能夠鍛鍊身體，增強體質。據有關專家研究，進行海水浴對人體有很多益處。在海面和海濱，由於海浪有節奏的撞擊，會產生大量的被稱為空氣維生素的負離子，負離子多可使空氣清新；負離子進入人體，能提高中樞神經系統的功能，增強肺活量，加速血液迴圈，促進新陳代謝，還能安神、鎮痛、降血壓，還可輔助治療肺結核、哮喘、高血壓、神經衰弱等疾病；另外，海水中還有許多浮游生物吞噬菌體，具有強大的滅菌能力，能殺死人體皮膚上的病菌，幫助防病治病；此外，海浪對人體的衝擊也是一種很好的大自然按摩，這種按摩不僅使

人們感到特別舒適，還能刺激皮膚，促進血液迴圈。因此經常進行海水浴，可以使心肌更加發達，血管更富有彈性，提高血管功能，對防止心臟病和心血管疾病有一定作用。

　　太陽普照全球，在任何地方都可以進行日光浴。那麼在秦皇島進行日光浴有什麼獨特之處呢？夏季進行日光浴，氣溫最好在 20℃左右，地點最好在海灘，空氣要儘可能的清新，秦皇島恰恰具備這幾個重要條件。進行海水浴之後，接著就進行日光浴，是再好不過的安排。有句諺語說：「陽光不到的地方，是醫生常到的地方。」這通俗地說明了日光浴的醫療保健作用。日光浴就是人體接受太陽紫外線和紅外線的照射。據有關專家研究，紫外線具有強大的殺菌作用，它能削弱細菌和病毒的活力，抑制其生長繁殖；直射的紫外線能直接殺死細菌和病毒；另外在陽光下照曬一定時間，使皮膚血管擴張充血，會形成紫外線紅斑，這種紅斑具有抗炎症、抗神經痛、抗過敏等多種健身效應，能改善皮膚營養狀況，提高皮膚抗病能力。紫外線只為皮膚表層吸收，而紅外線能深透到人體內部，使人體深部組織的血管擴張，出現溫熱，有利於促進血液迴圈，加深呼吸，增加心臟跳動能力和全身新陳代謝。

　　只要有沙子的地方就可進行沙浴，而在秦皇島海濱進行沙浴是最理想的場所。這裡的海濱浴場，沙灘廣闊，沙層鬆軟，厚度大，清潔，沙粒適中，平均細微性 0.3 毫米，圓度 0.4 毫米，而且海沙中含有豐富的鈉鹽和鎂鹽，吸濕性較大，乾燥得慢，具有保健醫療價值。海水浴後，進行沙浴是一種享受，因為細沙經過太陽光的照射，溫度最高可達 38℃，暑期平均沙溫 31℃，這對人體是最適宜的；同時濕熱的沙浴還具有消炎、止痛、解痙的功效。因此沙浴對治療關節炎、皮膚病、神經衰弱有特效，若用細沙輕揉擦，效果則更佳。

　　空氣浴就是裸露身體或穿著單短衣服而讓空氣「沐浴」身體，但是並不是任何地方都適宜進行空氣浴，空氣浴要選擇陽光充足、氣溫適宜的海邊、樹林或花草叢生的地方進行。現代醫學證明，空氣中一定濃度的負離子對人體具有多方面的良好作用，有人把它稱為空氣中的「維生素」，秦皇島海濱空氣中含有大量的負離子，據測定每立方公分含量達 7000～10000 個，大

大高於其他城市和農村。空氣浴能改善皮膚血管和體溫的調節功能，提高神經系統的興奮性和肌體對外界環境的適應能力；同時空氣中大量的負離子還能改善人體心肺功能，降低血壓，促進新陳代謝，提高免疫功能，增強人體的抗病能力。

你知道秦皇島最好的海濱浴場在哪裡嗎

秦皇島地處渤海北岸，海岸線長 126.4 公里，其中除 20.5 公里岩石岸線外，其他均為沙質岸線。秦皇島一帶沙軟潮平，坡緩水清，水面開闊，是進行海水浴的好地方。秦皇島最好的海濱浴場有北戴河的老虎石浴場、南戴河海濱浴場以及黃金海岸浴場。

老虎石海濱浴場，是北戴河海濱東起狼牙山、西至戴河口長達 15 公里的環海中心浴場，這裡地理位置優越，沙軟潮平，入海坡度平緩，水質良好，鹽度適中，灘寬海闊，因而成為遊客最多的浴場。沙灘顆粒晶瑩，細微性平均為 0.3 毫米，球度為 0.6 毫米，沙灘中含有豐富的鈉鹽和鎂鹽，吸濕性較大，乾燥的慢，具有保健醫療價值和經濟價值。

南戴河海濱浴場，自然條件得天獨厚，被眾多旅遊者稱頌為「天下第一浴」。這裡沙軟潮平，灘寬水清，風爽無塵，潮汐穩靜，水溫適度，安全舒適；海底沙細柔軟，無礁石碎塊，無汙泥爛草；海水清澈透明，無汙染。海濱岸邊沙灘寬 100—250 米，寬敞坦蕩，色黃如金，細柔潔淨，是進行海浴、沙浴、日光浴的理想的天然佳境。

黃金海岸海灘平緩，沙質細柔、均勻，在陽光輝映下呈金黃色，含土量極低，因此被譽為華北旅遊的「黃金海岸」。這裡海水清澈潔淨，海底細沙鋪地，無礁石汙泥，據海上檢測部門測定，這裡大部分海水屬一類海水。由於海流、海浪的作用，這裡的沙灘鬆軟寬廣，沙質純細，細微性均勻，色澤黃褐，海灘平緩，它的特點就是沙細、灘緩、水清、潮平。

冀東地秧歌有何特點

冀東地秧歌廣泛流傳在河北省唐山地區。據《中國古代舞蹈話》（王克芬著）記載：「秧歌是由古代的『村田樂』演變而來」，它們的源泉是古代勞動人民的生活。

地秧歌，徒步於地上表演，不受演出場合和道具的限制，比較機動靈活，易學易演，是自娛性和表演性相結合，有廣泛群眾基礎的一種民間舞，傳統的活動形式，基本上分過街秧歌和場子秧歌兩種。過街秧歌，走街串巷，沿途表演。它的主要特點是：節奏與動作統一，表演各異，舞姿簡潔，邊走邊扭。場子秧歌，遇到廣場或十字街頭，拉開場面，大扭一番，有時還扭一會兒，唱一段，用鑼、鼓、釵間奏，然後表演帶故事情節的「小出子」（即小型舞蹈節目）。主要特點是：具有典型人物性格，舞姿舒展、健美，畫面靈活多變。

地秧歌的傳統表演形式，大多是前邊有兩個武生打扮的人物（有的扮成武松、魯智深），手舞花棒，開路打場，後跟提花籃、拂塵的童子及田公、漁婦、樵夫、書生等角色。在行業上分「妞」（少女或小媳婦）、醜（詼諧、幽默的滑稽角色）、㧟（中年或老年婦女）、公子（文質彬彬的書生）。表演上的共同特點是腳下步伐上下顛顫，結合肩部與腰部扭動和雙手搖擺為主，就好像風擺楊柳一般。手中的道具根據人物性格，分別手持彩扇、花絹、團扇、撥郎鼓、棒槌、煙袋等，手部的基本動作以八字翻花為主，上下左右，前後抖動扇花，變化萬幹，如雙雙對對的彩蝶在花叢中飛舞，既抒情、優美、典雅，又火爆、潑辣、熱情、歡快，富有詼諧、幽默、質樸健康的生活情趣。伴奏以悠揚的大嗩吶為主，配以中、小釵作打擊樂。大多習慣於吹奏《滿堂紅》《句句雙》《柳青娘》等喇叭牌子曲，易於表現樂觀、歡快、喜悅的節日氣氛。

何謂樂亭三支花

皮影、大鼓、評劇號稱樂亭地方藝術的「三支花」。

皮影戲，是唐山著名的地方曲藝，以灤縣的驢皮影而著稱，在當地又稱「影子戲」、「燈影戲」、「土影戲」、「皮猴戲」、「紙影戲」等。它是用燈光照射獸皮或紙版雕刻成的人物剪影以表演故事的一種戲劇。劇碼、唱腔多與地方戲曲相互影響，曲藝人一邊操縱一邊演唱，並配以音樂。皮影戲的內容，多為傳統的歷史戲、神話劇等。皮影造型精工雕刻，概括洗練，裝飾紋樣誇張，具有藝術韻味。皮影的製作，最初是用厚紙雕刻，後來採用驢皮或牛皮刮薄，再進行雕刻，並施以彩繪，風格類似民間剪紙，但手、腿等關節分別雕刻後再用線連綴在一起，表演時能活動自如。皮影的雕刻技法和過程，藝人們歸納為：「先刻頭帽後刻臉，再刻眉眼鼻子尖，服裝髮須一身全，最後整裝把身安，刻成以後再上色，整個製作就算完」。皮影不僅具有使用價值和欣賞價值，而且還具有很高的藝術價值和收藏價值如今，皮影戲作為一種民間藝術，已遠播海外，成為一種世界性的藝術，國外不少工藝美術愛好者把皮影作為壁飾和櫥窗裝飾品。

樂亭大鼓發源於河北省樂亭縣，是當地人民根據樂亭語言、音調、文化傳統創造的。經過歷代大鼓藝人在演唱實踐中不斷發展完善，明中期已形成完整的唱腔體系。乾隆六年（1741 年）正式定名為樂亭大鼓書，恭親王觀看演出後又賜名樂亭大鼓，此名一直延續至今。樂亭大鼓在內容上有的揭露封建統治的腐朽和醜惡，有的歌頌抗擊侵略的英雄人物，有的讚美中華民族的傳統美德，有的反映普通勞動人民的追求與嚮往，有的表現農村的風俗人情，主要故事有五大類：（1）征戰禦敵；（2）歷史故事；（3）俠義、公案；（4）神話傳說；（5）寓言雜事。伴奏樂器為大三弦，輔以皮鼓、鐵板擊節。樂亭大鼓自清代進入全盛時期以後，始終在曲藝界佔有主要地位，在群眾中特別是北方廣大農村有深遠的影響。

評劇的發展雖不過百年，但它以自己的藝術魅力征服了長城內外、大江南北。評戲何以誕生於冀東這塊沃土呢？19 世紀末，由於清政府的腐敗，北洋軍閥的混戰，冀東一帶人民生活處於水深火熱之中，農業經濟遭到了嚴重的破壞，舊的經濟關係開始分化。一部分農民下關東逃荒、經商；還有一部分人，由於生活所迫棄農從藝。在冀東湧現出許多民間藝人，以蓮花落藝人為最多，他們賣藝乞食，流浪街頭，在農閒時出去演唱蓮花落，零散的蓮

花落藝人因難以餬口，便逐漸組織起來，產生了許多蓮花落班社，評戲開始萌芽。評劇創始人成兆才先生就是這樣走上唱蓮花落道路的。評戲產生初期，正處在「五四」運動前後，新文化運動對評戲產生了巨大影響，在評戲演出中，努力宣傳戒煙、放腳、剪辮子等新思想、新觀念。編演了《大煙歎》《花為媒》《杜十娘》等一批揭露舊社會罪惡及以《楊三姐告狀》為代表的爭取婚姻自由的反封建戲劇等，由於跟上了時代，適應了觀眾的審美要求，所以也促進了自身藝術的發展與傳播。

▌廣宗梅花拳知多少

梅花拳簡稱梅拳，過去不論練功或技擊都在椿上練習，所以又叫梅花椿。後因時代變革，逐漸由椿上改為地上練功，所以梅拳也叫落地梅花拳。它是一種內練氣、外練型，內外兼修，攻防技擊性強，體用兼備的傳統拳術。相傳梅花拳是由東漢末年黃巾軍流傳而來。據《廣宗縣誌》記載：明朝初年，護衛大將軍李元福在廣宗大平台一帶屯兵墾荒時曾創辦武校。清朝乾隆九年（1744 年），江南梅花拳一代宗師鄒文聚由江蘇徐州傳拳術到達廣宗前魏村。自此以後，梅花拳在廣宗發揚光大。歷史上廣宗造就了一大批武進士、武舉人和武術名師；如李永吉、景廷賓、郭青海、喬德元、王老太等。建國後，梅花拳在廣宗更為普及。

▌太平古樂是什麼曲子

太平古樂原名「太平道樂」，產生於西元 180 年前後，至今已有 1800 多年的歷史了。主要流傳在刑台廣宗一代的農村。太平古樂屬於道教，在發展過程中為傳播教義而服務。這種音樂無樂譜抄本，主要靠口傳心授，受北京道教音樂影響頗深，目前太平古樂主要用於民間的齋醮法事。太平古樂以管、笙、笛、簫等樂器為主，配以壇鼓、雲鑼、鐺子、大鐃、大鈸、小鈸、鑔、磬、木魚等，曲調明亮、激昂奔放。演奏形式分動樂和靜樂，動樂是指邊行進邊演奏，被稱為舞樂；靜樂指演奏者立著演奏。歷史上，唐高宗曾多次召

見廣宗太平古樂樂師，並把著名的「三仙曲」（祈仙、望仙、翹仙）作為宮廷朝拜、慶典的音樂，曲牌至今仍在沿用。

█隆堯招子鼓有何藝術魅力

隆堯招子鼓原稱鼓會，是一種傳統的民間藝術，廣泛流傳在隆堯，尤以千戶營鄉最為盛行。隆堯招子鼓有其獨特的藝術風格，最明顯的標誌是每個小鼓演員背部都附有一桿引人注目的鼓招子。招子鼓的樂器全是打擊樂器，大致分為鼓、鑼、鑔三類。鼓又分為大鼓、小鼓 2 種，鑼按大小分 4 種，鑔分鈸、鐃、鑔 3 種。演員按行業可分為五種，最引人注目的是醜角，身穿綵衣，手持紙扇，詼諧滑稽，善於逗樂。招子鼓以鼓招子為主要道具，目標鮮明，招徠觀眾。隆堯招子鼓以其獨特的藝術魅力，鏗鏘的鼓譜韻律，粗獷豪放的舞姿而獨樹一幟。據傳李世民曾因藏在大鼓中躲過追殺，因此每逢佳節或朝中大事即以鼓助興；也有人說李自成領導農民起義，作戰時令將士以鼓助威，打了不少勝仗，久之而形成鼓會。今天，為適應社會主義新文化建設的需要，隆堯招子鼓大膽創新。

█你聽過刑台的地方戲曲亂彈嗎

亂彈是河北省歷史悠久並具有一定影響的劇種，它與崑腔、高腔、絲弦並稱為河北四大劇種。因其流行地域和腔調上的區別，又有東、西路之分。清朝初年，劉獻廷在《廣陽雜記》中記載：「秦優新聲，有名亂彈者，其聲甚散而哀」。這是有關亂彈腔的最早記載。又據徐大椿的《樂府傳聲》記載，清乾隆年間，亂彈已成為與當時「西腔」、「高腔」、「梆子」等相提並論的重要聲腔，在北方廣為傳唱。亂彈已經形成自己的獨特風格，隨著京徽合流，亂彈便脫離出來、自立門戶。亂彈在發展流行的過程中，受到燕趙、齊魯民俗和北方梆子聲腔的影響，其風格逐漸趨向高亢激越、渾樸粗獷，主要唱腔仍保持原來的調式，伴奏沿用嗩吶、笛子和絃索。亂彈的角色分為生、旦、淨、醜四大行業，按年齡、性格、身份、特徵又分為若干小行。亂彈的表演古老渾樸，尤以武功見長，藝人在舞台上，應用了民間武術的技法，發

展了武打表演，許多亂彈武生都身懷絕技。辛亥革命期間是亂彈劇種的興盛時期。當時班社眾多，名伶輩出。新中國成立後，亂彈這一劇種獲得新生，一些專業劇團相繼成立，農村業餘劇社也異彩紛呈。尤其是威縣亂彈劇團排演的劇碼，多次在省、市匯演中獲獎，蜚聲燕趙藝壇，該團編排的《王懷女》一劇還被搬上電視螢屏，受到觀眾的好評。

張家口地區二人台戲曲是怎樣形成的

　　二人台是張家口壩上地區深受廣大人民群眾喜愛的民間歌舞藝術，它是蒙漢人民共同創造培育出的藝術之花。

　　二人台最早發源於山西、陝西西北部一帶。清乾隆、嘉慶年間，為了開發北部草原，從山西、陝西移民到壩上地區。一方面促進了這裡的經濟發展，一方面又把原籍地的文化傳播到這裡。在口裡口外，群眾互相交流的基礎上，發展了二人台這種藝術形式。

　　最初，每逢重大節日，人們都透過歌舞來表達思想感情。這些歌或舞都是單項表演的，沒有把二者結合起來。為了滿足群眾的娛樂要求，藝人們逐漸把二者結合起來，形成了化裝、表演的藝術形式 ——二人台。

　　開始二人台表演是以第三人稱出現的。音樂上以民間小曲、民歌、坐腔、爬山調為主。表演動作吸取民間社火中的動作。內容是反映群眾生活、鬥爭、愛情等。舊社會二人台表演只是民間小班，登不了大雅之堂。靠自行搭檔，打地攤流動演出，藝人們過著流浪生活。

　　二人台唱腔粗獷、婉轉、悠揚，表演動作上乾脆俐落、活潑、緊湊，語言上採用群眾熟悉的語言，因而成為群眾喜歡的藝術。現在二人台藝術影響越來越大，遠遠超出了張家口地區，成為全中國性的表演藝術。

永定河漂流因何成為「北方第一漂」

　　永定河原名「無定河」，經常氾濫成災。清康熙皇帝惡其氾濫，為圖個吉利，遂把河改為「永定河」。永定河的上游有兩大支流，一為桑乾河，一

為洋河。兩河匯為一水,水量大增,特別是雨季,水如巨龍一齊湧入大峽谷,水奔騰下瀉,聲震如雷。1951年中國政府決定在這裡建水庫,10月正式開工,歷時三年水庫建成,把永定河攔腰截斷,才把這條河真正變成了永定河。

從官司廳水庫攔河壩到北京西三家店是一條100多公里的大峽谷。在峽谷兩岸青山壁立,風景如畫。沿途有楊家將戰場,有「一線天」、「石橋」、「木橋」、「吊索橋」、「亞洲第一橋」、「三仙洞」,還有明代民族英雄戚繼光駐守邊關的「七座樓」等景點。

永定河大峽谷漂流是此地旅遊的重頭項目,號稱「北方第一漂」。這裡為何享有這一美譽?主要有幾個原因:一是永定河峽谷山清水秀,林深谷幽,漂流期間,可游泳戲水,登山狩獵,參觀景點,樂趣多多;其二永定河漂流創辦最早,又近都城,影響最大;其三,永定河峽谷古蹟、傳說較多,能把人文、生態、自然景觀、探險、體育熔為一體,極富有趣味性和刺激性。

風俗河北

河北是華夏族形成的搖籃之一，有著深厚的文化底蘊，燕趙自古多慷慨悲歌之士，河北民風純厚，古道熱腸，若想瞭解河北民風，那你不妨到這裡做一次采風旅遊。

▌河北省有哪些神話和民間傳說

河北省自古以來就是中華民族活動的中心，有深厚的文化底蘊，留下了許多膾炙人口的神話和民間傳說，為河北的旅遊景點增加不少情趣。

孟姜女哭長城：「孟姜女哭長城」的故事，是中國四大民間傳說之一。秦朝，江南湘江府住著姓孟的老兩口。有一年靠院牆種了一棵葫蘆苗，秧子爬到了鄰居姜家。孟、姜兩家辛勤灌溉，秋後結出一個大葫蘆，鋸開後，跳出一個聰明伶俐的小姑娘，取名孟姜女。孟姜女成人後才貌出眾。書生范喜良在逃避服役修長城的途中巧遇了她，二人成了親。新婚三天，范喜良就被抓走了，孟姜女思夫心切，於是辭別父母，不遠萬里，尋夫到長城。聽說范喜良已累死，被埋於城牆之中，忍不住失聲痛哭，直哭得日月無光，天昏地暗，「忽啦啦」一聲巨響，長城被哭倒了一截，露出了一堆白花花的人骨頭。孟姜女認出了范喜良的屍骨，更加悲痛。這時，秦始皇巡察邊牆從這裡經過，看到長城倒了，不禁大怒，抓來孟姜女問斬。他一看到孟姜女容貌非凡，就改變主意，要娶為妾房。孟姜女假裝答應，提出三個要求，秦始皇一一做完後，她就含恨跳進大海。秦始皇氣急敗壞，用趕山鞭趕山填海，鬧得龍宮不得安寧，龍女挺身而出，冒名頂替孟姜女與秦始皇成親，盜走了趕山鞭。以後，秦始皇再也沒法趕山了。現在，孟姜女廟建築在長城東端的山海關外，是遊長城的熱門景點之一。

藥王摘匾：藥王實有其人，姓鄧名彤，安國人，是東漢光武帝時二十八位主將之一。此人能文善武，精通藥理，經常給人看病，看一個好一個，被稱為神醫。這年他為一個同僚治好「對口」瘡後，人家給他掛了一塊門匾 -- 藥王鄧彤，一時名揚四方。他姑媽額頭上長了一個小疙瘩，他怎麼也治不好。

不料半個月後，老人的瘡居然被一個採藥的山鄉野醫治好了。鄧彤這才感到自己的醫術並不高明，稱不上真正的藥王，於是把門口掛的那塊「藥王鄧彤」的大匾摘了下來。此後，鄧彤經常扮成串鄉醫生，走村串戶，採訪治病。終於成為一個名副其實的「藥王」。鄧彤死後葬於安國縣城南關，並為他興建了「藥王廟」以紀念。安國，也從此成了全中國著名的藥材集散地。

　　河北人祖先：來自山西洪洞縣的傳說河北省廣大地區流傳著這樣的民謠：「問我祖先來何處？山西洪洞大槐樹。」「問我故鄉叫什麼？大槐樹下老鴰窩。」就是說，自己的祖宗是從山西洪洞大槐樹下遷移來的。事實究竟如何？這要從明朝大量移民說起了。明太祖朱元璋死後，燕王朱棣與侄子、建文帝朱允炆爭奪皇位，在河北、山東一帶進行了三、四年的大戰。在此期間，人民遭受戰亂的破壞和自然災害的襲擊，「村莊毀去十之八九，民僅存十之一二」，河北這塊地方「青磷白骨」，滿目荒涼。而山西洪洞一帶，連年風調雨順，人民生息繁衍，一片昇平景象。1403 年，燕王朱棣當了皇帝，改年號永樂。他大力發展生產，恢復河北一帶經濟。永樂初年，詔令從山西「分丁於真定、南宮一帶占籍為民。」於是，當時的中央政府便在洪洞縣設立一個移民機構，專門辦理移民事宜。相傳此處有一棵老槐樹。移民動身前，扶老攜幼，都要在大槐樹下拜別自己的故土，於是河北老百姓中有「要問祖先來何處？山西洪洞老槐樹」的說法。

　　楊六郎的牤牛：宋代名將楊六郎鎮守「三關」時，領著楊家兵馬，在現在的保定一帶與契丹兵打仗。有一回出師不利，被敵兵追得連連南逃。足智多謀的楊六郎要擺牤牛陣以轉敗為勝。讓兵卒們走鄉串村，收買來數百頭牤牛，拴在樹林裡餓起來。用乾草綁了無數個草人，穿上敵人的衣服，戴上敵人的帽子，肚裡露著草料。擺佈停當後。把那些早已餓急了的牤牛放出來，趕到草叢中。牤牛一聞到草料香味，就搶著吃，吃不著，就用犄角把草人的肚子挑開。照這個法子，把牤牛訓練了兩次。三天之後，敵人來了，楊六郎命兵卒們把宰豬刀子綁在牤牛的兩隻角上，解繩放牛。這時，牤牛以為來敵又是供自己飽餐的草人，一個個撅著尾巴朝敵陣竄去。見人就挑，挑倒後一聞沒有草料味，就再去挑活的，被牤牛挑死的敵人屍橫遍野，追得敵人退了四五十里。從此，老百姓編了一句歇後語：「楊六郎的牤牛——馴出來的。」

　　吃飯吃窩窩，聽戲聽秧歌：「吃飯吃窩窩，聽戲聽秧歌」是廣泛流傳河北各地的佳話。秧歌，起初是農民在田間插秧時哼唱的民歌（又稱稻歌）。傳說秧歌是從宋代蘇家父子開始的。當初蘇老泉（蘇東坡之父蘇洵）授職文安簿，曾教鄉民種稻子，並始寫秧歌。真正興起並得以廣泛傳播則是從大詩人蘇東坡開始。他能詩能文，很有名氣。由於在朝廷裡受排擠，被髮配到河北定州，當了一個小官。那時候定州靠著唐河，十年九澇，種一葫蘆收一瓢。蘇東坡看到百姓少吃無穿，甚是可憐，就讓人們開始栽稻，引水澆地，還教大夥插秧，田間管理，同時教唱小曲兒。大夥邊幹邊唱，幹活更加起勁。因為是插秧時唱的，人們就稱這小曲兒叫「稻秧歌」。後來，隨著表演較複雜的故事和塑造不同性格人物的要求，逐漸分出行業，搬上舞台，衍變成富有民間特色的地方戲曲藝術。其內容多與人民生活息息相關，語言通俗易懂，明白如話，生動活潑，饒有風趣，帶有極濃厚的地方色彩和泥土氣息。

　　「先有白果樹，後有定州城」：在河北省內丘縣、定縣、三河縣境內，分別生長著一株白果樹。定縣城裡的白果樹，相傳為唐朝尉遲敬德親手所植，至今已有千年以上。現在依然根深葉茂，鬱鬱蔥蔥，樹幹六、七人不能合圍。舊說書藝人形容在樹上「四家打牌八家看，賣豆腐腦的在上面轉，東枝上敲鑼西枝上聽不見。」遊人到此，無不稱奇，有人作歌曰：「定州城裡白果樹，凌霄拔地高難度。樹高疑有鬼神護，枝頭纍纍果無數。」由於有這棵歷盡滄桑的古樹，民間便產生了「先有白果樹，後有定州城」這句老俗話。

　　「南有蘇杭，北有勝芳」：霸縣的勝芳鎮靠著東澱，風景很美：藍藍的天，清清的水，綠綠的葉，紅紅的花，十分迷人。據說在東澱裡，有座蓮花湖，每到夏季，一片片大荷葉象碧玉盤，一朵朵粉荷花像俏麗的姑娘，從水面上吹過來的風，清涼涼，潮潤潤，香噴噴，煞是醉人，人們稱勝芳一帶是「聖水荷香」。勝芳的荷花這樣美？與一個古老的神話傳說有關。傳說王母娘娘身邊有三個愛洗澡的仙女。有一天姐妹三人到南天門外遊玩，看到地下人間有三處水波鱗鱗、長滿荷花的好地方，兩處在南方，即杭州的西湖，蘇州的太湖；一處在北方，即勝芳的東澱。大姐選中了西湖，二姐選中了太湖。三妹選中了東澱。姐妹每年夏天偷著下凡洗澡。後來被王母娘娘發現了，她聲色俱厲地說：「以後誰也不準到凡間去了！」姐妹們一商量，打算再下去

就永不回來。以後她們又來洗澡，王母娘娘來找時，她們都變成了荷花，與滿塘的荷花一模一樣。王母娘娘分辨不出來，只好灰心喪氣地走了。蘇杭二州和勝芳的荷花分外多，分外鮮，分外美，分外香，也是從那時候開始的。

▌哪些典故是在河北境內形成的

邯鄲學步：戰國時期，趙國的都城邯鄲的人以能走善行著名。走起路來步伐雄健、姿勢威武，別的地方的人對此十分羨慕。燕國壽陵地方有幾個少年慕其名，不遠千里來趙國學習步行的技巧。這幾個少年學了很久，不但沒有能學到邯鄲人步行的訣竅，反而把自己原來行走的方法也忘掉了。在他們回燕國時，只得爬行而歸。這就是「邯鄲學步」的故事，至今人們用它來比喻摹仿別人不成，反喪失了自己原有的技能而出洋相的人。

鷸蚌相爭，漁人得利：戰國時，蘇代（著名縱橫家蘇秦之弟）聽說趙國將要攻打燕國，他替燕國當說客到趙國去勸阻。蘇代見趙惠文王時，講了這樣一個故事：從燕國來趙國途中，經過易水時，看到一隻蚌露出水面曬太陽，正巧飛來一隻鷸鳥去啄蚌肉。蚌馬上合攏其殼，將鷸鳥的長嘴緊緊地挾住。鷸鳥說；「今天不下雨，明天不下雨，就會曬死你。」蚌回答說：「今天不放你，明天不放你，就會憋死你。」雙方互不相讓時，來了一個打魚的人，一下子把它們都捉住了。在蘇代的勸說下，趙正放棄了攻打燕國的打算。這個典故，常常被人們引用，說明由於雙方互不相讓，弄得兩敗俱傷，使第三者從中得到好處。

老馬識途：故事發生在春秋時期的孤竹國。孤竹是商時分封的諸侯國，位於現在的河北省盧龍縣城南一帶。燕莊公為了擴大燕園的領土，便請五霸之首的齊桓公來幫助征服孤竹國。齊桓公和宰相管仲領雄兵東渡儒水（今灤河），攻打孤竹。孤竹國君設計誘齊桓公陷於迷溝旱海之中。這裡山路崎嶇，千回百轉。齊軍兵馬找不到出路。齊桓公為此很著急。這時，足智多謀的管仲獻計說，老馬之智可用也。於是，選了幾匹老馬放開，齊桓公帶領人馬，隨其蹤跡，果然走出了旱海，返回了駐地。後來，終於大破了孤竹。「老馬識途」的典故即由此而來。

圍魏救趙：戰國時期，魏國軍隊圍攻趙國都城邯鄲，雙方戰守一年餘，趙衰魏疲。這時，齊國應趙國的求救，派田忌為將，孫臏為軍師，率兵八萬救趙。孫臏建議說，現在魏國精銳部隊都集中在趙國，內部空虛，如果向魏國的都城大樑插過去，它必然回師自救。田忌採納了孫臏的策略，引兵直奔大樑。魏軍急忙回救，齊軍在魏軍的歸途桂陵預先設好埋伏，大敗魏軍，趙國之圍遂解。孫臏這一避實就虛的戰法為歷代軍事家所讚賞。「圍魏救趙」被列為三十六計之一，至今仍有其生命力。

完璧歸趙：見「藺相如是如何『完璧歸趙』的」部分。

負荊請罪：見「廉頗因何要『負荊請罪』」部分。

黃粱美夢：見「『黃粱美夢』的故事發生在哪裡」部分。

破釜沉舟：見「項羽『破釜沉舟』在何方」部分。

背水一戰：楚漢相爭時，韓信、張耳率軍數萬越過太行山向東進攻趙國。趙王歇與統帥陳金集中二十萬兵於井陘口，即現在的河北獲鹿縣西的土門關，準備與韓信決戰。韓信率軍在距井陘口三十里的地方駐紮下來。當夜，派一支兩千人的騎兵，從小路迂迴到趙軍大營側翼的抱犢寨隱蔽起來。另派一萬多人到綿蔓水東岸，背水擺成陣勢。背水列陣，兵無退路，趙軍以為韓信不懂兵法，更加輕視，韓信大張旗鼓地向井陘口開進，引誘趙軍離營出戰。而漢軍後退無路，只得奮勇向前，即所謂「陷之死地而後生，置之亡地而後存」。漢軍裡應外合，前後突擊，終於大破趙軍。「背水一戰」的歷史典故即由此而來。

實事求是：西漢景帝劉啟有十四個兒子，其第三子劉德，被封為河間獻王。劉德有一種特別嗜好——酷愛藏書。他收集了很多舊書，刻苦鑽研，認真地進行研究、整理。使很多人深為讚歎，都願意和他一起進行研討。東漢史學家班固在編撰《漢書》時，替劉德立了「傳」，並且在「傳」的開頭，對劉德的研究精神作了高度評價，讚揚劉德「修學好古，實事求是」。「事實求是」也從此沿用下來。

金石為開：漢代名將李廣，箭法驚人，百發百中，人稱「飛將軍」。李廣任右北平郡太守，鎮守邊郡，這一帶時常有虎出來傷人，李廣經常出去打虎。老虎碰見他，無不箭下斃命。一次，他出獵夜歸，天色半明半暗，正是老虎出沒之時。他忽見山腳下草叢裡蹲著一個老虎樣的龐然大物，便連忙張弓搭箭，「唆」的一箭，射中了老虎。其隨從忙跑過去，走近一瞧，見中箭的不是老虎，而是一塊形狀如虎的巨石。那支箭連頭帶尾都射進去了，拔也拔不出來。事後有人就此事感歎說：「至此則金石為開。」意即只要誠心誠意，最堅硬的石頭也會受到感動。「金石為開」這一典故由此流傳下來。當年李廣射的那只石虎，至今猶在。它旁邊的那個村子叫虎頭石村，在盧龍縣城南六華裡處。

推心置腹：西漢末年，王莽篡權，各地農民紛紛起義，出現群雄討王莽的局勢。西元 23 年初，劉玄被立為皇帝，劉秀任偏將軍，後因功封為蕭王。西元 24 年秋，劉秀率兵在鄗（今河北省束鹿縣東南）打敗農民起義軍，封降兵渠帥為列侯。但降者擔心劉秀不是出於真意。劉秀獲悉這一情況之後，採用安撫之計，下令降者各歸其本部，統領其原來的兵馬，劉秀本人輕騎巡行各部，毫不戒備。這樣一來，降者都信以為真，且互相低語道：「蕭王推己之紅心，置他人腹中，我們還擔心什麼？還不為他打天下、出死力嗎？」「推心置腹」的典故就是這麼來的。

聞雞起舞：見「為什麼『燕趙自古多慷慨悲歌之士』」部分。

路不拾遺：唐朝時，一個人經過武陽（現在河北大名、館陶一帶），不小心在路上遺失了一件衣服，走了幾十里以後才發覺，心中很是著急。有人勸慰他退：「不要緊，我們武陽境內，路不拾遺，你回去找，一定可以找到。」那人半信半疑，抱著試試看的心情趕了回去。果然找到了衣服。這件事越傳越廣。後來，人們形容社會風氣好為「路不拾遺」。

▌河北省有哪些特殊的禮儀和風俗

熱情好客的山裡人。河北省境內北有燕山，西依太行，山區面積比較遼闊。山裡人熱情好客，自古成俗。冀西一帶的居民，把家裡來客人作為「吉

利」的預兆。如果哪一家一年之中沒有住過客人，就被認為來年不吉利。客人進家後，飲茶、吃飯、上菜均用大碗，不用盤、碟。飲茶時，碗裡不能喝乾。如果碗裡沒了茶，主人就會馬上斟上一碗，直到喝剩下半碗為止。吃飯時，筷子要隨時拿在手裡，不能停放在桌上，否則會被誤認是瞧不起主人。直到兩根筷子平放在碗口上時，才被認為是吃飽了。北部燕山深處的一些地方，因冬季比較寒冷，各家各戶都生火燒炕。閨女、媳婦、老人、小孩同炕而眠。家裡來了客人時，總要被安排在最暖和的炕頭，與主人全家同睡一條大炕，不能避嫌。哪一家門前有果木樹，如果外地的客人從樹下經過，住腳停看，只要有成熟的果子，主人立刻就會爬上樹去採摘。特別是當地的一些土特產，像燕山板栗，贊皇大棗、涉縣的柿子等等。客人不能拒絕，帶走的東西越多，主人心裡越高興。他們認為自己被客人看得起，下一年的收成會更好。

過廟：「過廟」在河北各地叫法不同，鄉村多稱為「趕廟」，「趕會」，城鎮則稱為「上廟」、「上會」。河北「過廟」的習慣由來已久，甚為普遍。舊時的廟會內容比較複雜，有的還帶著較濃的宗法觀念和迷信色彩。現在，人們除了利用廟會做買賣，進行物品交流外，還把廟會作為「旅遊」和進行自我娛樂的場所。像高蹺、獅子、龍燈、旱船、跑驢、竹馬、雜技、武術等絢麗多彩的民間藝術形式，多在廟會期間表演。同時，各地的「過廟」隨著歷史的發展，逐漸形成了各自的特點，比如；安國藥王廟會，張北騾馬大會，涉縣媧皇宮奶奶廟會等，既進行了物資交流，又豐富了群眾文化生活。

趕集：河北有句老俗話：「趕集上會做買賣。」上會，有些地方就是廟會，時間較長，一般要進行幾天。而「趕集」卻是名副其實的買賣交易，時間較短，多者不過一天，少則半個時辰，進行交易的時機很要緊，所以前面加了個「趕」字。「集」的種類多種多樣，從時間上，有所謂「早集」（亦稱「露水集」）、午集、晚集之別。有些地方隔日為集，或逢單，或逢雙，有些地方則隔三、五天不等，如冀南一帶有「一、六集」、「逢五排十大集」的說法。趕集是人民互通有無的一項活動。正如冀東一首民歌所唱：「從春忙到大秋裡，醃上了鹹菜忙棉衣，雜花糧食收拾二鬥，一心要趕樂亭集。樂亭南關把糧食賣，賣了糧食置買東西，買了江南的一把傘，又買了圓正正的一把笊籬。

槐木扁擔買一條，擔糞的荊筐買兩隻，零碎東西買完畢，餄餎鋪里拉驢轉回家裡。」喜滋滋的勁頭兒，活靈活現。

　　回娘家：河北省的大部分地區，有新媳婦「回門」的習俗。回門就是回娘家。姑娘出嫁第三天（也有第二天的），新婚夫婦一起回娘家省親。到家後，嫂子們以誇獎的口氣與新姑爺戲耍，小輩人則「藏」一些東西要姑爺去找，總之要弄得新姑爺狼狽不堪才算達到目的。新婚頭一年的春節期間，新郎新娘要向娘家父母拜年，也稱回娘家。時間一般多在正月初三。有一首唐縣民歌唱道：「大年初一頭一天，過了初二到初三。小倆口，巧打扮，趕著毛驢去拜年。」去時不能空著手，必須帶著一些年貨、土特產品，正如民歌所唱：「喝的酒，吸的煙，年糕帶了一大籃。」這同樣表示出嫁的女兒不忘父母養育之恩。

　　尊稱：「老二」外地一股以「老大」為尊稱，而河北省清河縣、臨西縣這一帶以「老二」為尊稱。如二哥、二叔、二兄弟、二大爺等等。原來，水滸故事在這一帶流傳很廣。清河是武松的誕生地，境內的武家村，全村皆姓武，據說是武松的故居。而與之一縣之隔的山東陽谷縣的景陽岡，則是武松三拳打死猛虎，一舉成名的地方，至今遺蹟尚存。武松身材魁偉，武藝高強，見義勇為，勇猛無比。因為他排行老二，所以人們習慣稱他「英雄好漢武二郎」。而武松的哥哥武大郎，則是一個少有的窩囊廢。久而久之，武大郎和武二郎的典型形像在人們的心目中紮下了根：一個是無所作為的人物，一個是英雄好漢。所以，一些爭勝好強的人都自比「老二」，不願與「老大」為伍。與陌生人搭話，稱「二哥」、「二叔」，被認為是尊重，而叫「大哥」的稱呼，則被認為是汙辱。

　　辛城堡不敬關公：辛城堡是河北省正定縣境內最大的一個村鎮，全村近兩千戶，顏姓居多。老人們傳說，關公在曹操手下時，刀斬袁紹的河北名將顏良，而顏良祖籍辛城堡。據說，現在村裡的顏姓人家都是其後代。他們與關羽有「不共戴天」之仇，怎麼能敬奉他呢？清軍入關後，號令全中國各地修建關帝廟。可是，辛城堡的人冒著殺頭危險，一直未給關羽建廟。這裡是個大集鎮，過去年關民間藝人賣年畫，凡有「關老爺」像者，不允許在此銷售。

每年農曆五月十七前後，這一帶總要或多或少地下雨，外人說是關公磨刀斬顏良，辛城堡的人則說是老天為顏良之死傷心落淚。

永年不打四更鼓：河北省永年及其周圍的一些縣份，廣泛流傳著「永年城不打四更鼓」的說法。古代人們夜間記時，一夜分五更。每過一個時辰鳴鐘鼓一次以報時。永年這一帶亦如此。自從竇建德在這裡建都以後才發生了變化。原來，竇建德是貧苦農民出身，他生活儉樸，每天為國為民操勞，常常是半夜三更才入睡。為了不打攪夏王歇息，值班的更夫就不敲四更鼓了，直到五更天亮時才鳴鼓報時。有一次，鼓打三更，竇建德進帳入睡，五更鼓鳴時，剛好醒來，就問：怎麼沒聽到四更鼓鳴呢？他隨身衛士說：這裡歷來不打四更鼓。竇建德一聽，詼諧地笑著說：「此地不打四更鼓，五更鼓鳴亮了天。」據說，「永年不打四更鼓」就是這麼來的。

▋邯鄲有哪幾種類型的特色文化

一座歷史名城，蘊有的文化類型有多少，決定了它的品位高低，邯鄲地域方圓千里，歷代文明積澱豐厚，可概括成為九大文化。

屬於考古文化的磁山文化武安磁山文化遺址中發現的家雞骨、炭化粟類、核桃等，改寫了世界家雞養殖史、粟的種植史和核桃產地史。

屬於上古神話傳說而衍生的女媧文化涉縣媧皇宮和張家頭村一帶均有女媧傳說的載體，構成了中國女媧文化主要發源地的基礎。

屬於歷史地域文化的趙文化概括了從商紂到漢代，長達一千二百多年的社會、政治、經濟、文化、軍事、文學等主要的歷史門類。

屬於器物文化的磁州窯文化其窯址主要集中在磁縣觀台一帶和峰峰礦區彭城、臨水一帶，為宋元時期中國北方最著名的民窯。

屬於神秘文化的夢文化中國的夢文化研究起源於西周，有著三千年的歷史，但留下的最大的載體只有一個黃粱夢呂仙祠。

屬於道教文化的永年太極拳文化永年老城為著名宗師楊露禪、武禹襄的誕生地。其楊式、武式太極拳在中國廣為傳播並風靡國際。

屬於城建文化的鄴城文化和依附的建安文學遺址主體在臨漳縣，其中曹魏時代所築的鄴城和三台，對後世的都城、宮苑建制極具借鑑價值。作為六朝王都遺址也很多。

屬於地域殯葬文化的北朝皇陵文化與佛教石窟藝術主要分佈在磁縣、峰峰、涉縣一帶，以北朝墓群和南、北響堂山石窟、水浴寺、老爺山石刻為集中代表。

▌於家石頭村居民是於謙的後人嗎

神奇的石頭村地處石家莊井陘的大山深處。全村共有石頭房舍 4000 多間，石板街道 3700 餘米，石井窯池 1000 有餘，石頭碑碣 200 多塊；石樓石閣、石房石院、石桌石凳、石磨石碾、石橋石欄隨處可見，令人稱奇。

石頭村原名「於家村」，因石頭而得名。經過專家考證，於家村的村民都是明朝重臣於謙的後人，當年他們逃難至此，在深山之中生息繁衍，因而古村古景風采依舊，明清建築完好無損。

村中近 300 多個四合院無一雷同，各有神韻。最有代表性的，要數明天啟年間的石樓四合院。此院占地兩畝，房屋百間，北高南低，分東西兩院。整個樓院高大宏偉、氣勢威嚴。據說，這座宅院在明清兩代曾走出去 12 名文武秀才，其中 7 人成為各級官員。石頭村的各個房院雖有大小，但家家戶戶乾淨整潔。院內遍植石榴樹、海棠樹，擺放著山花、怪石。屋外石頭圍牆上有石環、鐵環，用於拴牲口。屋簷下有形狀各異的排水管，奇怪的是管子朝院內，問問主人，答曰：「長年乾旱，也無地下水，各家要接蓄屋頂的雨水。村中另外值得一看的是「清涼閣」。此閣興建於明萬曆九年，下兩層為全石結構，上層是磚木結構，形狀與北京前門箭樓相似。讓人稱奇的是下兩層沒打根基，由一塊塊巨石疊砌，每塊石塊大得驚人，有的重達萬斤。

蒼岩山上的檀樹為什麼無皮無心

在蒼岩山長達千米的溝穀中，長滿了翠綠的檀樹。這些檀樹無皮無心，造型各異，俗稱蒼岩白檀，在北方地區唯蒼岩山所獨有。它們根系裸露於地表，或抱石而生，或破石而長，棵棵如天然盆景，讓人歎為觀止。株株白檀，都生長在無土少水的地方，卻枝葉蔥蘢，頑強生長，令人稱奇叫絕，所以碧潤靈檀被稱為蒼岩山「三絕」之一。

傳說很久以前，蒼岩山上長滿了檀樹，三皇姑上山時左躲右閃還是被檀樹掛破了羅裙，氣得她說：「我若修成了正果，要挖你的心，剝你的皮。」後來，蒼岩山的檀樹就都變得空心沒皮了。其實，這種檀樹屬榆科膏檀，因特喜鈣質，新陳代謝，形成心空皮脫。這是在蒼岩這一特殊的自然環境中形成的。

張三豐親手植下的桃樹在什麼地方

石家莊抱犢寨，不但自然風光優美，而且文化積澱深厚，其中道教文化佔有重要地位。傳說元末著名道人張三豐遊化至此，確立了抱犢寨道教的地位。抱犢寨人傑地靈，草木也有靈性。在金闕宮三清殿院內有一株桃樹，傳說是張三豐親手種植，頗為靈異，當國家危難之際就枯死，國家昌盛便轉榮。如今新枝已茂，舊椿猶存，一新一舊，長勢宛然相同，吸引了眾多遊人到此觀賞。

直隸總督署住過哪些重要歷史人物

直隸總督署自雍正八年（1730 年）由正定遷往保定至宣統三年（1911年）清帝退位，其間 180 餘年，一直是直隸省最高軍政機關，其地位又高於其他總督在全中國其他總督的權力。清代直隸省管轄 12 府 160 個縣，總督是名副其實的朝廷重臣、封疆大吏設立的八位總督中，只有直隸總督是正一品官員，其他七位都是正二品。按規定，直隸總督有節制。曾駐此衙署的直隸總督共有 74 人，其中著名的有李衛、方觀承、劉墉、那彥成、曾國藩、李鴻章、榮祿、袁世凱等重要歷史人物。李鴻章是任期最長的直隸總督，總

共有 25 年之久。現在總督署內設施、傢俱大都是李鴻章任總督期間佈置的。二堂西側啟事廳是總督重要的活動場所，廳裡的蠟塑人物，就是李鴻章和日本公使森有禮及他的翻譯鄭永甯的造型。當年李鴻章在此會見重要外交使節，並留下了不少傳聞，據說光緒二年臘月的一天，李鴻章在此與森有禮理論穿西服的利弊，爭論異常激烈，面紅耳赤。三堂東廂房內擺設一張床，是李鴻章日常工作和讀書累了臨時休息的地方。床邊懸掛的像片是李鴻章的原版照片，極為珍貴。相傳甲午戰後，李鴻章就是在這間屋子裡起草了臭名昭著的中日《馬關條約》。總督署在民國時期是直系軍閥的大本營，直系頭目曹錕就住在這裡。

▍保定直隸總督署大院內為什麼有許多貓頭鷹

　　在保定直隸總督署大院內，許多貓頭鷹時常出沒在院內的大柏樹上，畫伏夜出。而且，這些貓頭鷹有一個特點，除了總督署大院外，別的地方一概不落。這究竟是什麼原因呢？

　　相傳在清朝乾隆年間，由於直隸總督方觀承的勤勉，直隸省成為全中國重要的糧棉生產地區，百姓生活富足起來。存糧的增多，招來了大批老鼠，這些老鼠吃糧食，磕衣物，而且部分地區還由鼠害釀成鼠疫，給老百姓造成極大危害。鼠害流行的消息，傳到直隸總督方觀承的耳內。方觀承日夜考慮如何消滅鼠害，忽然他想起了貓頭鷹是老鼠的天敵，要用貓頭鷹治老鼠，這鼠害不就解決了嗎。可他轉念又想，當地老百姓都把貓頭鷹看作一種不吉利的象徵物，怎麼能動員家家都養貓頭鷹呢？還是先在總督署大院內養幾隻試一試。無巧不成書，剛好有一隻受傷的貓頭鷹落在大院內，方觀承立即吩咐僕人把受傷的貓頭鷹飼養起來。後來這隻貓頭鷹的傷養好了，它白天一動不動地棲息在總督署大院內枝繁葉茂的柏樹上，夜晚四處捕捉老鼠，它還引來數十隻貓頭鷹在總督署大院內安家。方觀承看到這種情景，便下令全城百姓，不準傷害貓頭鷹，違者重罰。很快，保定一帶的鼠害得到了控制，人們對方觀承讚不絕口。從此以後，每逢冬季，貓頭鷹都會成群結隊地飛到總督署大

院內棲息，直到第二年春天才飛回東北老家繁衍後代。如今，二百多年過去了，貓頭鷹的後代仍保持著這個習慣，成為總督署冬季的一大奇特景觀。

▌為什麼保定有「學生城」之說

保定人民歷來崇尚文化，注重教育事業。興辦的眾多學校成為這座歷史文化名城的標誌。古代，儒學教育就比較興盛；明、清兩代，有府學、衛學、縣學，三所官學並立，還有多所社學所、義學所、私塾學館。書院作為當時的高等學府，明代有二程書院和上穀書院兩所；清代有聞名全中國的蓮池書院。當時人才薈萃，書院興旺。清末，作為直隸省會的保定，新學興起，學校教育空前發展，省立高師、高等農業學院、保定師範，省立女二師、省立六中，均為在全中國創辦最早、且有較高聲譽的學校，私立育德中學更負盛名，與天津的南開中學並列為全中國重點學校，有「理育德，文南開」之說。私立同仁中學也引人矚目。除普通學校外，軍事學校也名揚四海，由李鴻章創辦的將弁學堂到民國初的陸軍軍官學校，前後共設 10 餘所，曾為中國革命培養了大批軍事人才。有的學校，保定還留有遺址，如縣學胡同、蓮池書院等。有的學堂在原址基礎上擴建、更名，如現在保定一中的前身即省立六中和私立同仁中學；現保定十七中即原直隸省立女二師；有的建了紀念館，如原育德中學建有「留法勤工儉學紀念館」，保定陸軍軍官學校也建了紀念館。從清末到民國初年，整個保定城，學生人數占總人口的 1/4，被人們稱譽為「學生城」。

▌泰陵中的雍正帝真的是金頭嗎

泰陵是雍正（胤禛）的陵墓，是西陵中建築最早、規模最大的一座。陵園位於永寧山主峰下，始建於 1730 年。1737 年 3 月，雍正皇帝和孝敬憲皇后、敦肅皇貴妃合葬進地宮。泰陵東側另建有乾隆生母孝聖憲皇后的泰東陵，附近還有泰妃園寢，葬有 21 個妃子。雍正帝之死是一樁歷史懸案。正史記載：雍正帝暴崩於圓明園，病危中召見王公大臣，傳旨寶親王為皇太子。民間傳說呂留良之後，俠女呂四娘為報父仇，入宮行刺雍正，然後奪頭而走，使雍

正帝死於非命。呂留良是浙江石門縣儒生，著書立說，主張反清複明，案發後，雍正帝大開殺戒，把呂氏家族幾乎斬盡殺絕，株連被殺者就有一百多人，僅逃呂留良一個14歲的孫女呂四娘。後來她逃往深山，拜一道士為師，強身學藝、臥薪嚐膽，決心為全家報仇。長大後她嫁到京城一戶姓李的人家，伺機行事。一天深夜，呂四娘提回一個血淋淋的人頭，說是雍正帝的頭顱，事後，她就隱遁江湖了。第二天，清廷宣佈皇帝暴崩。民間又傳說雍正無頭，無法完屍，只好鑄了個金頭下葬。雍正到底是因病身亡，還是被人取走了腦袋，說法不一，而清廷對這件事情又嚴格保密，使後人無法澄清。現在只能成為歷史懸案了，唯有將來打開地泰陵地宮才能真相大白。

▌打開崇陵地宮破解了什麼歷史疑案

　　光緒帝和慈禧太后素來政見不和，特別是戊戌變法期間，「帝黨」、「后黨」對峙激烈，最終「帝黨」失敗，光緒被軟禁瀛台，慈禧再次臨朝「訓政」，直至兩人去世。光緒三十四年（1908年）十月十一日，三十八歲的光緒帝猝死瀛台。第二天，他的母后兼政敵慈禧太后也病死在南海儀鸞殿內。二人在24小時內相繼去世，朝野譁然。慈禧太后生前專橫跋扈，頑固保守；光緒帝則遭遇坎坷，政見開明，所以人們大都同情光緒帝。許多人懷疑皇帝是被謀害死的。一時傳言四起，有人說被刀斧砍死，有的說被下藥毒死，眾說紛紜。從表像來看，這種懷疑確實不無道理，但又沒有實據，使光緒之死成為晚清歷史上的一大疑案。1938年，一股不明身份的軍隊從崇陵月牙城掘開地宮，盜走大量金銀財寶。1980年，經中國國務院有關部門批準，清西陵文物保管所對崇陵地宮進行全面清理，發現光緒帝梓宮被打開，屍身已被拽下寶床，骨骼各關節連接尚完好，經檢驗，無刀斧外傷痕跡，經對頭髮、頸椎化驗，並未發現中毒致死的證據。處理完畢後，將光緒屍骨裝入塑膠袋密封後放入特別的楠木小棺，又復葬進原來的棺槨裡。這一切說明：光緒帝並未象傳言的那樣被利器刺殺或中毒而死，確實是病死的，至於死亡時間與慈禧僅一日之差，應該是一種罕見的巧合吧。

崇陵松柏是誰栽的

清政府對陵區植樹十分重視，每年都撥專款綠化，並制定了一套完整的獎懲制度，對私砍陵區樹木的人懲罰十分嚴酷，直至斬首。所以到清末，西陵已是松柏彌山漫谷，滿目蒼翠。千姿百態的古松已成為西陵特有的景觀。崇陵建成於民國，當時清政府已不復存在，雖然袁世凱為大總統的民國政府撥款完成了崇陵工程，但並未栽樹的計畫。現在崇陵陵區寶塔形的羅漢松，如霜似雪的珍貴白皮松等，把周圍的山巒谷地點染成了「翠海」。那麼，這麼多的樹是誰栽的呢？他就是清朝的遺老梁鼎芬。他是廣東番禺人，光緒時的進士，歷任地方官員，後給張之洞當幕僚、辦書院、辦報館，參與過張勳復辟。崇陵建成後，梁鼎芬認為陵園無樹，影響風水，又不美觀，便一再提議補栽，終不被採納。後來，他竟然想出妙法，到北京買回幾百隻陶瓷酒瓶，冬天，他把所有酒瓶裝滿崇陵寶城上的雪，封口後貼上「紅標籤」，上寫「崇陵雪水」，又運回北京的寓所。他寫了一份公啟，說明崇陵應栽樹的原因，隨後親率隨從拉車到親貴遺臣家送水拜訪，宣傳其栽樹的主張，動員大家捐款買樹苗。功夫不負有心人，梁鼎芬終於籌到一筆錢，在崇陵周圍遍植青松綠柏，陵內也栽滿了白皮松，並在明樓前栽種了十八棵羅漢松，寓意十八羅漢共守帝陵。梁鼎芬終於完成了自己的夙願，為西陵綠化做出了貢獻，並給西陵留下了一段佳話。

三國劉、關、張三結義的「桃園」在哪裡

中國人歷來崇尚義氣，在保定這塊土地上，義舉之士歷來聞名中外。倍受人推崇的義舉就是東漢末年的劉、關、張桃園三結義。劉備，字玄德，涿郡（今涿州市）人，中山靖王劉勝之後，是三國時蜀漢政權的創立者，少時孤貧，靠販鞋織席為生；張飛，字翼德，三國時名將，也是涿郡人，初以殺豬賣酒為生；關羽，字雲長，河東解（今山西臨猗）人，三國時名將。東漢末年黃巾起義後，關羽來到涿郡，正好遇到劉備和張飛，三人都胸懷大志，喜好結交豪俠，他們一起飲酒，話談得非常投機。時至傍晚，張飛將劉關二人領至自己家中。第二天，三人在張飛家桃花盛開的園子裡結拜為異姓兄弟。

從此，張飛賣掉家產，招兵買馬、打造武器，開始起兵創業。在今後幾十年的征戰中，三人生死相依，患難與共，成為人們講義氣的楷模，這就是著名的桃園三結義。現在涿州的張飛故里有忠義店、張飛井、張飛廟、萬畝桃園等遺址景點，為後人研究、領略三國文化留下了寶貴財富。

■滄州為什麼被稱為「武術之鄉」

滄州武術歷史悠久，民風素以淳厚、勤勞、剛直、勇敢著稱。特定的地理、歷史環境，使滄州人民形成濃厚的習武、尚武之風。歷史上，滄州一帶戰事頻繁，此地既是犯軍發配之地，又是叛將蔽身良所。一些受朝廷緝拿的叛將，尋滄州民眾喜武之俗以蔽其身，在此隱姓埋名，傳藝維生。同時，這裡又是南北水旱交通要衝，是官府豪富走鏢要道，故滄州鏢行、旅店、裝運等行業興盛。清末「鏢不喊滄州」，已為南北鏢行同遵之常規。正是在這樣的歷史環境中孕育了滄州民眾酷愛武術的民風。據史料記載：「滄州民間武術興於明朝，盛於清代，清末民初甚為繁盛，又有『小梁山』之稱」。

滄州武術門派眾多，源起或流傳於滄州的門類、拳械有：六合、八極、燕青、太極、功力、劈掛、螳螂等50多種，占全中國129種門類、拳械的40%，幾乎集北方各門派於此地。滄州武術既有大開大合的勇猛長勢，又有推撥擒拿的妙招巧技，速度快，力度猛。由此，形成了滄州武術的風格即：勇猛彪悍，力度豐滿，長短兼備，樸中寓鮮。

千百年來，滄州武林精英薈萃、豪俠雲集，滄州歷史上，八極門之「癩」、「癖」，功力門之「邱」，太祖門之「順元和尚」，通臂門之「韓姓道人」，闖王刀法之「秦氏夫婦」等，為人正義，武藝高強，為滄州武術的發展做出了突出貢獻，功不可沒。歷史上曾有52位拳師先後在南京國術館任教。

■中國歷史上第一僑鄉在哪裡

千童鎮，位於鹽山縣城南20公里處，南面與山東省樂陵市隔河相望，在商、周、戰國時期稱「饒安邑」，意為「其地豐饒，可以安人」。秦朝時此地稱「千童城」。據史書記載，西元前209年，徐福奉秦始皇之命率數千

童男童女及百工巧匠從這裡啟航，向東駛入大海，以求長生不老之藥。他們漂洋過海，僑居日本，由此開創了中日兩國友好交往的先河，因此千童鎮成為中國歷史第一僑鄉。

每年農曆 3 月 28 日，即徐福率領千童出海日，民間都要舉行隆重的祭祀活動，這就是千童信子節。每逢甲子年舉辦一次，每 60 年一個輪迴。在節日期間，舉辦各種民間文藝表演，尤其是挑選體強膽大、眉清目秀的童男童女，衣著古裝，在由十五、六米高的長桿支撐的微型舞台上進行表演。「童子」登高遠望，以示懷念和召喚東渡的親人。「千童信子節」也因此被專家學者稱為中日友好交流的「活化石」。

▌寶雲塔內的「千年不死草」是誰栽的

寶雲寺位於衡水市西南舊城村東，傳說建於隋朝，但據史料記載，早在南北朝時期就有此廟。在寶雲寺鼎盛時期，「寺域廣占三十畝，殿堂多有近百座，樵樓鐘聲驚千里，成年累月擁香客」。寺內有一座寶雲塔，這座塔的建造有濃厚的民族風格：塔形呈八面玲瓏結構，高 36.5 米，共有 8 層，上五層為空洞式，下三層為穿心式。自四層以上四面有門，塔的建築風格獨特，建築造型雄偉，莊嚴古樸。

寶雲塔中有一種「千年不死草」，俗稱馬蓮，學名馬藺草，又稱馬蘭花，屬蘭科，是多年生草本植物。據史料記載為唐朝大詩人王之渙所栽種。唐朝開元年間，王之渙因其文才得到宰相張九齡的賞識，並委以重用，王之渙被推薦到衡水縣當主簿。他在即將上任之際到宰相府告別，在相府門前見到一墩馬藺草，於是觸景生情道：這種草不貪肥水，耐鹽鹼，並且千載永綠，既然我得到相爺如此信任，學生一定會不負重望，像這無所貪圖的馬藺草，在仕途上不怕風雨，為國為民，並向宰相討要了幾棵，栽於衡水寶雲塔內，留下千古佳話。到寶雲塔一遊不能不摸一摸「千年不死草」，如果你恰巧聽到上述故事，就不得不感受一下歷史的滄桑，會讓我們產生一種撫今追昔，心繫天下的感慨。

▋棗強的名字是怎樣來的

　　棗強縣位於衡水市西南邊。棗強的紅棗久負盛名，已有 3000 餘年的栽培歷史。在漢朝時期已成為盛產紅棗的地方，所以得名「棗強」。

　　據有關史料記載，棗強農林業生產歷來發達，果品豐富，尤其以紅棗最為著名，先民曾建「煮棗城」用棗汁作糖料，製作出多種食品。現在經過多年的經驗積累，栽培技術不斷提高，紅棗生產的品質、數量均有提高。棗強紅棗以特產品種馬蓮小棗為上品。知名度逐漸提高，影響力逐漸擴大到全中國範圍，成為河北省及至全中國名優果樹品種之一。

　　為什麼棗強紅棗獨具特色呢？一個客觀原因在於它的生長地點。棗強縣自然條件優越，屬大陸性季風氣候，四季分明，平均氣溫 12.9 度，常年降水量 506 毫米，無霜期 185 天，非常適合紅棗的生長發育，而紅棗具有耐旱、耐澇的特性，適宜在棗強縣大面積發展。

▋「侯塚孤柏」有多長的樹齡

　　在棗強縣城西南大約 9.2 公里處的卷子鄉侯塚村邊，有一棵孤樹。之所以說它是孤樹，是因為周圍除此之外再沒有任何柏樹，又恰在侯塚村邊，因此稱其為「侯塚孤柏」。

　　「侯塚孤柏」相傳是明朝永樂年間一位德高望重的僧人栽種的。據此推算，這棵柏樹到現在已有 570 多年了。這棵柏樹不但年代久遠，而且在外形上有其獨特之處：柏樹樹幹直徑約為 1.2 米，高約 18 米，而且直立挺拔沒有彎曲之處。樹身沒有洞，也沒有乾裂的跡象。從上到下幾乎一般粗，樹冠均勻，分佈呈傘狀。雖然歷經幾百年的風雨，但每到夏日之時孤柏仍枝繁葉茂，綠葉成蔭。

▋「咬春」和「填倉」是什麼風俗

　　一年之際在於春，「立春」是春天的第一天，象徵著人們一年勞動的開始，於是在立春前後衡水的農村便產生了為預祝這一年獲得豐收的節目。衡

水地區作為一個傳統的以農業為主的地區，勞動人民也創立了自己獨有的節目，主要有「咬春」和「填倉」。

從清乾隆年間，《衡水縣誌》《棗強縣誌》等便對「咬春」和「填倉」有所記載。《衡水縣誌》中寫道：「立春」先一日，迎春東郊。諸技藝各逞所能，鄉邑男婦沿街充巷縱歡之。至日，啖春餅，食蘿蔔，謂之「咬春」。也就是在立春前的一天，人們便開始慶祝，主要採取同慶的形式，而「立春」的那天則主要是在家裡慶祝節日。根據以上描述可以判定，「咬春」對當地居民來說是一個不小的節日，其餘各地也有類似活動。《棗強縣誌》記載：「立春日，以蘿蔔為細菜，以面為春餅食之，日『咬春』」。到目前這一風俗基本上流傳下來。實際上「立春」之日各家並不一定都做春餅吃，但也要提高一個檔次，以表示今後一年中的每天都能像今天這樣餐飲豐盛。

「填倉」俗稱「打囤」，這一風俗目前保留得最為完整。《衡水縣誌》中記有：二十五日，以灰畫地，作囤狀，置穀麥少許其中，日「填倉」，兆豐也。現在衡水人民仍在正月二十五日這一天早晨用灰在院子裡畫一些圈來表示盛糧食的囤，在中間放一些糧食用磚壓上，表示今年將會糧食滿倉，即希望今年是個豐收年。

▎刑台為什麼被人們稱為「臥牛城」

中國許多著名的城市在正式稱謂之外，還會擁有一個非常貼切的俗稱。刑台俗稱「臥牛城」，凡是生活在刑台的人都會自豪的稱自己是「牛城人」。

據記載，刑台為周朝邢侯所建，十六國時期由後趙皇帝石勒擴修，後又進行多次重修。當時，刑台城牆周9里餘，闊2丈，上面可臥牛，因此刑台被當地人俗稱為臥牛城。在民間，關於「臥牛城」的來歷還有一個美麗的傳說。相傳很久以前，刑台山清水秀，水草豐美，沃野豐饒而無人居住。一對年輕夫婦攜孩子流落至此定居下來，他們辛勤勞作而苦於沒有耕畜，後來感動天帝，降黃牛來幫助他們耕種，日子過得非常愉快。有一年，突然山洪暴發，波濤滾滾而來，一家人騎上黃牛準備脫險，不料此時，黃牛猛吼一聲，水勢聞聲而止，牛再吼，水即後退，再吼再退，一家人得以安全脫險。附近

百姓聞訊後，紛紛來此居住，幾年後，規模漸大，遂建城鎮。每當山洪瀑發，夜深時就能聽見黃牛吼聲四起，洪水再也淹不到居民了，居民因為黃牛免遭水災而安居樂業。為了紀念黃牛的功績，遂以臥牛命名其城。

刑台市內許多地名至今仍與牛有關係，如刑台古城南關外有兩個村子，東面的叫東牛角，西面的叫西牛角，兩村相峙，大小相當。南關東嶽廟有牛耳石。今城內南、北長（腸）街，又窄又直，長三華裡，傳說這兩條街原稱「腸街」，為牛的腸子；長街往東，有肚子巷，意指牛肚；出北關，有一條自西向東的小河，支流一股，正如牛尾，故名牛尾河。另外，城內有 4 個水坑，人們認為是臥牛的四個蹄印，故稱牛蹄坑，此外附近還有拴牛橛、牛眼井等地名。如果把刑台古城和這一組地名融合，所成的一幅簡略示意圖，即正好是一頭面南而臥的黃牛，是名符其實的「臥牛城」。

▌刑台的達活泉是如何得名的

達活泉，位於刑台市舊城西北 5 里處。原為一水池，周擁百池，深丈許，泉水晶瑩碧透，一望見底，水量大時，主泉似開鍋之水，浪花沸騰，無數小泉，猶如玉盤行珠，滾流不息。元代著名天文學家、水利學家和數學家郭守敬曾在此引泉築渠，以通舟楫，灌田園。北宋咸平年間（998--1003 年），刑台刺史柳開濬，曾在此建亭植柳，加工修建，遂使達活泉成為一郡之勝。宋熙寧五年（1072 年），泉水突然消失，時隔六年後，泉水則又出現，故而又稱為「再來泉」。

達活泉被視為刑台標誌性的景物，泉水來歷與郭守敬有著密不可分的關係。相傳元世祖忽必烈下江南路過刑台，一路勞頓，口乾舌燥，派人到處找水喝。當時正值夏末秋初，天旱無雨，找了好久也沒有找到。這時任都水監的郭守敬站出來說：「臣願為陛下挖泉解渴。」在場的大臣們都不相信，有的還嘲笑他。郭守敬說：「我的老家在刑台郭村，那裡有一股山裡流下來的水，滲入到地下，如果按它流動的方嚮往下挖，就一定能夠挖到水。」忽必烈半信半疑，這時忌恨郭守敬的監侯官嚴林為了陷害郭守敬，便讓他趕快挖水，倘若郭守敬挖不出水來就會犯下欺君大罪，正好借此機會除掉郭守敬。郭守

敬胸有成竹地說：「我若挖不出水來，心甘情願領受欺君之罪」，嚴林急忙命人取來文房四寶，當即讓郭守敬立下了軍令狀。忽必列命知縣招集百十名民夫在小山包上挖起坑來，坑沙越來越濕，轉眼間便滲出來一股清泉，侍從急忙接了一碗水端給忽必烈。忽必烈飲後連聲稱讚泉水清洌潤口，甘甜如蜜，隨口說道：「再挖大一點，也好讓百姓們飲用。」郭守敬正想為家鄉做點好事，於是趁機請命，撥錢糧，挖泉開渠。當挖到一丈多深時，泉坑四壁上突然出現了一個大洞，頓時，泉水汩汩流出。郭守敬高興的說：「萬歲澤被鄉民，洪福齊天，使邢州百姓免受乾旱之苦，請萬歲給此坑賜個名字吧。」忽必烈想了想說：「這泉水是從郭村流過來的，我看就叫達郭泉吧。」因泉水常年流動，生生不息，後來，當地百姓便把名字改為「達活泉」。

「平台矯詔」是怎麼回事

秦始皇建立了中國歷史上第一個統一的中央集權制國家，為了鞏固政權，秦始皇在六國舉行了規模浩大的巡遊。西元前 210 年，在秦始皇第五次東巡途中，身染重病，走到沙丘時病情加重，病死於沙丘平台，發生了著名的「沙丘政變」，導致了秦王朝迅即滅亡。當時，由於病情急劇加重，只得停駐沙丘宮。秦始皇自覺病危，考慮後事，決定傳位於公子扶蘇，並急令火速將詔書送與鎮守邊疆的長子扶蘇。沒想到當時負責皇帝乘輿和印信墨書的宦官趙高把詔書扣而不發。趙高生性狡猾刁鑽，他知道按詔書扶蘇應該繼位，扶蘇聰明、寬厚、博才，又有蒙恬等大臣輔佐，但他害怕扶蘇繼位後自己失寵，於是說服胡亥和丞相李斯，毀掉給扶蘇的璽書，偽造秦始皇冊立胡亥為太子、賜扶蘇自裁、蒙恬自殺的詔書。這就是歷史上著名的「平台矯詔」。

靈霄山與黃巾起義有何關係

位於刑台市刑台縣北部山區的靈霄山，是東漢末年黃巾起義的始發地，至今刑台民間還流傳著許多張角和黃巾軍的故事。

張角，刑台鉅鹿人，在靈霄山始創「太平道教」，自稱「大賢良師」，研究《太平經》，治病傳教。他利用靈霄山三面為懸崖的奇險地形，建立了

易守難攻、結構獨特的黃巾軍寨。黃巾軍寨依山就勢，功能齊全，規模較大，具有極高的歷史價值和旅遊開發價值。至今靈霄山仍保留了部分寨牆和多座兵營、點將台、殺人場、水牢、八角琉璃井、百餘階的上天梯及東、南、西、北四面寨門。此外，靈霄山還蘊涵著深厚的道教文化，遺留了豐厚的歷史遺存。

▌刑台名士崔琰是如何「代人捉刀」的

　　替別人做事或寫文章被稱為「代人捉刀」，這個典故就出自於刑台清河人崔琰身上。崔琰是東漢末年人，字季圭，生於漢桓帝延熹二年（159 年）。崔琰年輕時喜歡練武，好擊劍，常與人較量。23 歲開始精讀《論語》和《韓詩》，29 歲從經學大師鄭玄學習儒學，成為文武兼備的人才，漢靈帝中平元年（184 年）張角領導的黃巾起義迅速發展到青、徐、兗、豫各州，崔琰隨其師鄭玄到不其山隱居。當時大將軍袁紹，慕名拜崔琰為騎都尉，掌管邊地軍事。曹操與袁紹在官渡大戰，袁紹敗亡。曹操以武力統一北方後急需用人，下令求賢，拜崔琰為別駕從事，留魏王府總理庶務。崔琰不僅才智過人，而且儀錶堂堂。《三國志》說他：「聲姿高暢，眉目疏朗，須長四尺，甚有威重，朝士瞻望，而太祖亦敬憚焉」。南朝劉義慶的史料筆記《世說新語》記載：有一次，曹操準備接見匈奴使者，感到自己身材不夠高大，容貌又有點醜陋，恐怕被匈奴使者看不起。於是就讓崔琰假充他接見匈奴使者，崔琰坐在床上，曹操自己扮作護衛，持刀侍立一旁。接見以後，曹操派人去問匈奴使者對魏王印象如何，匈奴使者說：「魏王雅望非常，然床頭捉刀者乃真英雄也。」因為崔琰代替曹操，在匈奴使者面前演了一場政治把戲，所以後來就把代替別人做事，稱作「代人捉刀」。

▌你知道豫讓橋是怎麼得名的嗎

　　刑台市北郊翟村西南有一處柳溪交輝、風光秀麗的地方，這是由達活泉、白沙泉的河溪彙聚而成的水鄉澤國，金大定年間，利用這裡優良的天然佳境，在此挖池塘，築長廊，建亭台，從而成為「垂柳成林，花香四溢，清溪飛濺」

的遊覽勝地。明代詩人王鴻儒有詩贊曰:「溪亭臨水面高城,楊柳芙蓉綠映紅。遙想使君來遊賞,沸天鼓吹月明中」,道出了柳溪亭的特點和風貌,成為刑台八景之一「柳溪春漲」。

溪水之上有一木板小橋,後改為石板小橋,橋名叫豫讓橋,人們把這座小橋與「豫讓刺殺趙襄子」的歷史聯繫起來,編成一首歌謠:「石板橋,襄子修,襄子騎馬橋上走。漆了身,吞了炭,豫讓行刺要報仇。襄子袍上砍三刀,大叫一聲自刎喉。忠心一片報恩主,蘆花飛來掩屍首。燕趙慷慨多悲歌,豫讓名姓傳千秋」。

豫讓刺殺趙襄子的事發生在春秋時期。豫讓,晉國人,一身本領,非常驍勇,投奔了很多人都未得到重用,後來,他投靠了權臣智伯,智伯很重用他,尊其為「國士」。後智伯攻打趙襄子,戰敗被殺。豫讓逃到山中,決心為智伯報仇。他偽裝混進了趙襄子的宮中,充當修廁所的人,準備乘趙襄子上廁所之機行刺,不料被趙襄子察覺,趙襄子認為他是個忠義之士,就把他放走了。豫讓並不就此甘休,過了不久,他又把頭髮和眉毛全剃光,化裝成乞丐,為了改變聲音,他吞了一口燒紅的炭,把嗓子燒壞,躲藏在趙襄子必經的橋下,意欲再次行刺。結果馬受到驚嚇,豫讓從橋下被搜出,自知必死,但他臨死前,要求趙襄子把衣服脫下來讓他砍殺,以滿足為智伯報仇的心願。趙襄子答應了他的請求,將自己的外衣脫下,豫讓揮起寶刀,狠狠地在衣服上砍了三下,大笑著說「我為智伯報仇了」,然後自刎而死。豫讓的屍體被扔在橋洞裡。當晚,一夜寒風吹落了滿塘的蘆花,將橋洞蓋得滿滿的。人們感念豫讓的忠義行為,紛紛前來祭弔。從此這座橋被人稱為豫讓橋,許多文人遊客,凡過此橋者,無不感慨萬千。

▌內邱縣「太子岩」的「太子」指的是誰

刑台市內丘縣城西 30 公里,有一座山叫「太子岩」,山上有太子窪、太子洞、太子井和太子莊,還有「太子玉帶」。為什麼這些地名都帶有「太子」這兩個字呢?這個太子到底是誰呢?當地百姓對此有這樣一個說法:相傳在春秋戰國時期,渤海莫州(今滄州任丘)出了一個名醫扁鵲。有一次,

扁鵲行醫到了虢國，正好碰到虢國太子得了急病，剛剛死去。年已六旬的老國王就這麼一個兒子，心疼得要死，於是詔示國民，下令誰能把太子救活，必有重賞。扁鵲聽說了此事，詳細詢問了太子的病狀和暴死的經過後，認為太子並沒死，而是「屍厥」，可以救活。扁鵲精通針灸，給太子紮了幾針，太子便甦醒過來了。太子醒後，非要拜扁鵲為師，扁鵲沒有答應，搖搖頭走了。後來晉國滅了虢國，太子走投無路，又去找扁鵲。在九龍河邊找到了扁鵲，再求拜師學醫。扁鵲非常同情國破家亡的太子，便收下了這個徒弟。從此太子就跟扁鵲在內丘一帶看病行醫。扁鵲被秦國太醫李醯害死後，太子繼承了師傅的治病美德，帶領師兄弟，在龍騰山一個窪地住了下來，修房蓋屋，挖井取水，鑿洞煉藥，晉國人沒有不感激他們的，便把這些地方稱為太子窪、太子莊、太子井和太子洞。後來，為了搶救一個危急病人，太子冒著危險，爬到龍騰山的懸崖絕壁，在採集「五靈脂」時，不慎掉進萬丈深淵，僅留下一條白色的腰帶掛在樹枝上。人們不忍心說太子摔死了，就編了一個故事，說太子一心一意為人們治病，感動了神靈，南海觀音度化他成了醫仙，燕子一樣，自由地飛來飛去為人治病，那太子岩半腰一道白色岩石，彎彎曲曲，繞山環轉，不正像太子的玉帶麼？

▌「大麓禪讓」的傳說是堯和舜嗎

　　隆堯的堯山是 4000 多年以前堯帝始封之地，後世有「帝堯封邑名還在，悠悠千古陶唐風」的詩句。

　　堯為父系氏族社會後期部落聯盟首領，號陶唐氏，他仁愛慈睦，平易近人，聰慧明德，定立法，親九族，實行禪讓制。相傳堯時，山洪暴發，太行山以東一片汪洋，唯獨有山宣山務山和堯山像一片孤島坐落在洪水當中，山宣山務山又叫「大麓」，山上古樹參天，鳥獸成群，荒無人煙。堯看中了這個地方，想建立治理洪水的基地，可大麓四周環水，風急浪高，野獸傷人，幾次派人勘察地形都不能順利返回，於是堯派舜去，舜帶著長矛和弓箭乘船去了。舜登上大麓，用長矛殺死密林中的豺狼虎豹，用弓箭射落天上的禿鷹惡雕，他一邊攀登，一邊在大樹上刻下路線記號，三天三夜，把大麓周圍的

山川水澤，勘察得一清二楚。當他要下山尋找木船時，天氣變了，樹林中一片漆黑，狂風捲著暴雨劈頭蓋臉的潑下來，舜站不住腳，被狂風捲到山下，木船斷了纜繩，被沖到洪水之中。舜並不驚慌，靠著從小練就的超人本領，很快辨明瞭方向，找到上山時在大樹上刻下的記號，並在山下找到一根空心大樹幹，等風雨住了，用空心大樹幹當船划回太行山。堯在太行山看到大麓上空，烏雲翻滾，電閃雷鳴，擔心舜此去必死無疑，天天帶人站在太行山上向東觀望，三天后，他們發現從大麓方向漂來一根大樹幹，是舜劃著空心木船回來了。舜向堯彙報了大麓的情況，堯非常高興，就把女兒娥皇和女英嫁給他做妻子。後來堯老了，讓舜代替他管理國家大事，堯臨死之前，實行君主禪讓制把王位傳給了舜。

▌你知道歷史上的「酒池肉林」在哪裡嗎

《史記·殷本紀》記載：「（紂王）益廣沙丘苑台，多取野獸蜚鳥置其中。慢於鬼神。大聚樂戲於沙丘，以酒為池，懸肉為林，使男女裸體相逐其間，為長夜之飲。」其中「沙丘苑台」即位於今刑台市廣宗縣大平台鄉大平台村南及前平台、後平台村東一帶。據當地人傳說：在沙丘苑台，紂王下令先把宮殿房檐下用磚瓦砌成的排泄雨水的水溝（古代稱之為天溝、池）裡灌滿酒，謂之「酒池」；在宮苑樹上比人略高的樹杈上掛熟肉，名之「肉林」；再放一面大鼓。準備停當後，紂王、妲已、費仲等人坐於酒池肉林之中，傳令百名太監宮女、歌伎娼優等裸體站到他們面前，以鼓聲為令遵規而前行，一時間，鼓聲大作，呼叫聲此起彼伏，不絕於耳，百名太監宮女醜態百出，情景荒誕無恥之極。《史記·殷本紀》中記載紂王「知足以距諫，言足以飾非；矜人臣以能，高天下之聲，以為皆出己之下。好酒淫樂，嬖於婦人」，「百姓怨望而諸侯有畔者」最終導致武王伐紂，鼎遷於周。紂王自覺死有餘辜，自焚而亡。

「二十四孝圖」故事之一「郭巨埋兒」是怎麼回事

　　明朝人蔡培元和李錫彤一起輯錄的《二十四孝圖詩合刊》在中國民間流傳甚廣，其中關於「郭巨埋兒」的故事就發生在內邱縣金店村，《內邱縣誌》記載了這個故事。相傳在漢朝的時候，河南林縣城東五里有個大郭村，一對老人膝下只有一子，名叫郭巨，成年後娶妻張氏，生下了一個兒子。全家五口，和睦相處。偏偏老天爺不作美，頭年老漢病死了，第二年又遇上了旱年，無法度日。郭巨萬般無奈，帶著妻子、兒子和年邁的母親，沿路乞討，輾轉流落到了中丘金提鎮（即現在的刑台內邱縣金店村），在這裡寄居下來。全家靠打柴為生，度日艱難。老母疼愛孫子，有飯自己捨不得吃，郭巨見到母親越來越瘦，對妻子說：「讓母親吃上飯就已很困難，再有兒子分享她的飯食，老人家恐怕就會餓死了，實在不行就把孩子埋了算了」。妻子心疼，好大一陣沒有吭聲。郭巨語重心長地說：「兒子可以再有，但是母親死了卻再也得不到了」。他妻子只好同意了。當天晚上，夫妻二人忍痛抱著孩子向村西走去，準備埋掉兒子。選好了地方，舉起鑊頭刨起來。坑越刨越深，當刨到三尺多深時，突然聽到「鐺啷」一聲響，郭巨彎下腰一看，是一口反扣著的鍋，急忙將鍋撬起來，只見一片金光耀眼，下面滿是黃金，其中有一塊較大的金子，上面刻著十二個字：「天賜郭巨，官不得奪，民不可分。」原來當郭巨刨坑時，驚動了土地爺，土地爺得知郭巨埋兒是為了孝敬老母親，就把此事上奏了玉皇大帝。玉皇大帝很受感動，決定重賞郭巨，便命令財神把金子送到這裡。郭巨和妻子高高興興地抱著孩子和金子回了家，從此再不為衣食發愁，而且郭巨為母埋兒的孝名也很快傳遍了天下。郭巨有了金子，用一半孝敬老人，剩下的一半在挖出金子的地方修建了一座「慈仁寺」，後人又在此了一座「郭巨塔」，以示紀念。人們為了紀念這位大孝子，將他的名字列入了《二十四孝冊》，使得郭巨埋兒孝母的故事名垂千古，流傳至今。

趙匡胤千里送京娘是怎麼回事

　　刑台市廣宗縣城北二十里，有個村莊叫清村，宋太祖趙匡胤在這裡留下了一段千里送京娘的愛情佳話。

　　趙匡胤是涿州人，有一年騎馬路過清村，見到兩個男人正在調戲一個年輕漂亮的女子，趙匡胤上前把兩個壞人打跑了。原來，這女子是涿州一家大戶的閨秀，名叫京娘，前兩天到郊外散心，突遇大風，把她和丫嬛給沖散，刮到這裡，被兩個漢子攔住調戲。趙匡胤很同情京娘的遭遇，決定送她回家。一路上，二人互生愛慕之心，私定終身，京娘從頭上取下碧玉簪贈與趙匡胤，趙匡胤將藍衫撕下一條，給了京娘。兩人立下了海誓山盟，趙匡胤說：「我終生非京娘不娶，日後若有三心二意，就用你贈的碧玉簪刺喉死」。京娘說：「我今生非你不嫁，日後若有人相逼，就用這藍衫縊身而亡」。到了京娘家，京娘的父母非常高興，當聽說女兒與趙匡胤私定終身後，堅決不同意這門婚事，把趙匡胤打發走了。

　　許多年過去了，京娘拒絕了父母提的多門婚事，一直苦苦等待著趙匡胤來迎娶她。可趙匡胤已經做了皇帝，擁有了三宮六院，把京娘扔到了腦後。京娘忍受了父母和村裡人們的冷眼惡語，在一個人靜的晚上用趙匡胤送給她的定情之物 -- 撕成條狀的那片藍衫吊死了。

　　趙匡胤有一年得了重病，臥床不起。他突然看到了碧玉簪，想起了和京娘的海誓山盟，心中覺得非常難受，便隨手將碧玉簪放在了書案上。偏巧早有篡位之心的弟弟趙匡義來探望病情，起了歹心，順手抄起碧玉簪，刺向了趙匡胤的喉嚨。趙匡義謊稱哥哥得病而死，自己登基當上了皇帝。趙匡胤正好也應了自己的諾言。

　　當地民間還有一種傳說，說趙匡胤送京娘回家，二人非常傾心，京娘便向趙匡胤表達愛慕之情，但趙匡胤總覺得有乘人之危的嫌疑，雖然喜歡京娘，卻不願落下不好的名聲，便拒絕了京娘的好意，只願與京娘兄妹相稱。京娘非常傷心，當走到一個湖泊的時候，便縱身投湖而死。趙匡胤當上皇帝後，曾多次到這個湖泊來祭奠，非常傷感。當地人就把這個湖泊起名為京娘湖，現在已被開發成為一個非常有名氣的旅遊勝地。

▍「奉公守法」出自何人之口

「奉公守法」的典故出自《史記·廉頗藺相如列傳》中趙奢對平原君說的一段話，由「奉公如法」演變而來。趙奢，戰國大將，初為田部吏，以法治稅，因平原君趙勝家臣拒繳田稅，態度蠻橫，遂殺死九人。趙勝知道後，揚言要殺趙奢，趙奢為此找到趙勝說：「以君之貴，奉公如法則上下平，下平則國強，國強則趙固，而君為貴戚，豈輕於天下邪？」。意思是希望趙勝「奉公如法」。趙勝聽了很信服，遂將趙奢推薦給趙惠文王，惠王令趙奢掌管全中國賦稅，結果「國賦大平，民富而府庫實。」後又任其將軍，趙奢在「閼與之戰」中以少勝多大破秦軍，趙王聞訊大喜，賜趙奢號「馬服君」，與廉頗同執國政。「馬服」二字指「服馬帶兵」之意。趙奢死後，葬於邯鄲市西十公里的紫山上。至今，紫山上「趙奢塚」尚依稀可辨，因而紫山又稱「馬服山」。

▍「二度梅」的故事與叢台有何關係

在邯鄲武靈叢台最高處「據勝亭」前的拱門楣上，鐫刻著冀南書法名人李鶴亭所書的「夫妻南北，兄妹沾襟」八個朱紅大字。站在叢台上向南遠望，可以看見綠樹花草叢中，有一尊以「二度梅」故事為題材的雙人塑像。男女主人翁含情脈脈，悲悲切切，生死離別，難捨難分。每當遊客來到這裡，導遊小姐就會向大家講述一段委婉淒美的愛情故事。

唐肅宗年間，中原有一佳麗女子，名喚陳杏元。她家有株梅花樹，時當花期，正噴香吐豔。忽一日花兒無緣無故凋落了，這天被奸臣殘害的忠良之後梅良玉，正好來到陳家，原來梅花自毀是應在了他的身上。梅良玉聰明伶俐，才貌超人，不久，倆人相愛。北國南侵，唐王難以抵擋，信聽奸臣讒言，選陳杏元到北國和番。邯鄲那時是邊陲重鎮，凡到番邦去的人，一般都要登臨邯鄲的叢台，與社稷親人垂淚告別。這樣，陳杏元與梅良玉便來到叢台之上，遙拜家鄉，揮淚話別。後來陳杏元在去番邦的路上，痛不欲生跳崖尋死，被王昭君的陰魂所救，送至中原陳家，最終讓她與梅良玉喜結良緣。這件事

感動了陳家院中的梅花樹，就在梅陳完婚之日，梅花樹二度重開，馨香四溢。於是，「二度梅」的故事便與叢台有了不解之緣。

「黃粱美夢」的故事發生在哪裡

　　大家一定都知道黃粱美夢的故事吧？相傳秀才盧生在一家小旅店遇到道士呂翁，向他講述自己的功名之念，呂翁給他一個青瓷枕，說枕上它就能如願以償。此時店主剛剛將小米飯煮上。盧生很快進入夢鄉，在夢中他娶美妻，作高官，裕子孫，享盡人間的榮華富貴，八十而命終。盧生夢醒後，發現店主的黃粱米飯還沒有蒸熟，不禁感慨萬千，四十餘年的夢中富貴竟然連一頓飯的功夫都不到，悟出了人生如夢的真諦，遂隨呂翁成仙而去。

　　黃粱美夢的故事作為典故，在文學作品中和人們口頭上常被引用，在現實中，它也有其依託地 -- 邯鄲黃粱夢呂仙祠。邯鄲是歷史文化名城之一，素有成語典故之鄉的美譽，黃粱夢呂仙祠既是眾多古典建築的一朵奇葩，又是夢文化和道教文化的完美結合地，尤其在東南亞地區有著廣泛的影響，日本的小學課本中稱邯鄲是夢的故鄉。黃粱美夢的故事就發生在邯鄲。人們在這裡修建殿堂，供奉盧生，是對他美夢的愛慕，也是對他悟道的崇敬。

　　呂仙祠位於邯鄲市北十公里處的黃粱夢鎮，占地 14000 平方米，始建於唐末宋初，是依據沈既濟的傳奇小說《枕中記》而修建的，是中國唯一因夢而興起的道觀。在歷史上曾有三次大的重修擴建。黃粱夢呂仙祠的建築是以中軸線為主，對稱分佈的院落佈局。整個建築群兼具北方道觀之雄壯和江南園林之幽靜，是北方規模較大的道教宮觀之一。呂仙祠以其獨特的文化內涵吸引著眾多的中外尋夢人。

「蓬萊仙境」真是仙筆嗎

　　進入邯鄲呂仙祠內，很多遊人被南照壁牆所吸引，照壁上有四個大字「蓬萊仙境」，每個字都是一米見方，字跡灑脫流暢，頗有些仙風道骨的神韻。關於「蓬萊仙境」四字的來歷，在民間流傳著這樣一種說法：明代重修擴建呂仙祠時，就要交工了，可照壁牆上還是空空的。這天來了一個叫花子，身

上背個褡褳，在照壁前看到了四塊光溜溜的青石板，便抄起牆角的破笤帚，沾著討飯桶裡的剩菜湯在石板上劃拉開來。當家道士看見了，衝著他使勁吆喝，連打帶罵地把他轟跑了，之後趕緊用清水刷洗石板，誰知竟出現了「蓬萊仙」三個字。在場的人面面相覷，頓時明白了是神仙呂洞賓顯靈賜字。那背著的褡褳不正是一個呂字嗎？呂洞賓在寫仙字的時候，猛聽到叫喊聲，手一哆嗦把仙字的山半邊給寫歪了。因為是仙筆，沒人敢補字。道士們後悔不已，卻又無可奈何。

過了幾百年，乾隆皇帝下江南路過呂仙祠看到了「蓬萊仙」三個字，總感覺有些缺憾，於是冥思苦想了一個晚上，補上了個「境」字，成了蓬萊仙境四個字。乾隆皇帝雖貴為天子，畢竟是肉體凡胎，沒有呂洞賓的仙風道骨，所補的字也就有些遜色。因此也就有了「御筆不如仙筆」的說法。

其實傳說終究是傳說，從照壁的瓦件和形制考證，文物專家確定四字確實是明代遺物，但究竟是何人所書已無從考證。

▍為什麼八洞神仙齊集呂仙祠

邯鄲呂仙祠，原名盧生祠、呂翁祠，它的興建是在唐、宋朝皇帝信奉道教，在全中國廣修宮觀的社會背景之下，源於《枕中記》故事在民間廣泛流傳的環境中修建的。最初規模不大，經歷代重修擴建才具現今規模。

宋代出現大量的神仙故事，在當時已廣為流傳，最為普遍的要屬漢鐘離和呂洞賓，全真教奉他們為祖師即是明證。呂洞賓是神仙中名氣最大，傳說故事最多的一位，大概由於呂洞賓事蹟的豐富離奇，並且有著勸誡世人、拯救苦難的社會意義，後人不滿足於他已有的神蹟，便從各種神仙故事中衍生出許多呂洞賓的逸事。因此就把在黃粱夢將點化盧生的呂翁附會在呂洞賓的身上了。盧生祠從此換主易位，成了供奉呂洞賓的全真教道觀。因傳說中漢鐘離是用黃粱一夢度化呂洞賓，由此形成呂仙祠基本格局，前有鐘離殿，中有呂祖殿（主殿），後為盧生殿，按照師徒關係由大到小排列為主建築的三大殿。

在盧生殿前懸有這樣一副對聯，上聯寫的是「睡至二三更時凡功名都成幻境」，下聯寫的是「想到一百年後無少長具是古人」。作者及出處已無從考證，但至少在清代已有此聯語了。現聯為中國著名書法家謝冰岩先生重新書寫。很多遊人在這副對聯前駐足沉思，甚至抄寫在本子上，拿回去細細品味。從字面上理解，上聯說：人在二三更時進入熟睡階段，所夢到的一切都因為到了高峰而轉為下坡路，成為幻境；下聯則講出了一個質樸的人生哲理：人終有一死，不論是達官貴冑，還是平民百姓，百年之後都將化為塵土，這是不可變更的自然法則，想用萬貫家財買個青春永駐，用傾朝權力換得長生不老，都是徒勞。人死之後，萬事皆空，人人平等，當然也就沒有什麼高低和貴賤之分了。於是得意者想到這些，便對自己的囂張行為有所收斂；而失意者則從此聯中得到一些慰籍和心理平衡。

明代定型的八仙，本來就是一塊修煉，一起遊戲人間的夥伴，既然在黃粱夢有了漢鐘離、呂洞賓二仙，那麼其餘六仙自然也被請入呂仙祠會聚，共用香火了。呂仙祠裡面的歇山式兩層建築即是八仙閣。八仙閣肇建於明末清初，民國初年曾被毀，現為 1984 年重建的。外觀雕樑畫棟，氣勢非凡。內有天津泥人張再傳弟子塑的八仙塑像，一個個仙風道骨，氣宇軒昂，呼之欲出。呂仙祠內清淨幽雅，素有蓬萊仙境之美譽，難怪八洞神仙要在此相聚小憩了！

▌呂仙祠中的行宮為誰而建

邯鄲呂仙祠中軸線東西兩側對稱分佈有院落，西邊為慈禧行宮，東邊是光緒行宮。

光緒二十七年（1901 年）八月二十四日，慈禧太后從西安迴鑾，沿途的地方官員奉命修建行宮接駕。邯鄲設宮兩處，一個在縣城內，一個在呂仙祠。因為限期太緊，邯鄲的地方官來不及新建行宮，便將呂仙祠原有的西王母殿改建為慈禧行宮。當年十一月十四日慈禧一行過邯鄲後曾在此午休。慈禧行宮位於呂仙祠中軸線西側，為傳統的兩進四合院建築，宮門向南，前院

是接官廳，廳後為五間寬的門廳，是行宮的奏事房。後院主房五間，就是慈禧太后休息和接見大臣的地方。

1992 年後接官廳改為元辰殿，殿內供奉六十位保護神，故也稱六十甲子殿。遊客可根據生辰找到自己的保護神。殿中間供奉的是傳為「眾星之母」的鬥姥。宮門廳則改成展室，東側是慈禧展室，陳列有慈禧太后從 68 歲到 74 歲的數幅照片，反映了她荒淫無度的生活狀況。門廳西側是清帝展室，展有清朝皇帝、皇后的畫像和清朝皇帝世襲表。展室的設置旨在幫助遊客瞭解清朝歷史，提醒人們勿忘國恥。後院現為慈禧蠟像館，內有慈禧和李連英的蠟像，室內保持當時的生活陳設。院內種植有紅梅、黃梅數棵，環境幽雅，冬季臘梅競相傲雪開放，故此院又稱梅園。

東院為光緒行宮，1995 年後改建為民俗神宮，是一個兩進的四合院落，置有與百姓生活息息相關的民俗神 33 尊蠟像，分列於五座殿堂。院內翠竹叢生，綠意盎然，故又稱竹園。梅、竹二園相映成趣，於不同季節展現別樣景緻。進入垂花門，前院東側是倉頡殿，供奉的是行業的祖師或保護神，門口對聯中「為民造福即是神明」，真切地道出了民俗神的來源。主神為漢字的創造者倉頡，伴有土木建築行業的祖師魯班，藥神邳彤，酒神杜康，茶神陸羽，梨園神唐玄宗，司法業祖師皋陶。西側為天后殿，供奉的是女神，主神是海神天后，即媽祖。相陪的有戰爭女神九天玄女，示兆救人的紫姑神，送子娘娘順天聖母和把守陰間最後一道關口的孟婆神。後院正殿是財神殿，殿內供奉的是福運之神，主神是武財神趙公明，招財、進寶二位神將侍立兩邊，壽星、福神相伴左右。東側文昌殿供奉的是文教系統的神道，主神是掌管考生命運的文昌帝君，兩邊侍立有天聾、地啞二仙童，相陪的是讀書人的保護神鍾馗，魁星，筆神蒙恬，書神長恩。對面是月老殿，供奉的是家庭保護神，主神是婚姻媒神月老，相陪的有保佑家庭和睦的和合二仙，小兒神項托，灶王爺，土地公公和土地奶奶。民俗神宮集中的各路神道，反映了人們對勞動的尊崇，對文化的敬重，對幸福的追求，對災難的警惕等傳統的世俗心態。

▌「中國名夢館」為什麼能吸引遊人

中國夢文化源遠流長，然而真正有實物載體的僅是邯鄲呂仙祠一處，因而研究並宣傳夢文化成為呂仙祠不可推卸的責任。基於此點，投資 140 萬元的中國名夢館在多方精心籌備下，於 2001 年 7 月正式向遊人開放了。

中國名夢館位於呂仙祠東部，占地 300 平方米。大門西向而開，匾額是燕京大學教授時年九十歲的文懷沙先生題寫。館內展示的是從數千條夢目中精選出的 31 條，分成帝王、名人、愛情、發財、公案等類別，用精美的壁畫形式，藝術的向遊人展示中國千餘年來燦爛的夢文化。

進入館內，迎面為黃帝夢遊華胥國，這是黃帝代表中華民族所做的最早的政治理想夢，反映中華民族追求和平、富裕、平等的美好願望。進入名人夢展區，這裡有孔子夢周公；莊周夢蝶；李白夢遊天姥山等十位名人的夢兆。帝王夢展區中有秦始皇夢與海神鬥，趙簡子夢遊鈞天，唐明皇夢遊廣寒宮等七條夢目。愛情夢，發財夢，公案夢都有專門的展區進行展示。專題夢中的牡丹亭夢、南柯夢、紫釵記集中在大型展室，它們同邯鄲夢並稱為「臨川四夢」。三個夢目都是夢故事中的經典，畫者以詳細的描繪表現做夢中的場景，使得遊人在輕鬆的欣賞中瞭解中國古代民眾對美夢的憧憬和感悟，這就是中國名夢館吸引遊人的關鍵所在。中國名夢館中展示的夢目只是浩如煙海的夢目中的一粟，館的設置，旨在以一斑窺全豹，引導大家去瞭解、研究和發掘更多更深的夢文化內涵。

▌「壽陵失本步，笑煞邯鄲人」用的是什麼典故

唐代大詩人李白寫的「壽陵失本步，笑煞邯鄲人」兩句詩，概括了一個與邯鄲有關的故事。故事源於莊子《秋水》裡的一段話，大意是說：燕國壽陵這個地方有個少年，聽說趙國人走路姿態優美，就不遠千里的來邯鄲學習。不想因為學習的方法不對，結果不但沒有把邯鄲人的步法學會，反而把自己原來走路的方法也忘光了，沒辦法，只好爬著回家，於是便有了「邯鄲學步」的典故。

　　因「邯鄲學步」的典故而產生的古蹟「學步橋」，位於邯鄲市內沁河帶狀公園西段。沁河原名牛首水，發源於城西紫山，貫流城東北，注入滏陽河。在古代，城北只有一座跨沁河的木質浮橋，由於經常被河水浸泡而易壞，明代萬曆四十五年（1617 年）改建為石拱橋。石橋身長 32 米，寬 9 米，高約 8 米，共有三大四小七孔拱券。橋孔中心處雕有向下俯視的龍頭，橋面兩側各有 18 根望柱和 19 塊欄板，均有精美的雕刻。建成後，此橋就成為遊客駐足賞景的好地方。上個世紀 80 年代，學步橋得到重修。橋北頭立有石碣和「邯鄲學步」石雕像。尤其是帶狀公園建成後，又新闢了廣場，建了石牌坊。坊上的「莊周秋水非閒話，太白高歌有古風」對聯，點明了這個故事的淵源。隨著「邯鄲學步」成語的傳播，這座橋的名氣更為遠颺。

你知道美女羅敷與羅敷潭的傳說嗎

　　邯鄲市西北 10 公里的邯鄲縣三陵鄉薑窯村，相傳是趙國美女羅敷的家鄉。村西有一小溪，溪邊有一潭，即是著名的羅敷潭。羅敷潭又名黑龍潭、龍池。相傳羅敷曾在此洗衣，故名。《邯鄲縣誌》另有一說：羅敷被趙王所逼，投潭而死，故名。後一種說法在當地流行甚廣。據崔豹《古今注》雲，羅敷為邯鄲秦氏女子，趙王家人王仁之妻，採桑時被趙王所見，愛其貌美，要強納她入宮，羅敷不肯，彈箏作《陌上桑》，以表明心志，趙王乃止。漢樂府《陌上桑》，就是對羅敷的人格讚美。羅敷潭風景優美，山泉溝壑錯落有致。是輸鼋河的發源地。據縣誌記載，舊時這裡有桑田數百畝，松柏成林，潭上泉眼遍地，常年細流，叮咚有聲，形成了壯觀的羅敷潭瀑布。夏季每有白氣起於潭中，上達雲際，歷久不散，如龍之吸水。清雍正年間《邯鄲縣誌》有圖錄，為歷代文人騷客遊覽吟詠之地。唐朝大詩人李白曾作《春遊羅敷潭》詩，留下千古名篇。目前，這裡已開闢為羅敷潭風景區，總占地面積 2 平方公里，主要景點有：天下第一石龍、羅敷潭、臥龍坡、醫家池、落鳳坡、輸鼋河源頭、老鼋坑、斷石橋、羅敷崖、趙王跑馬場、趙王思女閣、李白亭、龍興寺、五龍廟、龍井等。

聖井崗龍神廟中供奉的「龍母」是何人

龍神廟坐落在邯鄲市北 10 公里戶村鎮聖井崗村，屬省級重點文物保護單位，主祀九龍聖母。據傳，元朝時前北牛叫村房永和的女兒房寶，在 16 歲那年吞吃河中桃而受孕，產下九條龍後升天，被玉皇大帝認作乾女兒，專管人間的旱與澇，被人們稱為「九龍聖母」。此後，民間百姓遇旱皆求她賜雨，因祈雨甚靈而名聲大震，故修龍神廟以供奉。聖井崗龍神廟始建於元延佑二年（1315 年），明清多次重修擴建，現存為一組清代風格的古建築群。長方型佈局，以中軸線為中心，東西對稱，坐北朝南，南北 243 米，共分六層，依次是戲樓、山門、聖母殿、九龍橋、聖井亭、三家奶奶殿，各層之間有院落，院落之間有配殿、道房，鐘、鼓樓等。專家認為，龍神廟的戲樓在河北省是獨一無二的古代建築珍品，具有較高的研究價值。龍母神像前有聖井，相傳旱不涸，澇不溢。井內有調水符牌，為歷代祈雨之所，舊時邯鄲十景中曾有「靈崗香市」之稱。求雨的主要儀式是請牌取水，祈雨靈驗後，送還請走的原鐵牌時，再鑄一塊新牌一同奉還。再鑄的牌因級別不同，而有所區別，朝廷是金牌，州府是銀牌，縣級是銅牌，鄉級是錫牌，民眾是鐵牌。清同治六年（1867 年）京都一帶大旱，同治皇帝命禮部尚書萬青黎請牌求雨，靈驗後，鑄還的金牌重 8.4 斤。1986 年，整修聖井時，從井內發現各種金屬牌 110 塊，其中 40 塊文字記載十分詳細，對研究當時的歷史、氣候、氣象具有珍貴的史料價值。

「魯酒薄而邯鄲圍」說的是什麼典故

在中國歷史上曾發生過一場因酒而引起的戰爭，引發那場戰爭的酒就是趙國釀造的趙酒。戰國時，楚國曾是最強。有一次楚王在郢都會見諸侯，各國都帶著禮物進貢討好。魯國和趙國的禮物全是本國產的酒。楚國酒官先嘗了嘗，品評出趙酒比魯酒好得多，就私下向趙王要酒。趙王因帶的酒少，婉言拒絕。酒官懷恨在心，竟把兩國的貢酒換了罐子。楚王早聽說趙酒好，可是一喝沒味道，以為是趙王有意戲弄他。大怒，立刻派兵包圍了邯鄲。此即「魯酒薄而邯鄲圍」這一典故的由來。那麼，趙酒何以如此味道厚重呢？據

史料記載：邯鄲城西十里有泉，泉稱酒務泉，村稱酒務頭，有酒務之頭的含意，後改名酒務樓。其水甘冽，戰國時趙王曾在此釀酒。明成化年間舉人曹瓚《詠酒務泉》詩贊曰：「一脈甘泉灩玉肥，釀成佳醞世應稀。當時魯酒皆言薄，底是邯鄲反見圍。」從酒務泉、酒務頭的名由和《詠酒務泉》詩都證明了一個事實：有了酒務泉甘美的水才有了趙酒的醇厚。酒務泉的釀酒史在明代中斷。20世紀末，戰國遺址之一的趙國酒窖，在酒務樓村被發掘出土，窖內遺存明代在此釀酒的盛酒器皿。

▍「長壽村」的村民為何長壽

在邯鄲武安市西北60公里摩天嶺腳下，有一個山村叫艾蒿坪，因村民長壽少病，無人得過癌症而遠近聞名，故得名「長壽村」。長壽村人何以長壽，與村裡的長壽泉和長壽茶有關。

長壽村後有幾眼甘泉，泉水從山岩之中噴湧而出，清冽甘甜。經檢驗，泉水裡富含礦物質和中草藥成份，凡飲用過此水的人就很少生病，故稱「長壽泉」。摩天嶺山上有上千畝的連翹茶林，村民以此作原料加工成連翹茶葉，以泉水沏之，飲後神爽體健，從此得名「長壽茶」。據村裡老人講他們就是常飲長壽泉和長壽茶而長壽的。這裡已建成長壽村風景區，建有長壽園。景區氣候涼爽，有優美的自然環境，獨特的民居建築，古樸淳厚的民風和雄偉險峻的摩天嶺。遊人到此必登摩天嶺。其峰高聳入雲，似與天相接而得名。主峰東側有一條用紅石砌成的盤山大道，稱十八盤，古為通晉要道。沿道而上，層巒疊嶂，林木蔥鬱，鳥語花香，山泉叮咚，空氣清新，氣候宜人。山上物產豐富，有核桃、柿子、松柏、山杏、洋槐等幾十種珍貴的山間古樹；還有柴胡、遠志、荊芥、蒼朮、益母草等藥材；山雞野兔隨處可見。所以到此觀光的遊客無不品嚐此地的山中果品。長壽村景區集民風民俗和自然風光於一體，是休閒渡假的好去處。

「毛遂自薦」中的主人翁埋骨何處

　　毛遂墓，相傳在邯鄲永年縣臨洺關東南 24 公里處的滏陽河北岸。《永年縣誌》載：毛遂墓在城西南五里大堤內。志裡所載的「城」是指永年古城。縣誌裡還有「毛塚高峰」為永年八景之一的記載，足見當年之勝蹟，可惜現在封土己平。

　　「毛遂自薦」的典故出自《史記‧平原君虞卿列傳》。毛遂是戰國時期趙國人，平原君門下食客。趙惠文王九年（西元前 290 年），秦侵趙，趙國都城邯鄲被圍困而告急，趙國派平原君去楚國求救。平原君在門客中挑選隨行人員，要求文武齊備。毛遂自我推薦，願意隨同前往。談判中，楚王十分猶豫，議事不決。毛遂拔劍上階，慷慨陳詞，直說利害，終於說服楚王同意合縱，出兵救趙。平原君說：「毛先生以三寸之舌強於百萬之師。」回趙後，毛遂被拜為上客。明崇禎太僕寺丞申佳允有詩云：「一劍橫階氣若何，平原輕俠盡消磨。銅盤熱血警蠻楚，錐穎英魂壯滏河。碑自蒼蒼看獨峙，世多碌碌許誰過。幾回憑弔郊南墓，野樹虹光滿碧蘿。」據傳，毛遂墓內曾有墓誌，清末戰亂年代，被駐在永年城內的鹽警（管理鹽商的警官）盜去，下落不明。永年縣政府已籌資重修毛遂墓，向遊人重現「毛塚」雄風。

西門豹投巫的故事發生在哪裡

　　戰國時期的魏國鄴城（在今邯鄲市臨漳縣境內）位於漳河邊，是一塊重要的戰略要地。西門豹任鄴城縣令時，漳河多水患，民不聊生，人煙稀少，滿目荒涼，迷信活動十分猖獗，使治理漳河任務處處受阻。

　　西門豹到任後，問老百姓是怎麼回事。一位白髮老者說：都是河伯娶媳婦給鬧的。河伯是漳河的神，年年都娶一個漂亮的姑娘，如果不送去，漳河就要發大水，把田地、村莊全淹了。西門豹仔細一打聽，知道是地方上的貪官跟巫婆串通起來搞的鬼，心裡很氣憤。到第二年「河伯娶婦」的這一天，西門豹到了現場。他看到大大小小的官兒和裝神弄鬼的老巫婆全來了，就提出要親自看看河伯的新媳婦。當他看見那個要嫁給河伯的不幸女子時，就對巫婆說：「怎麼找了這麼一個醜丫頭？太不像話，麻煩你去告訴河伯一聲，

等我找到漂亮姑娘再給他娶媳婦！」說完一揮手，他的隨從立即上來，把巫婆一下子推到漳河裡去了。接著以派人催問為藉口，把巫婆的大徒弟和一個民憤極大的貪官相繼扔進河裡。這樣一來，那些幹壞事的傢伙誰也不敢再提給河伯娶媳婦的事了。西門豹帶領全城老百姓挖河修壩，根除水害，使漳河兩岸年年豐收。後人為了紀念西門豹，在投巫的河邊為他建了祠堂。

▌牛郎織女老家在哪裡

千古神話「牛郎織女」演繹所在地在刑台天河山。天河山在刑台最西部，山西省和順縣與河北省刑台接壤一帶，因主峰天河梁而得名。天河梁附近許多村莊都以牛郎織女的故事命名，如牛郎峪和相傳織女洗澡的南天池村，在天河山的北溝內還有個二郎峽。天河山附近村莊的村民民風純樸，依然沿襲著遠古農耕社會的風俗習慣，日出而作，日落而息；民居都是石板頂有坡度的房子，做飯燒灶火，休息睡土炕；在村民的敘事方式以及方言用語上跟傳說中故事情節有很多相似之處。另外，根據神話傳說還原為現實生活和歷史的原則，「織女」應該是善於紡織的田間女子，類似於黃道婆這樣被後人尊崇甚至頂禮膜拜的人物。天河山上鬱鬱蔥蔥，密生的槲寄生正是養蠶的上好樹種。從漢代開始，刑台就以供奉宮廷的漢錦而名揚天下。而據考證，七月七日作為一個不尋常的日子的最早記述見於《淮南子》，恰是東漢以來逐漸流行起來的。

▌你知道被人稱為「鬼門關」的地方在哪裡嗎

1931 年「九一八」事變後，中國東北三省淪陷。1932 年 3 月，在日本帝國主義的操縱下，清朝末代皇帝溥儀，在長春建立了「滿洲國」，成為日本在中國控制的一個傀儡政權。從此，長城以外的大片國土淪喪，山海關也變成了所謂「國境線」，成為「雁過拔毛的鬼門關」。

當時，山東、河北一帶民眾為了謀生「闖關東」，到了山海關，要過六道難關，才能過「國境線」，進入滿洲國。首先是住宿關，想過關的人必須由日本人控制的旅店裡簽發「出國證」，然後依次透過照相關、檢疫關、查

證關、審查關，這時想過國界的人，折騰到這個份兒上，錢也沒了，人也快完了。當時山海關流傳著一首歌謠：「要過關，難上難，沒錢別想過，有錢也榨幹，活人剝層皮，無處去訴冤」。

在那個年代，山海關這座鬼門關，不知發生了多少駭人聽聞的事件，不知有多少闖關東的人在這裡飽受屈辱和折磨，給他們心中留下了永遠的傷痛！

▎「天下第一關」匾額是誰寫的

三百多年前，康熙大帝途徑山海關，奮筆寫下了天章「兩京鎖鑰無雙地，萬里長城第一關」，山海關以天下第一關而聞名。在山海關城東門箭樓上有一塊匾額，上寫「天下第一關」。該匾長 5.9 米，寬 1.5 米，白底黑字。五個大字為正方楷書，每個字一米有餘，其中「一」字長 1.09 米，繁體「關」字豎長 1.45 米，「一」字不顯單薄，「關」字多筆不顯臃腫。筆力沉雄，與建築相稱，大有鎮關之風，為關口增添了威嚴和光輝。

目前在天下第一關箭樓內外一共有 3 塊這樣的匾，其中樓外高懸的那塊匾並不是真品，而是民國九年（1920 年）臨榆縣附生楊寶清鉤摹另刻；樓內一層迎門掛著的才是最早的那塊匾；另外在樓內二層還懸掛一塊匾，是清光緒五年（1879 年）附生王治鉤摹重刻。「天下第一關」匾額無疑出自書法大家手筆，但令人費解的是這塊匾並沒有落款，到底是誰寫的，就給後人留下了不解之謎。有人說，「天下第一關」是晉代大書法家王羲之寫的，如果按年代推算，王羲之在世時，還沒有山海關這座城呢，因為此關建於明朝洪武年間，前後相差 900 多年。有人說，這塊匾是嚴嵩的手筆，但是明清兩代地方誌在談到這塊匾時，對嚴嵩隻字未提，然而 1933 年出版的《榆關抗戰史》卻曾多次提到：「天下第一關」為明代嚴嵩所題，字大 1.7 米，筆力異常遒勁，一向存在山海關城東南角的魁星樓裡，日軍攻破山海關，將這塊匾劫掠到東京，作為戰利品放在東京陳列所中任人觀覽。近年，有一位日本人曾從東京寄來一張「天下第一關」匾的照片，據說就是當年日軍從山海關劫走的那一塊，不過照片中的「第」字是竹字頭，而現在掛在城樓上的木匾，「第」

字為草字頭。那麼懸掛在一樓內的這塊匾到底是誰寫的呢？根據清代光緒四年編撰的《臨榆縣誌》：「『天下第一關』相傳明肖僉事顯書。」但這條記載前邊卻加有「相傳」二字，顯得肖顯寫匾之說不十分確實了。肖顯是山海衛（今山海關）人，明天順三年（1459 年）中舉人，成化八年（1472 年）考中進士，後來任兵科給事中福建按察司僉事，晚年退隱山海關角山中的圍春山莊。肖顯的書法名聲遠播，名列明代三十二位書法大家之列，他的書法自成一家，捲軸傳遍天下，如果當時的地方官想請人寫「天下第一關」匾額，那是非肖顯莫屬。可惜的是肖顯當年的書法墨蹟遺失殆盡，無法進行字體、運筆等方面的比較。不過現在大家多傾向於肖顯所書，因此也留下關於肖顯寫匾的許多傳說故事，使這塊匾更加充滿神秘色彩。「天下第一關」匾額沒有落款，記載也不明確，究竟是誰題寫的，恐怕永遠是個解不開的謎了。

▌你見過「海市蜃樓」嗎

　　海市蜃樓乃稀世自然奇觀，在北戴河海濱，曾出現過多次海市蜃樓，因為站在秦皇島聯峰山上看最真切，因此人稱「聯峰海市」。最早見於記載的是明萬曆三十四年（1606 年）三月，從金山嘴到聯峰山，絡繹十幾里的海面上，突然出現了數不清的亭台樓閣，街面上車馬擁擠，似乎還可以看到官員出巡時的傘蓋旗幟。這些景像在海面上慢悠悠地飄動著，隨時變幻著圖案，不一會兒，樓閣、車馬、旗傘什麼的都消失了，漸漸地又出現了一座山峰，形似兩支聳立的兔耳，有人認出這是撫寧縣的兔耳山，不知怎麼回事，竟然跑到北戴河的海面上來了。那一天，北戴河海面上連續出現了兩次海市，這種奇觀非常罕見。

　　近年來，又曾出現過幾次海市。1969 年 10 月底的一天下午，當時，海面上出現了昌黎縣的幻景，城裡的古塔和城北的碣石山都清晰可見。1987 年 5 月 24 日下午 3 點 40 分左右，聯峰山上下起了濛濛細雨，附近的海面上雲霧蒸騰，景色迷離。聯峰山頂的望海亭裡，聚集了三百多位遊人，一邊避雨，一邊欣賞海濱全景。突然有人喊了一聲：「海市，海市，出海市了。」大家立即把目光投向了海面。只見聯峰山東南角方向的海面上，雲霧蒸騰之中突

然地閃現出了一條亮亮的帶子，它橫陳東南，又細又長，在這亮帶之中，探出了幾座淡藍色的山頭，越來越大，越來越清晰，這山頭飄飄搖搖，忽起忽落，白色的雲霧在這山間繚繞著，飄浮著……。半個多小時後，那條亮亮的帶子漸漸暗了下去，越來越多的霧氣漫過那條帶子，帶子裡邊的幾座山頭的輪廓也越發淡了下來，最後在濃霧中消失了，許多人舉起照相機，拍下了這難得的絕景。1991 年年初，北戴河海面上又出現了海市，裡邊有湖水，許多小船划來划去，十分熱鬧。上面說的海市，都是有記載的。據當地一些漁民講，他們還曾看到北戴河海面上出現萬里長城的幻景，而且不止一次。

海市蜃樓是一個非常奇妙的自然景觀，受到許多文人和學者的無限青睞和讚歎，將其惟妙惟肖地描繪成美麗的畫卷。古人曾經把海市蜃樓幻像當成追求長生不老的仙山，而如今，如果有機遇觀看海市蜃樓，確實是一種高深莫測的美的享受。

▋北戴河的怪樓究竟「怪」在哪裡

「怪樓」曾是北戴河海濱一景，在東山鷹角亭南邊，東山果園後院，是1936 年美國人辛伯森為自己建造的私人住宅。辛伯森，林學博士，園藝專家，1927 年，他受美國基督教教會派遣來到中國，在北戴河海濱創辦「東山園藝場」，歷經 12 個寒暑，於 1940 年太平洋戰爭爆發前夕撤離回國，他在海濱辛勤工作，培植園藝，推廣科學技術，為京東地區的農藝事業頗多建樹。1936 年，辛伯森患了嚴重的三叉神經痛症，久治不癒，一位醫生建議他採用日光療法，每天中午他就在海灘臥沙作日光浴，很有效果。這時，華北衛理公會撥款在園藝場為辛伯森建造私人別墅，於是他就開始思索著自己設計一個陽光充足、安安靜靜的小樓。他以淵博的學識，吸收了歐洲中世紀的建築藝術，以其獨特構思設計了一座乖謬情理、模樣奇異的建築，由當地建築師蘇全仁建造，歷時 2 年完成，人稱「怪樓」。辛伯森非常滿意，於是他們舉家搬進了這座樓裡，說來也怪，不久折磨他的三叉神經痛的毛病竟然漸漸好了，後來人們就把「怪樓」也叫成「療疾樓」。

　　怪樓之怪，怪在造型奇特，樓小屋多，外形七角八面，共三層，五個頂，木製門窗，外牆體全用花崗岩砌築，樓頂各角突出尖形牆堆，遠看形似一頂歐洲中世紀王冠。全樓有門44個，窗46個，四面進光。樓內屋套屋，間套間，沒有一間方方正正的房間，拐角極多，進去轉上一會兒，就不知道自己從哪兒進來的了，給人神秘感覺。樓內有深水石井，用以調節室內氣溫和濕度。

　　「怪樓」的奇特之處還有樓梯，從一樓到三樓，螺旋型的樓梯盤曲而上，扶手都是用自然彎曲的籐條和老樹根子編成，因勢造型，妙趣橫生；樓梯踏板是用薄木板裝嵌的，走上去，顫顫悠悠，別有情趣，樸素而別緻。尤為令人稱奇的是美容室四壁和門都鑲嵌大鏡子，在室內鏡閃人影，如入迷宮。

　　1991年北戴河區根據「怪樓」的建築風格興建了怪樓奇園，共設置奇景、怪景99處。怪樓內山石瀑布，樓道棧橋，多門多屋，真假難辨；人身怪獸，天外來客，巨石燈罩，美人戲水；鏡中有緣，倒行逆施，歪門邪道，走投無路……神奇莫測，令人不可思議；奇園中青松翠柏，綠樹成蔭，疊水湧泉，神龜戲水，怪獸巨石，暗道通幽……都會使你感到奇趣橫生。

▎你知道從前北戴河海濱的三個著名建築嗎

　　解放前，在北戴河流傳著一句民諺，叫「吳家樓，段家牆，霞飛館的大草房」。這句話說的就是北戴河海濱的三個著名建築。

　　吳家樓座落在東聯峰山下，是一座純西洋式二層樓建築。整個建築以花崗岩為牆體，結構嚴密，據說兩塊石頭之間楔不進一塊銅元，是北戴河最為豪華的別墅。吳家樓的主人為吳鼎昌（1884～1950），浙江吳興人，清末進士，在北洋政府時任中國銀行總裁，財政部次長，後任南京國民政府實業部部長、貴州省政府主席。據傳這一別墅是他用賭博一晚的贏金建築的。《大公報》編輯胡霖先生在《北戴河一瞥》一文中說：「吳鼎昌君之別墅面海背山，建築結實精美，足為全地之冠。」中國人民解放軍總司令朱德在北戴河療養避暑期間曾住此樓。

段家牆指的是段芝貴別墅的圍牆。段芝貴（1869～1925）係安徽合肥人，北洋政府時曾任東三省巡按使，北京京畿警備總司令。該別墅坐落於東聯峰山下，院內松柏森森，院牆綿延約 300 米，以花崗岩毛石作基牆，上嵌水泥制條形空格，其上覆蓋深紅色鋼瓦，樸素大方。段氏別墅建於 1918 年，1925 年段芝貴病死，遺囑將別墅連同土地贈予他的日本友人玉井利三郎，後玉井利三郎又轉贈予天津日本居留民團。1945 年日本投降後，國民政府收歸國有。

霞飛館為咖啡館的諧音。霞飛館坐落於東聯峰山蓮花石公園的西北角，是北洋政府交通總長朱啟鈐的大公子朱海北興建的，為與天津著名的「大華飯店」之聯號。霞飛館又名「松濤草堂」，木架結構，稻草蓋頂，古樸典雅。堂內可同時擺下六七十桌席面，專供遊客宴飲。每到夕陽西下，中外士女紛紛來此宴飲跳舞，故時人又稱之為「仙人宮」、「神仙窟」。張學良將軍第一次到北戴河海濱朱啟鈐先生就在霞飛館為將軍洗塵。

張學良將軍為什麼三次來到到北戴河

張學良將軍曾於 1924 年、1929 年、1930 年三次來到北戴河海濱遊覽渡假，在這裡留下了一個個轟轟烈烈又美麗動人的故事。

1924 年夏天，張學良由東北來到北戴河，當時正醞釀第二次直奉大戰，他花重金由法國購進的水上飛機運抵秦皇島港，在北戴河赤土山飛機場試飛。張學良親自駕駛飛機在北戴河的藍天、渤海上空飛翔，引來無數圍觀群眾，一時熱鬧非凡。當晚張學良下榻於朱啟鈐的別墅裡。

1929 年 7 月，張學良在北平出席了有蔣介石、閻錫山參加的「三大廠」會議。會後，張學良來到北戴河海濱，下榻章家大樓。這次，趙四小姐也由天津來到了北戴河，下榻在畢琪飯店，經常到章家大樓與張學良幽會，後來人們稱此樓為鴛鴦樓。張學良和趙四小姐還經常漫步山林，在大海裡游泳，此後，兩人訂下了白首之約。

1930 年 2 月，蔣、馮、閻之間爆發了「中原大戰」。當時雙方勢均力敵，戰事呈僵持狀態，而張學良在關外擁兵數十萬，舉足輕重，於是各方派出「遊說團」來到瀋陽。想把張學良將軍拉到自己這一邊。為避開各派系的遊說干擾，張學良將軍藉口離開了瀋陽。住在北戴河。張學良將軍周旋於各派敵對勢力之間，嚴守中立。北戴河海濱一時冠蓋雲集，成了各種政治力量角逐的舞台。

在張學良將軍起伏跌宕的一生中，對北戴河海濱的三次造訪，應該是他最浪漫最溫馨的記憶了。面對永不止息的波濤，少帥與趙四小姐在這裡訂下了白首之約，為北戴河留下了一段英雄美人的千古佳話。

▌孟姜女廟裡的「望夫石」和「海眼」是怎麼回事

在山海關孟姜女廟殿後有一塊巨石，上面有一排很像腳印的石窩窩，上題「望夫石」三個大字。相傳當年孟姜女尋夫來到這裡，由於天色已晚，城門已經關閉，孟姜女思夫心切，就在這塊石頭上走來走去，眺望她丈夫，沒想到一夜之間，竟把堅石踩出足跡。我們現在看到的石窩窩，相傳就是當年孟姜女留下的腳印，後人為了紀念孟姜女的真情，便給這塊石頭起名「望夫石」，這三個字為順治年間山海關通判白揮所題。如今的「望夫石」已經成了忠貞愛情的象徵，許多慕名前來的遊客紛紛在此留念。

在望夫石北側，孟姜女塑像的正下方有一個大洞，洞口很像人的眼睛，這就是「海眼」。相傳這是與大海相通的地方，北方的廣澤王（龍王之一）知曉了孟姜女的事情，深為她的忠貞感動，於是就打了這樣一個通道，以護廟保佑。這個洞裡的水，冬天不會凍結，夏天不會乾涸，側耳貼於石壁上，會聽到海潮的聲音。

「望夫石」和「海眼」的傳說為孟姜女的故事平添了一份神秘色彩，但傳說歸傳說，它們形成的原因是海蝕和地殼運動所致。

▎你知道「天馬山」是誰題寫的嗎

　　在秦皇島市撫寧縣城北10公里處有座小山，不怎麼高，海拔只有296米，但山形奇特，山頂巨石疊嶂，險峻挺拔，似雲中奔馬，故名天馬山。據《撫寧縣誌》記載：「天馬山，高聳秀拔，如控馬首之際，舊名馬頭崖」。又載：「明隆慶初，蒙古之土蠻入侵，邑人多避兵於此。萬曆中改今名。」天馬山巍峨雄美，登臨絕頂，北可望燕山主峰，群山峰巒疊翠，萬里長城似蒼龍臥於其上，南面則是茫茫大海，夏日，透過薄紗般的霧氣，可見海天一色的水光熠動。天馬山之所以令人神往，不僅因其巍峨雄美，還在於它留下了關於民族英雄戚繼光的手跡和傳說。戚繼光於明隆慶初年至萬曆年間從抗倭東南沿海調到北方後，鎮守保定、昌平、薊州十四年，在築城、練兵、禦寇中，很少遊山玩水，但他對天馬山卻情有獨鍾，曾在山中修養了一段時間。在天馬山東側、石門南側聳立的石壁上，鐫刻有「天馬山」三個長寬均一米有餘的大字，蒼勁有力，就是戚繼光所書；主峰上部西南的兩塊巨石上鐫刻有兩行大字，右為「山河一覽」，是明代分守副總兵黃孝感所書；左為「天馬行空」為明代巡方禦史傅光宅所書；在西側橫空巨石下的石屏上鐫刻著「帶勵山河」，是明代遊擊將軍孫仁所書；在一塊屏帶般的岩石上，鐫刻著楷書大字「海天在目」，恰在「天馬行空」、「山河一覽」的上方，為明代遊擊將軍張臣所書；佈局精巧得當，頗具匠心。天馬山上的這些明代將領題刻，抒發了當年邊陲將士熱愛祖國大好河山的深厚感情，以及為之獻身的精神和氣壯山河的寬廣胸懷；而且這些題刻字跡清晰、筆鋒蒼勁、秀拔，各具特色，具有很高的歷史、藝術價值。關於「天馬山」至今還流傳著有關戚繼光和「天馬」的故事。

　　據說，戚繼光在東南沿海防禦倭寇時，沿海百姓感念他就送給他一匹名叫「千里駒」的棗紅馬。這匹馬能日行千里，夜行八百，翻山越嶺如履平地，跨澗越壑體如輕風。在東起山海關西至昌平的漫長長城防線上，處處留下它的蹄印。有一年，戚繼光得知蒙古貴族要大舉進攻的消息，他一面下令守城將士嚴加防守，一面親至營地檢查軍械糧草準備情況。一日行至馬頭崖下，「千里駒」終因勞累過度一病不起。臨死前，它面向北方長嘶一聲，回轉身

面向戚繼光前腿屈膝跪地，閉上了雙眼。戚繼光唸它屢經征戰，就把它安葬在半山腰一處平台中。從此人們常在深夜見到一道紅光騰空而起。幾年之後蒙古貴族又犯邊境，經董家口一戰，戚家軍一舉把入侵之敵殺得大敗而逃，敵首領長禿被活捉，但他的坐騎受了驚，長嘶一聲騰空而去。後來這匹馬跑到馬頭崖下的小山村（現名戰馬王）被一大戶牽回家去。這匹戰馬全身雪白，蹄如彎月，目若流星，跑起來蹄不著地。好馬倒是好馬，就是天天夜裡溜韁，天明歸來，毛損皮裂，汗濕淋淋，疲憊不堪。馬主人很是納悶，當晚那匹馬又脫韁而去，主人暗中尾隨不捨，直跟到馬頭崖半山腰的「神泉」。這「神泉」是戚繼光飲馬的地方，大旱不涸，嚴寒不凍，泉水清澈，甘甜爽口。這時，忽見一匹棗紅馬從迷濛的月色中飛騰賓士而來。兩馬相見，視若仇敵，互相嘶咬，因白馬銀鬃苫背，頭纓遮目，嘶咬時吃了敗仗，狼狽逃回。馬主人不知道自己的白馬原為敵首領所騎，只怕自己的馬再吃虧，就把白馬的頭纓和馬鬃剪短，以為這樣就能取勝，誰料第二天清早，馬主人跑到「神泉」一看，白馬被咬死，紅馬正騰空而飛，飛到半山腰，只聽「轟隆」一聲巨響，峭壁裂開一條縫，紅馬一頭鑽進去，接著又是一聲巨響，石縫閉合，長長的馬尾垂在峭壁上，從此，人們稱此山崖為「馬頭崖」。後來，戚繼光因積勞成疾到馬頭崖養病，信步繞到馬頭崖北側，忽聞一聲長嘶，十分耳熟，酷似曾騎多年的「千里駒」，左右觀之，並無馬的蹤影。正納悶間，猛抬頭，看到山頂峭壁處有一天然洞穴，狀如馬棚，棚內有一匹馬，尾在西，頭在東，馬首入於石縫中，馬尾沿峭壁垂直而下。再細看時，馬又不見了。返回的路上，戚繼光回想「千里駒」的赫赫戰功，又聯想到村民的傳說，來到山東側石門處，一時心潮彭湃，呼喚左右拿來筆硯，在石門左側寫下「天馬山」三個大字。從此，人們就將馬頭崖改名為天馬山了。

▌董家口長城為什麼有一座「媳婦樓」

在秦皇島市東北約 35 公里處，有一個名叫董家口的村落，由董家口、大毛山、破城子三個自然村組成，長城守軍的後裔就生活在這裡，這裡村村有樓台，個個有姓氏，他們的祖先被稱為樓頭軍。

董家口是明薊鎮長城上的一座重要關隘，為山海關關城的北翼要塞。董家口長城修築在突兀險要的山嶺上，最高處海拔 556 米，總長 8.9 公里，有 2 座關隘、31 座敵樓、18 座戰台、14 座烽火台，並建有破城子、大毛山、董家口三座城堡。這一帶長城，蜿蜒曲折，氣勢磅礴，縱深防禦軍事設施完備，烽火煙墩遙相呼應，全方位、多層次地展示了明長城軍事防禦體系的獨特風貌。歷經滄桑 600 多年，是保存最完整的地段，董家口村村民也是明代當年築長城、守長城將士唯一的後裔。

據考證，戚繼光重修這段長城時，從浙江、山東、福建一帶調集 3000 名官兵北上修築和戍守，為穩定軍心，部分官兵家眷允許隨軍，在此安家守邊，保護長城，敵樓修好後，分到各家各戶守衛，官兵們及其家眷就在敵樓上安家生活，一座敵樓就是一個家庭。董家口就是一個典型的明代守城將士後代居住的村莊，作為明代守城將士的後裔，董家口人把祖先修築的長城一直當作「傳家寶」加以愛護。現在，這些「長城後裔」尚有陳、李、耿、孫、趙、張等六姓，共計 123 戶 439 人。

董家口長城遺蹟中有一座處處打磨得十分精細的「媳婦樓」，傳說是一個叫王月英的女子在丈夫戰死後替夫守邊時居住過的。是否因為曾經有女性駐守過長城而使董家口這段長城具有如此獨特的色彩，雖然目前不能定論，但是現在董家口長城正以她別樣的魅力吸引著考察者和旅遊者的目光，同時為長城考證和觀光增加了一個亮點。

▌孟姜女廟那副奇特對聯如何讀

沿著 108 階石磴拾級而上，進秦皇島孟姜女廟山門，便是塑有彩繪薑女像的前殿，首先映入眼簾的是殿門前兩側楹柱上的一副對聯：海水朝朝朝朝朝朝朝落，浮雲長長長長長長長消。這副對聯每聯中有七個相同的字緊緊聯到一塊，只有三個字不同。是誰寫的呢？又該怎樣讀呢？

據說這副對聯的讀法有 18 種之多，常見的讀法有以下幾種：

海水潮，朝朝潮，朝潮朝落；浮雲漲，常常漲，常漲常消。

海水潮，朝朝潮，朝朝潮落；浮雲漲，常常漲，常常漲消。

海水朝潮，朝朝潮，朝朝落；浮雲常漲，常常漲，常常消。

海水朝朝潮，朝潮朝朝落；浮雲常常漲，常漲常常消。

海水朝朝潮，潮，朝潮朝落；浮雲常常漲，漲，常漲常消。

海水潮，朝潮，朝潮，朝朝落；浮雲漲，常漲，常漲，常常消。

海水朝潮，朝潮，朝潮，朝落；浮雲常漲，常漲，常漲，常消。

海水潮，潮，潮，潮，朝潮朝落；浮雲漲，漲，漲，漲，常漲常消。

　　其中前四種讀法比較常見，以第一種讀法最為通行，意思最清楚，易於上口。這副對聯表面上好像是文字遊戲，是在描寫孟姜女廟周圍的自然景物，海水在廟前潮漲潮落，永不知疲倦，浮雲在山崗上飄然而過，時有時無；而從深層意義上來看，是借景寄情，用海水和浮雲的變幻來隱喻人世間滄桑變化的哲理，流露出對孟姜女故事流傳不絕的感歎，襯托出薑女的形像是不可磨滅的，將情、景、理融入一聯之中，用類似謎語遊戲的方式表達出來，堪稱絕聯。這副對聯寫得如此之絕，作者是誰，到現在還是個謎。有人說是南宋狀元王十朋撰寫的，或說是明代才子徐渭撰寫，或說是道光皇帝所題，又有人說是參考溫州江心寺對聯、福州羅星塔加以改寫的。因為沒有明確文字記載，關於這副奇特對聯的作者眾說紛紜，也許永遠都是一個謎了。

▌你知道大掠馬白果樹的來歷嗎

　　位於三河市區 25 華裡的大掠馬村小學院內，有一棵大銀杏樹，距今已有 1300 年的歷史。相傳是唐代僧人所栽，又傳是唐王李世民東征路過此地，並安營紮寨，將馬鞭插在此處，次日馬鞭變成了白果樹，也有傳說是李世民的大將尉遲敬德隨唐王東征時所栽，究竟是誰所栽無從考證。白果樹樹幹直徑 2.8 米，高 30 米，樹圍長約 14 米，樹冠直徑 31 米。在大掠馬村村民的精心保護下，歷經千年風霜洗禮的白果樹，依舊枝繁葉茂，生機勃勃。每年立冬前後，如有寒流到來，白果樹則在其前一天全部落葉，當地農民收穫白

菜，全看白果樹落葉來啟示。為更好地保護這一千年古樹，在白果樹周圍設置了保護欄。

義和團運動發源地在哪裡

19 世紀末至 20 世紀初，隨著帝國主義對中國侵略的加深，中國大地上爆發了一場震驚中外的義和團反帝愛國運動，而這場運動的發源地就在今在河北刑台的威縣。義和團運動的著名領袖趙三多生於刑台威縣沙柳寨一個貧苦農民家庭，自幼習武，深明大義，富有民族氣節，廣收徒弟三千人，是遠近聞名的梅花拳大師。他領導的義和團運動是起義時間最早、堅持時間最長、活動範圍最廣、中外影響最大的反帝運動。

1898 年 10 月，由於外國傳教士要將威縣梨園屯的玉皇廟拆建為教堂，引起村民公憤。在趙三多的領導下，義和拳民 3000 多人，頭裹紅巾，腳穿長靴為標記，聚集冠縣蔣家莊舉行祭旗起義，打出「扶清滅洋」的大旗，波瀾壯闊的義和團運動從此揭開序幕。義旗一舉，萬民回應。義和團所到之處，廣泛收徒授拳，影響大增。趙三多在河北中、南部傳播的反帝愛國火種，為後來京津地區義和團運動的發展壯大打下了基礎。

義和團在什麼地方重創八國聯軍

1900 年 6 月 10 日，俄、英、美、日、德、法、意、奧等國拼湊 2064 名官兵組成八國聯軍，在英國海軍中將西摩爾的率領下，從天津出發，原計劃當天下午到達北京。八國聯軍在中國的土地上橫衝直撞，還沒有遭受過大的損失，所以，在他們看來，此趟北京之行，對有鐵路之便利，有洋槍洋炮武裝的外國軍隊來說，乃是朝發夕至、瞬息可成的事情。帝國主義的侵略行經，激起義和團的堅決抵抗。6 月 12 日，義和團與清軍董福祥、聶士成部聯合作戰，切斷侵略軍與天津的聯繫。6 月 14 日至 18 日，侵略軍被義和團群眾包圍在廊坊、落岱、楊村一帶，面對用近代槍支、火炮和裝甲列車武裝的侵略軍，義和團奮勇殺敵，視死如歸，不惜以血肉之軀與敵人拚搏，表現出極大的勇氣和愛國熱情，打死打傷敵軍 300 餘名，西摩爾潰不成軍，這支從

天津老龍頭出發時以軍樂隊壯行，耀武揚威的隊伍，最後變成一支長長的擔架隊，沮喪地敗回天津。義和團沉重打擊了八國聯軍進犯北京的囂張氣焰。史稱「廊坊大捷」。

　　「廊坊大捷」是中國近代史上撼人心魄的一次重大戰役，是整個義和團運動期間一件具有深遠歷史影響的大事。在這次戰鬥中，中國人民敢於和敵人血戰到底的英勇氣概震驚了世界。近百年來，「廊坊大捷」表現出來的民族精神，一直鼓舞著廊坊人民。

名人河北

　　河北可謂地傑人靈，名人輩出，從「悲歌慷慨」的俠士荊軻，到「安得快人如翼德，盡誅世上負心人」的張飛，從少年讀書「三年不窺園」儒學大師董仲舒，到「鐵肩擔道義，妙手著文章」革命先行者李大釗，上下五千年，凡帝王將相、皇后太后、先哲先賢、名醫大家、文學泰、科學巨匠、戲劇大師、書法名家、壯士俠客、農民領袖、忠良臣、無敵將、教育家、革命者，可謂「豪傑出燕趙，丹心照後人」。你不想瞭解一下他們的事蹟嗎？

▌河北出生的帝王知多少

　　河北地傑人靈，自古就是出英雄豪傑的地方，這些人當中，不少人建功立業，甚至當了皇帝，成了開國之君。這裡僅舉數例：

　　蜀國昭烈帝劉備，字玄德，涿郡涿縣（今河北涿州市）人，漢景帝之子中山靖王劉勝之後，屬東漢遠支皇族。後結交了關羽、張飛等豪傑，組織武裝，在軍閥混戰中圖謀霸業，終無所成。後來他三顧茅廬，請出隱士諸葛亮幫助自己打天下。在赤壁大戰中與孫權聯合，擊敗曹操，乘機取得荊州大部，以此為基礎，又打敗劉璋取得益州，從曹操手中奪取漢中，遂成霸業。西元221 年在成都稱帝，建立了蜀漢政權。

　　北燕開創者馮跋，字文起，漢族，長樂信都（今河北冀縣）人，因遷居和龍。受鮮卑族影響，取名字為乞直伐。即位前，任西燕將軍，西燕滅亡後，任後燕禁衛軍將領，後殺後燕皇帝慕容熙，擁立高雲為天王。因擁立有功，受封為使持節侍中、都督中外諸軍事、錄尚書事。高雲為部下所殺後，他平定事變，稱天王於昌黎。即位後，繼續推行後燕以來的胡漢分治政策，廢除後燕苛政，輕徭薄賦，勸課農桑，勤勞政事，營建太學。在位22 年病死。

　　北齊文宣帝高洋，字子進，渤海脩（今河北景縣）人。其父高歡，在北魏、東魏時一直控制朝政大權，高洋即位前，繼父兄執政，掌握東魏政權，受封為太原郡公。後又居丞相位，都督中外諸軍事、錄尚書，封為齊王。五月代東魏稱帝，時年22 歲。即位初，頗留心治術，以法馭下。曾並省州郡，

藉以整飭吏治，改定律令。出兵擊敗東北的庫莫奚、契丹、柔然、山胡等部。修建長城。南邊拓地淮南，盡長江而止。後來以功業自矜，肆行淫暴，曾肢解其所寵愛的薛嬪，以其骨骼為琵琶。西元 559 年 10 月暴死於晉陽宮。

後唐末帝（亦稱廢帝或潞王）李從珂，本姓王，鎮州（今河北正定）人。放羊娃出身，後唐明宗李嗣源為將時，養以為子。長大後驍勇善戰，為軍事將領。即位前，曾為衛州刺史、河中節度使、檢校太保、同平章事等。閔帝即位，加兼侍中。閔帝被殺，乃即位。時年五十歲。即位後，石敬瑭謀反，靠契丹的援助，大敗後唐軍，後唐將領紛紛投降石敬瑭，李從珂自焚而死。在位僅兩年。

後周太祖郭威，字文仲，邢州堯山（今河北隆堯）人。本姓常，因父被殺，母適郭氏，隨姓郭。少貧寒，18 歲應募為軍卒。在劉知遠部下作戰，因功提拔為將。扶助劉知遠建立後漢，升遷為樞密副使檢校司徒。劉知遠死後，郭威發動兵變，被將士擁立為皇帝，取代後漢，建立後周。都開封，號太祖。建國後，郭威蒐羅人才，屬行節儉，改革弊政，整飭軍紀，獎勵耕織，使社會出現了小安局面。在位 4 年而卒。

後蜀創建者孟知祥，字保胤（亦作保裔），邢州龍岡（今河北刑台西南）人。唐朝末年，知祥叔父孟遷，據邢、洛、磁三州，為晉王李克用所虜，知祥與父留事晉王。李克用看重知祥才幹，滅蜀後，以孟知祥為西川節度使。知祥入蜀擇廉吏，除苛賦，安集流散，使蜀中局勢逐漸穩定下來。以後又得東川之地，為東、西川節度使。933 年後唐明宗封孟知祥為蜀王。他於次年稱帝，建都成都，國號蜀，史稱後蜀。965 年為北宋所滅。

宋太祖趙匡胤，涿州（今河北涿縣）人。生於官僚家庭，後周時為領兵大將。後累有升遷，拜殿前都點檢，典掌禁軍，掌握了兵權。柴宗訓（恭帝）即位後，恭帝顯德七年（960 年）一月，趙匡胤領兵至陳橋驛（開封東北），利用五代以來將士冊立的風氣，發動兵變，軍士把黃袍加在他的身上，擁立他為天子。接著，回師開封，廢柴宗訓，代周稱帝，國號宋，是為太祖，時年 34 歲。

▌為什麼「燕趙自古多慷慨悲歌之士」

「慷慨悲歌」指那些為國為民、建功立業、英勇獻身的志士仁人。古代河北屬北部邊地，迫近北夷，戰事頻繁，加上地薄人眾，所以其民「不事農商」，「丈夫相聚遊戲，悲歌慷慨」，自古以來就是英雄輩出的地方。在河北遼闊的大地上，產生過一代又一代英雄豪傑，這裡只介紹其中幾個有代表性的人物。

田光，戰國時燕國人，故里在今河北新河縣西千家莊。學識淵博，智勇雙全，素稱燕國勇士。亦稱節俠。隱居鄉里，廣交朋友。荊軻到燕國後，兩人相處投機。在秦國滅趙之際，燕國危急，燕太子丹敬請田光商討對策。田光推薦荊軻與太子丹共謀刺殺秦王之計，田光欲以死激勵荊軻完成重任，自刎而死。

李牧，河北元氏人，戰國末期趙國軍事家，善用兵。駐守趙國北疆，積有戰功，深得軍心。打敗東胡、林胡、匈奴。趙王遷3年，率兵大敗入侵秦軍，因功封武安君。次年，秦軍越太行，攻番吾（今河北平山東），又被李牧擊敗。秦忌其能，施以反間計，誣其謀反。趙王收其兵權，下獄，被殺身死。趙國遂亡。

荊軻，戰國時燕國著名勇士，涿州郡武垣縣（今河北肅甯縣）荊軻村人。荊軻與田光關係甚密。秦滅趙之際，大軍已臨燕南邊境，燕國防守無力，危在旦夕。荊軻受田光推薦，同燕太子丹共圖刺秦王之策。臨別送行，至於易水之濱，壯士豪情激盪，放喉高歌：「風蕭蕭兮易水寒，壯士一去兮不復還」，送行之人無不落淚，終成千古絕唱。荊軻行刺秦王未遂身死。他的悲壯事蹟流傳至今，為後人所敬仰歌頌。

趙佗，秦漢時自立為南越武王，真定（今河北正定）人。秦初為南海龍川（今廣東陰縣）縣令，秦二世時為南海尉。秦末，趙佗自立為南越武王。漢高祖劉邦遣陸賈出使招撫，封為南越王。呂后時，自稱越武帝，進攻長沙，呂后遣將征討，兵敗而歸。文帝時，派人守護趙佗先人在真定的墳墓，按時祭祀，給趙佗的堂兄弟以官職和賞賜，複派陸賈攜文帝書信勸其歸漢。趙佗

上書，願遵漢令，取消帝號，稱為藩臣。西元前 137 年卒。葬於真定趙佗先人塚地（今石家莊市郊區趙陵鋪）。

張飛，字翼德，涿郡（今河北涿州市）人。東漢末，與關羽一起從劉備起兵。張飛性情豪爽剛直，曾怒打貪官都郵，有「難得快人如翼德，盡誅世上負心人」的美譽。曹操取荊州，劉備敗於當陽長阪，張以二十騎斷後，據水斷橋，曹軍不敢近。後隨劉備取益州，任車騎將軍，封西鄉侯。西元 221 年，從劉備攻吳，臨行，被部將殺害。

祖逖，東晉名將，字士稚，河北淶水縣祖各莊村人。少年時，崇尚俠義，懷有大志，憂心時局變亂，與好友劉琨刻苦練功，有「聞雞起舞」傳說。西晉滅亡，率親黨數百家南移。西元 313 年，向晉元帝自請北伐，收復失地，晉元帝任為豫州刺史；率部渡江。中流擊楫，悲奮下淚，發誓收復中原。所部紀律嚴明，得到各地人民的回應，收復黃河以南地區。順利進軍時，東晉內部迭起糾紛，對祖逖不加支持，因國事日非，終因憂憤病死。淶水縣城內早年有「祖公祠」，今已無存。

劉琨，字越石，中山魏縣（今河北無極）人，西晉將領、詩人。出身於官宦世家。少有雄心大志，與石崇、陸機等文人投契，時稱「二十四友」。晉懷帝起用劉琨為并州刺史，進而加封振威將軍，領兵平息北方戰亂。西元 315 年，劉琨封為大將軍，統管山西、河北一帶軍事。西元 317 年，晉元帝升其為太尉，聯合幽州刺史段匹磾共討石勒。後形勢逆轉，被段殺害。劉琨少時與祖逖為友，互相激勵，為國建功，「聞雞起舞」、「枕戈待旦」、「先吾著鞭」典故皆源於劉琨。

當然，還有樂毅、廉頗等，也稱得上「悲歌之士」，因下文有詳述，此處不贅述。

▌歷史上哪些名醫大家原籍是河北

扁鵲，真名秦越人，戰國時醫學家。下文有詳細介紹，此處略。

　　劉完素，金朝著名醫學家，「金元四大家」之一，字守真，河間（今河北河間）人。東漢張機的《傷寒論》是中醫的理論基礎，宋代醫家尤為重視並多有闡發，而真正予以創造性研究、獨樹一幟的則是以劉完素為代表的「寒涼派」。他提出六氣中火、熱是最重要的致病因素的觀點，因而治療須以寒涼藥為主，創製了治療傷寒熱病的新方劑。其主要著作有《素問要旨》、《宣明論方》、《素問玄機原病式》、《傷寒直格》等。

　　張元素，約與劉完素同時代，金朝醫學家，字潔古，易州（今河北易縣）人。善醫傷寒，深通藥理學。據《金史》載，一次，劉完素病傷寒，八日不癒，頭痛脈緊，嘔逆不食，竟使這位大醫學家自己也不知所措。張元素往視，劉完素看不起他，面壁不顧。張元素不但斷準其病，指出其用藥不當，至使劉元素信服元素意見用藥，遂愈，自此名顯。張元素治病，不拘泥古方，善於創新。他曾說：「運氣不齊，古今異軌，古方新病不相能也。」其主要著作有《醫學啟源》《珍珠囊》《藥注難經》及《醫方》等。

　　李杲，金末元初著名醫學家，「金元四大家」之一，字明之，晚號東垣老人，因亦稱李東垣。真定（今河北正定）人。20 歲時，其母病死於庸醫，對他刺激很大，立志學醫。聞張元素醫名，遂捐金帛從之學，數年，得其法。東垣醫法，著重培補元氣，扶正祛邪，大旨總以調理脾胃為主，故特製補中益氣湯，專治脾胃虛弱所生諸症。臨終，李杲將自己平生著作檢勘為帙，傳給弟子羅天益，並說：「此書付汝，非為李明之羅天益，蓋為天下後世，慎勿淹沒。」其主要著作有《內外傷辨惑論》《脾胃論》《蘭室秘藏》《用藥法象》等。

　　王清任，字勳臣，清朝著名的醫學家，玉田縣人。20 歲開始學醫，讀過許多醫學著作，發現了古代醫書中的一些錯誤。他認為「業醫診病，當先明臟腑」。為了弄清人體結構，他到墳塚間觀察小兒殘屍，去刑場檢視屍體臟器結構，並訪問親自見過人體內臟的人，還做了一些動物解剖。他著的《醫林改錯》中，繪製有人體內臟解剖圖，糾正了古代醫書記載臟腑結構上的某些錯誤。在理論和治療上重視氣血，擅長活血化瘀的方法。其重視實踐，大膽革新精神，極其可貴。

█邯鄲叢台公園內七賢祠紀念的是哪些人

春秋戰國時期是中國歷史上一個特殊時期，戰爭烽火四起，兼併分化頻繁不已，同時，各種人物活躍於縱橫各國的政治舞台上。在「七雄之一」的趙國，湧現了一批叱吒風雲，為世人敬仰的傑出人物。走進邯鄲古典建築與現代園林完美結合的叢台公園內，在武靈叢台的北側，有一坐北朝南，卷棚歇山式建築，這是後人為祭祀趙國七賢而建造的。祠前，一對琉璃獅雄踞左右，莊重威嚴，正門額匾上書「七賢祠」三字。祠的主體建築面寬五間，進深一間，磚木結構，頂覆黃色琉璃瓦，祠內排列著七尊栩栩如生的彩塑，他們是捨生忘死從奸臣毒手中救出趙氏孤兒的「三忠」：公孫杵臼、程嬰、韓厥；戰國時期的趙國「四賢」：有攻城野戰之功的良將廉頗，智勇兼備的儒相藺相如，運籌帷幄的名將馬服君趙奢，安邊定策的大將李牧。每一位歷史人物都有一段令人盪氣迴腸的歷史故事，你如果想瞭解他們，還是到「七賢祠」去，聽聽導遊小姐繪聲繪色的介紹吧。

█藺相如是如何「完璧歸趙」的

「完璧歸趙」出自《史記‧廉頗藺相如列傳》。趙惠文王時期，趙國得到了聞名天下的珍稀之寶楚國和氏璧。秦昭王聞訊後，寫信給趙惠文王，表示願以秦十五座城池來換和氏璧。為提防秦王使詐，趙王委派智勇兼備的藺相如出使秦國。藺相如至秦國後，將璧獻上。藺相如見秦王一味玩賞，絲毫無換城之意，便心生一計，走上前去說：「璧有微瑕，我來指給大王看。」藺相如接過璧後，急忙退到柱子旁邊說：「從趙國來之前，趙王和群臣商議，大家說秦國貪婪，想倚仗勢力來要璧，說用城換璧是假的，我說平民交往還講信用，何況作為大國的秦國呢？所以趙王才派我送璧來。可大王接待趙國使者不講任何禮節，只是把璧隨便傳看，根本沒有誠意以城交換。故而我決意不再以璧換城，如果大王一定要威逼強奪，那我就將頭顱和璧一起碰碎在柱子上。」秦王十分驚慌，連忙阻止，表示歉意，並把地圖拿出指出十五座要交換的城池。藺相如看出這是秦王在耍弄欺騙手段，說：「和氏璧是天下之寶，秦王要接受璧，應齋戒五日。」秦王無奈，只好答應。藺相如料定秦

王不會遵守諾言，當晚就派隨員化裝成平民模樣抄小路將璧送回了趙國。五天之後，秦昭王按照禮節接見了藺相如，藺相如說：「秦自繆公以來，從未講過信義，這次我怕受騙，已將璧送回趙國。如貴國真有誠意，就應派使臣赴趙，用城池來換璧。」秦王聽後大怒，但面對有勇有謀的藺相如無計可施，只好放其返回趙國。

▌廉頗因何要「負荊請罪」

「負荊請罪」出自《史記·廉頗藺相如列傳》。藺相如因完璧歸趙和澠池會有功，深得趙王器重，被拜為趙國上卿，位在大將廉頗之上。廉頗不服，逢人便說：「我有攻城野戰之功，藺相如只不過是一個舍人，出身微賤，僅憑口舌之勞，居然爬到我的頭上。今後遇見，非羞辱他一番不可。」有一次，藺相如帶了隨從去赴一個重要約會，在一條比較窄的街上與廉頗的車子相遇，為避免衝突，藺相如趕忙命車伕將車子躲避在街旁的一個小巷裡，待廉頗的車子過去後，他的車子才走出巷子重新來到街上。藺相如的門客們，忍不下這口怨氣。藺相如說：「我之所以避讓他，完全是以國家安危為重。現在趙國由於有我和廉將軍，秦國才不敢對趙國輕舉妄動，如果我們兩人鬧不團結，必然是兩敗俱傷，不就給秦國以可乘之機了嗎？」這話很快傳到了廉頗耳朵裡，使他大為感動，非常慚愧。於是，廉頗脫掉上衣，赤著上身，背著荊條，親自來到相府，在庭中跪下，向藺相如請罪。從此，二人言歸於好，結為團結禦侮的刎頸之交。秦國得知廉頗藺相如將相和睦，長期不敢輕易侵犯趙國，這就為趙國贏得了大約十五年的和平時期。廉頗主動承認錯誤和藺相如以國家安危為重的寬宏大量的氣度，受到人們的廣為稱讚。這段將相和的故事也成為流傳千古的佳話。它告訴人們一個顛撲不破的道理：團結就是力量。

▌你知道荀子是哪裡人嗎

荀子（約前340—245年），名況，又稱荀卿，趙國人，戰國時思想家、教育家，是一位起於百家之衰，集儒家之大成，開法家思想之先河的儒學巨匠。荀子15歲時離開趙國，到齊國遊學。學業完成後便四處講學，廣泛傳

播自己的思想和主張，晚年應楚春申君召，被任為蘭陵令，在其地著書終老。韓非、李斯都是他的學生。著作有三百多篇，後經西漢史學家劉向整理，編訂成 32 篇，定名為《荀卿新書》，宋以後通稱為《荀子》，成為中國思想發展史上一部重要著作，其中載有很多成語，對後世影響深遠。荀子思想概論而言有以下幾個方面：一是天人相分，人定勝天的思想。強調天有常道，地有常法，天地按照自然規律在運行變化，人世間並沒有什麼鬼神、命運、妖怪在操縱，吉凶禍福在於人們自己，而不在天地。蘊含著樸素的唯物主義哲理；二是合眾和專制主義的思想，認為人能夠勝天地萬物的原因在於合眾。認定人性生來是惡的。重視環境和教育對人的影響。主張實行封建的專制主義；三是法後王的思想，即傚法文、武、周公之道。秦始皇就是用荀子思想統一了中國，在政治上沿襲了他的禮儀學說，在軍事上實行了中央集權制。

■戰國「四公子」之一的平原君趙勝為何葬在肥鄉

　　平原君趙勝，名騰，與孟嘗君、信陵君、春申君並稱為戰國「四公子。」他是趙武靈王的兒子，趙惠文王的弟弟。曾輔佐趙武靈王、惠文王、孝成王三代君主，三任趙相，為趙國的強盛尤其是抵禦外敵的侵犯，保衛趙都邯鄲立下了不朽的功勳。趙勝任宰相時，禮賢下士，門下賓客數千人。趙孝成王七年（前 259 年）長平之戰後，秦軍圍困邯鄲，形勢十分危急，趙勝盡散家財，發動士兵，堅守城池，長達三年之久。以後，又多次派遣使者向魏國告急，並且親率門客毛遂等人前往楚國求援，魏、楚兩國援軍到來，解了邯鄲之圍。《史記》中稱其為「翩翩濁世之佳公子」。西元 251 年，平原君因病逝世，埋葬在肥鄉縣城南 4 公里處的索家寨村，趙孝成王親自為他舉行了隆重的國葬儀式。

　　趙勝為何被葬於索家寨村呢？相傳，秦國包圍邯鄲時，趙勝到肥鄉調遣援兵，途中遭到秦兵的伏擊而身負重傷，戰馬馱著他到達現在的索家寨村，遂在此養傷，並遺囑死後葬於此村。趙勝墓面積有 16 平方米，為趙國時所建。據《肥鄉縣誌》載：平原君墓高數丈，墓的東面有古廟三間，內塑平原君像。

現封土殘存。墓南有墓碑及碑樓，碑刻為明代萬曆年間張懋忠撰寫，碑面正中刻有「平原君趙勝墓」六個一尺見方的大字，字體蒼勁有力。

▌趙武靈王為什麼被稱作「黃帝以後第一偉人」

趙武靈王，名雍，是戰國時期趙國的第五世君王，生年不詳，卒於西元前295年，共在位二十七年，是戰國時期著名的軍事家和政治家。執政期間勵精圖治、改革圖強，實行胡服騎射，走強兵富國之路，使趙國成為戰國七雄之一。

胡服騎射是怎麼一回事呢？戰國時期，趙國比較衰弱，經常受到秦國和齊國的威脅，以及北方匈奴、林胡的侵擾。趙武靈王發現胡人穿的衣服短小，騎馬射箭非常靈便。而趙國將士穿的是寬袖長袍，坐的是戰車，行動笨拙。經過比較和深思熟慮，趙武靈王決定改穿胡服，學習騎馬射箭。沒想到，他的打算遭到叔叔公子成和一些大臣的反對。趙武靈王親自登門說服叔叔。他說：「法律、禮節根據需要而定，服裝器械根據方便而制。現在沒有會騎馬射箭的將士就不能抵禦胡人匈奴……」公子成終於被說服。於是趙武靈王傳令全中國都改變裝束，學習騎馬射箭，建立起一支強大的騎兵隊伍，軍隊的戰鬥力大大增強，從而扭轉了趙軍積弱不振的局面。前306年趙武靈王親率騎兵北犯中山國，攻下寧葭（今河北獲鹿縣），並率兵西至榆中（今內蒙古河套地區）。前305年趙武靈王又率兵攻打中山，迫使中山國獻四城求和，最後於前296年滅掉中山。胡服騎射改革的成功，標誌著中國古代由車戰進入騎戰時代，這在中國軍事史上是一個劃時代的大事件。故近代思想家梁啟超稱趙武靈王為「黃帝以後第一偉人」。

▌項羽「破釜沉舟」在何方

破釜沉舟、以一當十、作壁上觀是世人皆知的成語典故，這些典故出於秦末的「鉅鹿之戰」，「鉅鹿之戰」發生在刑台，刑台即秦時鉅鹿郡。

西元前209年，陳勝、吳廣在大澤鄉揭竿而起，反抗暴秦統治。一時間，「天下從者如流水」。項梁、項羽起兵於江東，立楚懷王的孫子心為帝，稱

作楚懷王，定都於盱眙。張耳、陳餘參加了起義，立趙歇為王，在信都（即刑台市附近）定都，建趙國。西元前 208 年，秦將章邯率軍北上擊趙，趙軍不支，退保鉅鹿，為秦將王離部所圍困。當時，在河北攻趙的秦軍，不下三十萬之眾。趙將陳餘領兵數萬屯鉅鹿之北，不敢出兵。其它援趙的齊、燕諸軍，也震懾於秦兵的聲勢，皆築壘固守。趙使求救於楚。楚懷王以宋義為上將軍，項羽為次將，率軍北上救趙。宋義為秦軍的氣焰所嚇倒，在安陽逗留四十六天而不敢前進。項羽憤而殺宋義，率兵渡漳水，為了表示與秦決一死戰的決心，他命令士兵把船隻沉沒，把飯鍋砸破，燒掉營舍，只帶三天的乾糧。項羽九次往返衝殺，交戰中，楚軍「以一當十」、「呼聲震天」。而援趙的其它諸軍則在營壁上觀看，驚恐而不敢出戰。這一戰役，項羽大獲全勝，秦將蘇角被打死，王離作了俘虜，涉聞自焚而死，殲滅秦軍主力三十萬人。鉅鹿之戰，對推翻暴秦起了決定性作用。項羽聲威從而大振。「破釜沉舟」、「以一當十」、「作壁上觀」成為流傳極廣的成語。

你知道董仲舒對家鄉的影響嗎

　　董仲舒，西漢廣川人，即今景縣廣川村人。董仲舒是西漢時期著名的哲學家、教育家、思想家。董仲舒在孔孟儒家之道的基礎上，兼采墨家、法家等多種思想，形成了以「天人感應」為主的大一統思想。由於適應統治階級的需要，他的思想被統治者採用，並逐漸發展成封建社會的正統思想，在中國長達幾千年的封建社會中占統治地位。董仲舒的主要著作有《春秋繁露》、《董子文集》等，在這些著作裡他全面闡述了自己的思想。由於他的思想對後人影響較大，因此後人把他稱為「儒者宗」。

　　董仲舒早年是在景縣長大的，他從小立志學習，刻苦鑽研，學習期間，「三年不窺園」，深得業師的讚許。經過多年的努力，他最終成為當地著名的學者。董仲舒成名後求學的人絡繹不絕。為了能使自己的學識流傳廣大，董仲舒便周遊各地，到處講學，開始他的教學生涯。他先後在景縣、故城、棗強等地講學，有許多教學方法被後人所借鑑。在今天的棗強縣五常鄉後歸縣村西仍有他的石像，這座古像是明朝時用青石刻成的，呈坐姿，高 3 米，

雙手捧一簡板，石像前左右有一聾男啞女奉侍，這是棗強人為紀念董仲舒激勵時代文人而設立的，董仲舒一直成為衡水人民的驕傲。

▋「頭懸樑，自勤奮」的衡水名人是誰

你讀過《三字經》嗎，你是否還記得其中一句「頭懸樑，椎刺股，被不教，自勤奮；好囊螢，如映雪，家雖貧，學不輟。」其中所提到的「頭懸樑，自勤奮」的人即漢代信都著名學者孔敬，信都就是今天的冀州。《太平御覽》中記有孫敬的事蹟：「好學、晨夕不休。」他終日在家讀書，緊閉門戶，不見來訪的客人。因此，時人稱為他「門戶先生」。孫敬經常苦讀，從早到晚或通宵達旦，很少有休息的時候。人的精力到底是有限的，孫敬有時感到疲勞倦怠，為消除睡意，他便用繩子把自己頭髮懸系於樑上，若睡倦時頭向下低，繩子便把自己頭髮拽一下，頭腦就清醒了，再繼續讀書。孫敬借「懸樑」這種方式，經過艱苦的努力，終於在知識上博通今古，滿腹經綸，成為當時著名的文人學者。

後人把孫敬這種「懸樑」精神與戰國時蘇秦「讀書欲睡，引錐刺其股」的精神合引為「懸樑刺股」，並為後人所繼承下來。不但文人而且其它做事的人在遇有艱難險阻時，總是用這種精神來鼓勵自己。因此，孫敬給後人留下的「懸樑」精神也是一筆寶貴的財富。

▋趙雲的故鄉在哪裡

趙雲（？－229 年），字子龍，東漢常山國真定縣（今石家莊市東古城）人。由於常山國的名氣很大，在後來的小說、戲劇中就稱趙雲為「常山趙子龍」，使這位家喻戶曉的英雄人物更有氣勢。《三國志·蜀書》把關羽、張飛、馬超、黃忠、趙雲合為一傳，而在小說、戲劇裡則改稱為五虎上將「關張趙馬黃」，流傳甚廣。

趙雲「身長八尺，姿顏雄偉」。他為人正直，智勇雙全，深得父老鄉親的喜愛。青少年時，正逢東漢末年豪強混戰，趙雲組織鄉勇，衛護地方。初平二年（191 年），率眾投靠公孫瓚，與寄身公孫瓚處的劉備結為好友。公

孫瓚令劉備助田楷抗拒袁紹，趙雲為劉備主騎。不久，趙雲見公孫瓚胸無大志，借為兄長奔喪之機離開公孫瓚。建安四年（199 年），劉備投靠袁紹，在鄴城與趙雲相遇，二人情同手足。劉備密遣趙雲收袁紹將士數百人，成為劉備部下一支主要武裝。

建安十三年，曹操率大軍南征，劉備寡不敵眾，在當陽長阪坡丟妻棄子，大敗南逃。趙雲懷抱阿鬥，保護甘夫人，浴血殺出重圍，以功升為牙門將軍。建安二十四年，曹操欲取漢中，自長安出斜谷揮師南下。蜀將黃忠率兵截擊曹軍糧草，過期未還。趙雲率數十騎接應，陷於曹軍重圍，趙雲單槍匹馬，殺出重圍，見部將張著遭圍擊，又撥馬營救。返回大營後，趙雲令將士大開營門，偃旗息鼓，迷惑曹軍。曹軍疑營內有伏兵，未敢進。趙雲待敵退時急令擂鼓吶喊，弓弩齊發，曹軍潰退，自相踐踏，墜落漢水的兵士不計其數。成功地演了一出「空營計」。事後，劉備讚譽：「子龍一身是膽也。」軍中號其為「虎威將軍」。

後主建興元年（223 年）趙雲被封為中護軍、征南將軍，封永昌亭侯，遷鎮中將軍。建興七年（229 年）病故，諡號順平侯。

▍你對「文明太后」瞭解多少

文明太后即北魏文成帝拓跋濬的皇后，文成帝死後被尊為太后。馮太后出生於 441 年，長樂郡信都人，也就是今冀州市冀州鎮嶽良村人。馮太后曾作為北魏最高統治者之一，做出過許多突出的事蹟，主要體現在她的執政、改革和在生活方面不同於其階層人士的地方。

馮氏父馮朗原是北燕國君馮跋的弟弟，後投降北魏，被封為西郡公，後犯了死罪被殺，馮氏被送進宮中，靠其姑母撫養，逐漸精通文字。452 年，文成帝拓跋濬登基，馮氏 11 歲便被封為貴人，並於 456 年被封為皇后。465年文成帝駕崩，時年 11 歲的拓跋弘繼位，年號為獻文，史稱獻文帝，馮氏被尊為皇太后。馮太后開始臨朝聽政，輔助獻文帝。拓跋宏出世後，馮太后轉而撫養皇孫。4 年後，馮太后想繼續執政，迫使獻文帝傳位於孝文帝拓跋宏，馮太后再一次臨朝聽政，直至西元 490 年去世。

馮太后執政時在政治、經濟、文化等方面進行了一些改革，如提倡漢化，大興教育，實行均田制，並建立戶籍制和俸祿制度，大大推進了北魏的漢化進程，為孝文帝親政後更大規模地推行漢化政策打下了堅實基礎。

馮太后生活十分樸素，吃穿用度十分節省，就連她的墓也是她生前寫下遺囑，規定長為三十步，寬一丈，用普通棺槨，不用殉葬器物。因此馮太后去世後謚「文明太皇太后」。

你知道最早算出精密圓周率的是誰嗎

祖沖之（429--500 年），範陽遒縣（今河北淶水）人。是中國、也是世界上最早算出精密圓周率的科學家。他精確計算出圓周率 π 的值在 3.1415926 和 3.1415927 之間，π 的約率為 22 ／ 7，π 的密率為 355 ／ 113，密率值要比歐洲早一千多年。為紀念他的傑出貢獻，有人建議把圓周率 π 的密率 355 ／ 113 稱為「祖率」。在天文曆法方面，祖沖之的主要成就是在他編制的《大明曆》中，將「歲差」應用到曆法計算中，修改了置閏法，提高了《大明曆》的精確性。為了紀念祖沖之在科學上的卓越貢獻，南京紫金山天文台已把該台發現的一顆小行星命名為「祖沖之」，在月球背面也有了以祖沖之命名的環形山。在他的祖居地河北省淶水縣，把一所學校命名為祖沖之學校，表示紀念。

西晉大文學家張華的家鄉在哪裡

張華，字茂先，范陽方城（今河北固安）人，西晉大臣，著名文學家。張華生於西元 232 年，少年時就成了孤兒，放過羊，但十分好學。因其寫出抒懷詩《鷦鷯賦》而出名。魏國末年，任中書郎，西晉初期任掌管機要文書、備皇帝顧問的黃門侍郎。張華學識淵博，對天下大事瞭若指掌，深得晉武帝的賞識，由於在討伐吳國的問題上堅持進兵、謀算得利而被封為廣武縣侯，以後又出任幽州（今北京）都督、安北將軍，加強了西晉對東北地區的統治。晉惠帝時，張華任太子少傅、中書監、司空。西元 300 年趙王倫與孫秀謀篡

帝位，邀請他參加，他拒絕了，被趙王倫殺害。張華死後沒有給後代留下任何錢財，只有三十多車的書籍。

張華是西晉時期眾所推崇的文壇領袖，在中國古代文學史上佔有不容忽視的地位。他的詩追求排偶和妍麗，對當時的文風很有影響，作品主要有《輕薄篇》、《壯士篇》等。他撰寫的《博物誌》是仿《山海經》體而著，對研究西北的石油和天然氣有較高的資料價值，原書早已佚失。張華原有文集十卷，可惜大多失傳，明代人輯有《張司空集》。

▌你知道中國最早的地理學家酈道元的事蹟嗎

一個古代做官的人，到各地遊歷時，用心考察各地山川河流，寫出了一部流芳百世的書——《水經注》，成為中國古代著名的地理學家，這個人就是北魏時期的酈道元。

酈道元（466 或 472——527），字善長，北魏範陽郡涿縣（今河北涿州市）人。他發現中國第一部記述河道水系的專著 --《水經》，對大小河流的來龍去脈缺乏準確記載，因此決心為《水經》作注。

為了寫《水經注》，他閱讀有關書籍達 400 多種，查閱了所有地圖，研究了大量文物資料，還親自到實地考察，核實書上的記載。那時候，交通不便，路途險峻，但他不畏艱難，跋山涉水，考察各地的山水草木和岩洞、土質等，最終撰成《水經注》。

此書名為註釋《水經》，實則以《水經》為綱，作了 20 倍於原書的補充和發展，自成巨著。書中記載大小水道 1252 條，一一窮原究委，詳細記述了所經地區山陵、原隰、城邑、關津的地理情況、建置沿革和有關歷史事件、人物，神話傳說等，為中國現存第一部以記水道為主的綜合性地理巨著。其學術價值已遠遠超過地理學、水利學範圍，內容涉及歷史學、考古學、民族學、語言學、農學、軍事學等。《水經注》文采極美，不少篇章都是優美的散文，有的被選入中學語文課本。

對《水經注》的研究，至明清兩代已形成專門學科「酈學」。至近現代，「酈學」發展到新階段，受到國際地理聯合會的重視。該會認為酈道元《水經注》是世界地理學的先導。如今，在酈道元的故鄉河北涿州市酈亭建有「酈道元紀念館」。

長樂王竇建德是在哪裡建都的

竇建德是隋末農民起義軍的領袖之一。617 年正月，竇建德在樂壽（今河北獻縣）稱長樂王，年號丁醜，建置官署。次年 7 月，竇建德大敗隋軍，乘勝取得了河北大部分郡縣。618 年，竇建德建國號為夏，改元五鳳，自稱夏王，次年遷都洺州（今河北永年）。接著，竇建德領導農民起義軍繼續南下連克相州（今河南安陽）、趙州（今河北隆堯東）和黎陽（今河南浚縣）等地。唐武德四年（621 年）竇建德因援救洛陽的王世充，在牛口（今河南滎陽北）佈陣長 20 里，與李世民展開激戰，因輕敵受傷被俘，被殺於長安。餘部推劉黑闥為主，起兵反唐，武德六年（623 年）失敗。

唐代以文辭著稱的蘇味道和李嶠是哪裡人

李嶠（644 － 713 年），字巨山，趙州贊皇（今石家莊市贊皇縣）人，唐代大臣、文學家。20 歲時中進士，官至監察禦史，曾親往嶺南平定叛亂。武則天很欣賞他的才幹，每當朝廷有重要敕文詔書，均令李嶠擬寫。據史書記載，李嶠在入仕以前，曾與「初唐四傑」中的王勃、楊炯、駱賓王等人有過密切交往，他們之間常以詩作相贈唱和，從而使其名聲大振。與此同時，李嶠還與其同鄉蘇味道同以詩文聞名於鄉里，於是時人便把他們合稱為「蘇李」。入仕以後，隨著李嶠在仕途上的不斷高升，他在文學方面的名氣也與日俱增，其同僚蘇味道、崔融、杜審言與他齊名，因此時人又把他們四人合稱為「文章四友」。

蘇味道（648 － 705 年），唐代趙州欒城（今石家莊市欒城縣）人，從小勤奮好學，天資聰慧，九歲時就能寫出十分漂亮的文章和詩句，由此便以文學而知名於鄉里，於同鄉李嶠合稱為「蘇李」。蘇味道 18 歲就被舉薦參

加科舉考試，得中進士，從此步入仕途。蘇味道一生沒有做出任何值得稱道的政績，朝廷有大事時從不拿主意，被稱為「模棱」宰相，「模棱兩可」的典故即出於此。但蘇味道卻創作了許多詩文，為唐代前期文學的繁榮和發展做出了一定貢獻。有文集十五卷流傳於世，可惜這部文集現已亡佚，如今能夠看到的只不過是保存在《全唐詩》中的十六首而已。由於蘇味道以文學著稱於世，從他開始，蘇氏家族後來便文人輩出，北宋時期的著名文學家蘇洵、蘇軾、蘇轍父子三人就是蘇味道的後代。

▌你知道有「諍臣」之稱的唐朝名相魏徵嗎

　　魏徵（580－643），唐朝著名的政治家、史學家、文學家，字玄成，刑台鉅鹿曲城人。他以犯顏直諫著稱於世，歷史上習慣稱他為「諍臣」。

　　魏徵出生在一個書香門第，祖父、父親都是博學、正直之士。魏徵很小就失去了父親，生活非常困苦，但是他從小就胸懷大志，刻苦學習，精通儒家治國之術。隋朝大業十三年，魏徵參加了李密領導的起義軍，兵敗後，他同李密一起投靠了李淵，後又被另一起義首領竇建德俘獲，拜起居舍人，竇建德兵敗，他投奔李淵太子李建成門下。玄武門之變後，李世民登上了皇位。李世民非常喜歡魏徵的率直忠誠，不僅沒有追究過去的事情，反而對他信任有加，提升為諫議大夫。魏徵感激唐太宗知遇之恩，獻計獻策，前後共陳列政事 200 多條，幫助唐太宗制定了停止武備，提倡文教，安定國家的治國方略。經過君臣的共同努力，出現了政治清明，社會安定，經濟繁榮，國力強盛的「貞觀之治」。

　　魏徵素以直言犯諫而著稱，貞觀三年，唐太宗曾下令在全中國徵兵，要把 18 至 20 歲的男子全部收入軍中，魏徵堅決反對。太宗非常生氣，再次下令身強體壯的男子都要應徵，魏徵還是堅決反對。太宗問他為什麼如此固執。魏徵回答：「如果強壯的男子都應徵入伍，那麼田地由誰來耕種？國家的賦稅從哪裡來呢？國家生存還會有保障嗎？」太宗認為他說得有道理，接受了他的意見。

　　還有一次，公卿大臣建議太宗到泰山「封禪」，告成功於天地。魏徵堅決諫止，指出「隋氏之亂，非止十年，陛下為之良醫，疾苦雖已義安，未甚充實」，在這種情況下，搞封禪之類的事，實為勞民傷財之舉。終於使唐太宗結束了「封禪」一議。

　　他曾勸唐太宗「兼聽則明，偏聽則暗」，「居安思危，戒奢以儉」，「薄賦斂，輕租稅」。經常提醒唐太宗要以隋亡為鑒，「水能載舟，亦能覆舟」，闡明君王和百姓的關係。貞觀十七年，魏徵臥病在床，但他仍關心國事，唐太宗經常來探望他。在病情加重時，唐太宗親自整日守候在旁，問他有什麼要求，當他說到「臣別無所求，憂慮的只是國家的興亡」時，唐太宗感動得落下眼淚。魏徵死後，唐太宗放聲大哭，並停止上朝五天，令文武百官參加喪事。為表彰魏徵的豐功偉績和對唐朝做出的巨大貢獻，唐太宗下令封他諡號為「文貞」，給予他極高的待遇和評價。

▎周世宗柴榮有哪些政績

　　柴榮（921 － 959），邢州龍岡（今河北刑台）人。柴榮的姑母柴氏早年嫁於郭威（即後來的周太祖皇帝），因為沒有兒子，便收養哥哥柴守禮的兒子柴榮做了義子。當時郭威還沒有發跡，柴榮便和姑母一起操持家務，生活清貧。他刻苦練習騎馬、射箭等各種武藝，閱讀各種史書。成人後，柴榮隨郭威入伍，開始了戎馬生涯。後漢高祖時，郭威被任命為樞密副使，柴榮也被任命為左監門衛大將軍。951 年，郭威建立後周王朝，不久，柴榮被調往京師，加封太傅、同平章事，954 年，周太祖死後，柴榮繼位，稱為周世宗。他採取了很多措施，扭轉唐末五代以來政治腐敗的局面，包括：裁減朝中及地方冗員；嚴懲貪官汙吏；實行節約勤民政策；廢除寺院三萬多座，讓僧人還俗為農，化佛像鑄銅錢，大力發展貿易。沒收豪紳多占土地，分給窮苦百姓耕種。興修水利，治理河患，堵塞黃河決口，疏通了汴水，溝通黃、淮間的航道。周世宗繼位 3 個月後，便出征山西高平，打垮了後漢軍隊。後來，他又制定了先南征後北伐的統一策略，955 年，收復後蜀統治下的秦、鳳、成、階 4 個州。隨即南下，3 次親征，取得江北 14 州，迫使南唐臣服於後周。

之後，又揮師北進，42 天之中，收復了 3 州 17 縣。正當週世宗雄心勃勃，立志統一天下，直取幽州時，他突然患病，只得回師，於顯德六年（959 年）六月病死於開封，年僅 39 歲。

▌你知道「假面王」高肅與《蘭陵王入陣曲》嗎

北齊年間，有一位文武雙全的名將叫高肅，封號蘭陵王，字長恭，是北齊神皇高歡之孫，文襄皇帝高澄之子。祖籍為河北滄縣一帶人。蘭陵王貌柔心壯，音容兼美，武藝高強，屢建戰功。特別是在北齊河清三年（564 年）邙山大戰中，周軍以十萬大軍圍困金墉，高肅領三軍破打援圍城第一道防線，又率五百精騎闖入周軍重圍。高肅抵臨城下，守城的齊兵卻不識援軍，因高肅臉掛假面，當他摘下面具時，城上官兵驚喜歡躍，頓時軍心大振，即刻對周軍形成了內外夾擊之勢，破解了洛陽之圍。因高肅戰功卓著，皇帝對他進行了封賞，在慶功時高肅率能歌善舞之士，共歌謠之，此歌舞即為《蘭陵王入陣曲》。

蘭陵王對敵作戰為什麼常戴假面具呢？原因是他相貌善美，不足以威敵，於是他便叫畫工給他繪製了許多兇惡的鬼臉（亦叫大面），每逢出戰的時候，選一個戴上，以振身威。該遺物很受人尊崇，所以廣為流傳。在冀南農村，兒童喜戴鬼臉的習俗也淵源於此。磁縣城西南劉莊村東有蘭陵王墓，封土高大，周圍建有透花圍牆，墓南有碑亭，石碑為隸書碑文兩面刻，碑額書：「齊故假黃太師太尉公蘭陵忠武王碑」十六個字。

▌呂端的「大事不糊塗」是怎麼來的

葛亮世人皆知，呂端何許人也？恐怕知道的人就比較少了。

呂端（935—1000），北宋時期著名宰相，字易直，幽州安次（今廊坊市安次區）人。他自幼刻苦勤學，天資聰慧，宋太祖時出任成都知府、樞密院學士。至道元年（995 年），宋太宗封呂端為宰相。呂端性情寬厚，胸襟豁達，有器量，辦事持重穩當，公道而廉潔，深得宋太宗的賞識，被提升為參知政事（副宰相），左諫議大夫寇準也被封為參知政事，呂端認為寇準比

自己能幹，請求將自己安置在寇準之下。宋太宗就以呂端為左諫議大夫，而留寇準在上面做參知政事，此事得到宋太宗和朝中大臣的好評。

呂端被封為宰相後，有人上奏宋太宗說：「呂端為人糊塗。」宋太宗說：「呂端小事糊塗，大事不糊塗。」呂端在大事上確實非常清醒，一點也不糊塗，最突出的事例是在宋太宗去世後，內侍王繼恩等人謀劃廢除太子，擁戴楚王元佑為皇帝，呂端及時發現了這一陰謀，並配合李皇后粉碎了這次內亂，太子即位，名為宋真宗。真宗當政那天，垂簾引見群臣，許多大臣到了殿前跪下就拜，呂端卻在殿下站著不拜，他說看不清楚，請把竹簾捲起來。他是怕有人從中搞鬼來個以假冒真。等到真宗命令捲起竹簾，呂端上殿仔細觀看，才退回殿下，率群臣跪拜。足可看出在關鍵性的大事上，呂端不僅不糊塗，而且有著遠遠超出一般人的清醒。

▌扁鵲是滄州人，為什麼刑台會有扁鵲廟

扁鵲廟，位於刑台市內丘縣城西北 22 公里和莊鄉神頭村西，占地面積 37200 平方米，是一處規模宏大的古代建築群，現為河北省重點文物保護單位。扁鵲廟又名鵲山廟、鵲王廟。宋代嘉祐年間（1056—1063 年），鵲王廟又加「神應」之號，稱神應鵲王廟。

根據史書上記載，扁鵲並不是刑台人，為什麼刑台會有扁鵲廟呢？《順德府志》記載：「鵲山廟者，祀扁鵲也。」扁鵲姓秦名越人，春秋戰國時期渤海莫州（今滄州市任丘）人，相傳扁鵲是中國有史料可查的第一位醫學家。具傳，他在趙國行醫，正好趕上趙國大夫趙簡子生病，已經五天不認得人了，扁鵲治好了他的病，趙簡子為了感激扁鵲，就在中丘之蓬山（今內丘太子岩）賜給扁鵲四萬畝地。從此扁鵲就在那裡住了下來，行醫治病。扁鵲醫術高超，精通內科、鼻科、婦科、兒科，對針灸和醫理很有研究。他是中國診脈的發明人。司馬遷在《史記》中記載，「天下言脈者，由扁鵲也」，扁鵲的醫藥名著《難經》，古今廣為流傳，扁鵲對中國醫學史上的貢獻非常大。扁鵲在民間行醫多年，醫術高超，救治了很多病人，人們尊稱他為「神醫扁鵲」，連他自己的真名也不叫了。當他被秦國醫師李醯殺害後，人們不遠千里跑到

陝西咸陽偷偷把扁鵲的頭取回，葬於廟後，把村名也改為神頭村，將他採藥的蓬山改為鵲山，在蓬山東麓蓋鵲王廟。據《內丘縣誌》記載：鵲王廟在鵲山下，漢唐已有之，不詳始建。歷代皆有重修或擴建，原有 20 多處廟宇組成，氣勢宏偉，規模宏大，與河北任丘扁鵲廟齊名。扁鵲廟坐北朝南，在群山環抱中，右邊是鵲山（太子岩），面臨龍騰水，水上有越橋。橋南面是矮山，山腰岩縫間長有 9 棵古柏，樹旁巨石上刻「九龍橋石柏」，另一塊岩石上刻有「藥石」二字。過橋北上，登上石階超過橋樓，進入山門，獻殿的後面才是扁鵲廟，後依次有青宮殿、閻王廟、戲樓、道士院、後奶奶廟、玉皇廟、紡花洞等。院內古樹參天，廟殿為木石結構，描梁畫棟，奇脊飛簷，紅磚綠瓦，樣式古樸壯觀，是著名的旅遊勝地。該廟附近，有太子洞、蓮花峰、洗腸溝等景觀，與扁鵲廟渾然一體。

▌你知道劉守廟是為紀念誰而建的嗎

劉守廟，位於保定舊城區東南四里府河北側，是為紀念中國金代名醫劉守真而修建的祠堂。

劉守真，字完素，字守真，號「通玄處士」，河間劉守村人，又稱「劉河間」或「河間先生」，生於北宋大觀四年（1110 年），是醫學寒涼派的創始人。

他研究了南北方誘發疾病的不同因素，首倡火熱論，將《素問·至真要論》中所講十九條大加發揮，將六氣引起的 21 種病症擴大到 181 種，並指出有 56 種是由火熱引起的病，提出火熱病的理論，為後來瘟病學說的形成奠定了基礎。他同正定的李東垣、易州的張元素、河南的張子和並稱「金元四大家」，劉守真的貢獻尤為顯著，他首創的「防風通聖散」至今仍為治療傷寒病及外科病毒的良方。

劉守真生逢宋金亂世，不僅醫術精妙，且具有民族氣節，金朝統治者曾三次聘他出仕，均遭拒絕。金人仰慕其氣節，賜號「高尚先生」，金大定十年（1170 年），劉守真逝世。人們懷念他高尚的品德和醫學成就，在他的故居建祠。光緒七年六月，將祠堂遷至現在的地方。因劉守真生於農曆三月

十五，幾百年來，每逢是日，人們不辭遠路前來祭祀，久而久之，形成一年一度的傳統廟會，會期長達半月之久，是河北省城市中最大的廟會之一。

元雜劇大師關漢卿原籍知何處

在中國文學史上，元雜劇的興盛把戲曲發展推向成熟和高潮，無論從內容到形式，從思想到藝術，都達到了很高的高度，其中最傑出的代表是關漢卿，他的劇作最早、最多，影響最好、最大。

關漢卿（約1220--約1300年），河北安國人。他一生寫了六十多部雜劇，不但數目居元劇之冠，而且有許多精品傳世，如《竇娥冤》《救風塵》《望江亭》《調風月》《拜月亭》《單刀會》《三勘蝴蝶夢》《智斬魯齋郎》等。其中《竇娥冤》是他最出色的作品。京劇《望江亭》、評劇《三勘蝴蝶夢》晉劇《竇娥冤》拍成電影后影響很大。1958年，世界和平理事會把關漢卿定為「世界文化名人」，予以隆重紀念。在安國市區內，關漢卿的故里和墓仍在，並新建了「關漢卿文苑」。

史學研究的名著《經史論》的作者是誰

中國最早的史學研究名著《經史論》的作者是郝經。郝經（1223-1275），字伯常，原籍山凱撒州陵川人，因金代末年兵荒馬亂，居家遷往霸州。郝經自幼勤奮好學，因其居住在蒙古將領張柔家，得以博覽群書。元憲宗元年（1251年），被忽必烈征招入朝，郝經以仁義治理天下之道，陳述了治理國家的數十條方法，忽必烈很高興，就把他留在王府中。郝經較早提出了「漢法」，主張遷都燕京（今北京），與南宋議和，減少戰爭使百姓得到休養生息的機會，均被忽必烈所採納。忽必烈即帝位以後，任郝經為翰林侍讀學士，讓他佩戴金虎符，充當元朝的信使到南宋議和。平章王文統歷來嫉妒郝經的才能，在郝經到了宋朝後，文統秘密命令李強率兵侵犯宋朝，使得宋朝懷疑郝經議和的誠意，於是將郝經拘禁了十六年。後來元朝大舉出兵討伐宋朝，宋朝才放郝經回國。1275年，郝經回到元朝不久即病死。郝經一生著述很多，撰有《經史論》《春秋外傳》《續後漢書》《陵川文集》等數百卷。其在《經

史論》中提出的「古無經史之分」、「六經皆史」等說，對中國史學研究有重大影響。

你知道元代名儒名醫竇默的籍貫嗎

　　竇默是肥鄉縣興教鄉人，元初名儒名醫，著名的理學家，字子聲，初名傑，字漢卿。自幼喜讀書，有大志。少年時，竇默隨元軍討金，被金軍俘虜。後尋機逃脫，但此時已家破母亡，孤身一人長年流浪在外。一次，南渡蔡州時，幸遇名醫李浩，得其銅人針法真傳，技藝日臻熟練，已達到隔衣使針的程度。後行醫到今湖北孝感縣，與當地縣令相識，一見如故。縣令對程氏理學頗有造詣，竇默遂虛心求教，從而對理學又產生了濃厚的興趣，深得其中奧妙。金兵退去後，隱居大名，與姚樞、許衡等人講習程氏理學。後又返回肥鄉，教授經學，因其博學多才而名聞遐邇。忽必烈聞知後，在藩邸召見了他，詢問治國之道。他回答道：「帝王之道，在於誠意正心，心既正，則朝廷遠近莫敢不一。」忽必烈很高興，便留他在宮中做了兒子的老師。忽必烈即位後，因竇默象唐朝魏徵一樣敢於直諫，受到重用，歷任翰林侍講學士、昭文館大學士、正議大夫等職。後因王文統排擠，託病辭官。文統被殺後，又被請回京師，做為皇帝終身顧問。元至正十七年（1357年）卒於京師，追贈為太師，封魏國公，諡號「文正」。葬於肥鄉縣翟固鄉城西村西南。著有《外科全書醫論》等論著。

　　竇默墓面積15平方米，為元代所建，墓前有墓碑，翰林院大學士王盤撰文，有重要的歷史藝術價值。清同治元年（1862年）教諭趙文廉曾捐款重修。1983年重建碑樓，墓碑四周築有透花圍牆。

你知道《西廂記》的作者王實甫是哪裡人嗎

　　王實甫（1255或1260--？），著名的元代劇作家，河北定興人。王實甫創作的雜劇有十四種，現在僅存的有《西廂記》、《破窰記》和《麗春堂》三種。其中《西廂記》是元雜劇的不朽之作，是以愛情為題材的雜劇的高峰。當代著名學者鄭振鐸說：「中國的戲曲小說，寫到兩性的戀史，往往是二人

一見面便相愛，便誓訂終身，從不描寫他們的戀愛經過與他們在戀愛時的心理。《西廂記》的成功便在它的全部婉曲都是細膩的在寫張生與鶯鶯的戀愛心境的。似這等曲折的戀愛故事除《西廂》外，中國無第二部。」現在定興縣成立了「王實甫研究會」，並創辦了「西廂報」和「中國書法函授大學定興實甫分校」，作為對偉大的元曲作家王實甫的紀念。

元朝唯一的漢人宰相史天澤有哪些功績

史天澤（1202-1275），字潤甫，元初丞相，燕京永清（今屬河北廊坊永清）人。元太祖八年（1213 年），蒙古軍進入河北，他跟隨父親史秉直、兄長史天倪率領鄉勇投降蒙古軍，轉而攻打金國的河北、山東、山西等地。兄長史天倪死後，史天澤繼任河北西路兵馬都元帥。率領大軍先後擊敗駐紮在河北的金國將領武仙，圍攻五馬山（今河北贊皇境），擒獲並殺死紅襖軍首領彭義斌，對鞏固蒙古在河北的統治造成了重大作用。元太宗時，他被授任真定、河間、大名、東平、濟南五路萬戶，多次參與指揮滅金的戰役。元世祖忽必烈即位後，中統二年（1260 年），任中書右丞，掌管國家大事。1261 年，隨忽必烈打敗阿里不哥，1262 年與宗王哈必赤統兵攻下濟南，平定李檀之亂，隨後上書元世祖請求解除其子弟的兵權，其他地方官紛紛效仿，為加強中央集權帶了一個好頭。晚年，參與謀劃圍攻襄樊之事，為元軍中間突破戰略的實施奠定了基礎。1274 年與宰相伯顏率軍攻打南宋，中途病死於真定（今河北正定）。

史天澤器量涵弘，學識廣博，審時度勢，出將入相近 50 年，從不追求個人富貴權勢，一切以國家大事為重。作為元帝國少有的漢臣高官，為元朝的建立和穩固立下了汗馬功勞。

你知道郭守敬有哪些突出貢獻嗎

郭守敬（1231 － 1316 年），字若思，中國元代著名的天文學家、數學家、水利專家和儀錶製造家。畢生從事科學研究，領域涉及天文學、水利學、數學、測繪及儀器、儀錶製造等學科。郭守敬一生有 10 多項科技成果領先於

世界水準，為人類的科學事業做出了卓越的貢獻。他和張衡、蔡倫、祖沖之、僧一行、孫思邈、沈括、李時珍等人，被尊稱為中國古代的八大科學家。

　　郭守敬出生於刑台縣皇寺鎮的郭村一個書香門弟，祖父郭榮精通五經和算術、水利，對郭守敬的成長有著積極而重要的影響。少年時代的郭守敬便能親自觀測天象，自製了一台簡單的渾儀，積土為台，觀測 28 宿及天上諸星。南宋淳佑八年，郭守敬跟隨劉秉忠在邢州西南紫金山讀書，使他大開眼界，學識大長。郭守敬 21 歲時，投到邢州太守張耕門下，年紀雖輕，卻敢想敢做。刑台城外五里多地，有一支泉水，縣裡人決定建造一坐新石橋。郭守敬被指定為工程的負責人，全部工程，只用了四十天，當地百姓都讚他「巧思絕人」。當時的大詩人元好問專門為此寫了《邢州新石橋記》。

　　1262 年，郭守敬經張文謙引薦，見到了忽必列，當面陳述「水利六事」，受到忽必列的讚揚，之後，他用大部分時間從事興修、發展水利工作。當時中都（現在的北京）附近的河道，破壞很厲害。元世祖忽必烈派郭守敬負責治理河道。他用了不到兩年時間，就完成了任務。當時，大運河只到通州，從通州到北京的運輸，要靠陸路。郭守敬建議在北京和通州之間，開鑿一條河流，跟大運河連接起來。建議被採納後，他立刻進行實地觀察，決定把昌平縣北山的泉水，導入甕山泊（現在的昆明湖），再引進什剎海，然後流入新運河。他還在這條河上修築堤壩，設置閘門，用來調節水量，使大船也能通行，這就是有名的通惠運河，使貫通中國南北的大運河直通大都，對促進中國北方地區經濟、文化交流，對大都發展造成了重要作用。

　　此外，他還先後修復了西夏（今寧夏）唐來、漢延等渠和燕京舊漕河。郭守敬還曾以科學考察為目的，有組織地派遣人員探求黃河之源，這是中國歷史上第一次有計劃、有目的、有組織地探尋黃河之源。

　　至元十三年（1276 年），郭守敬受命與王恂等一起修造新曆法，他先後製作了簡儀、仰儀、景符、窺幾等天文觀測儀，這些儀器，達到了中國和當時世界儀錶製造的最高水準。郭守敬曾先後組織了 13 支觀測隊，進行了空前規模的天文測量，東到高麗，西到滇地和涼州，北到鐵勒（今俄羅斯的貝加爾湖），南到瓊州（今海南島），共建立了二十七個觀測站，同時對天象

進行觀測，規模之大，舉世無雙。他還指導創建了河南登封的觀星台、大都司天台（天文台）、組建了太史院，集中了一大批第一流的天文學家和工藝專家，進行天文研究。郭守敬對天文觀測取得的大量資料進行了精密計算，製成了新曆法，元世祖取古語「敬授民時」之意，賜名《授時》。《授時曆》規定，一回歸年為 365.2425 日，和現在世界各國所通用的西曆格里曆計算數值完全一致，是中國古代使用時間最長、最精良的一部曆法。一直沿用了 360 年，並影響到朝鮮和日本，達到了中國古代制曆工作的高峰。

　　他還創製了世界上最早的大赤道儀 ---- 簡儀，發明了滾珠軸承，創製了世界上第一台自鳴報時鐘 -- 七寶燈漏，在大地測量中首次使用了海拔概念原理。他在長期治水過程中，開闢了集灌溉、航運、防洪等綜合利用的先河。元延佑三年（1316 年），郭守敬逝世，歸葬於刑台故里郭村。

▌你知道「珠盤之法」的創製者是誰嗎

　　珠算是勤勞智慧的中國人民創造的。元朝時，刑台的郭伯玉對珠算的發展做出了卓越的貢獻，在數學史上留下了光輝的名字。珠算在中國有著悠久的歷史。它起於何時，認識不一。有的學者認為珠算起於漢代，有的認為珠算產生在宋元朝時期。從一些數學專著來看，不論較早的南宋楊輝的《乘除通變本末》，元朝朱世傑的《算學啟蒙》，還是元朝末年的《丁巨演算法》等，都有了相當完備的歸除歌訣。其次，從童蒙讀物《新編對相四言》看，上面已繪有「算盤」，其圖九檔，樑上二珠。此書據張志公先生考證。是一本元初的讀物。這為珠算的產生提供了有力的證據。在珠算從興起逐步走向完善的過程中，郭伯玉做出了很大的貢獻。據凌揚藻的《蠡勺編》記載：「元統初（元順帝年號，1333 年）造《大統曆》，訪求得郭伯玉善算，以佐成之，即郭太史之裔也。然則珠算之法，蓋即伯玉等所制。」郭太史就是郭守敬，珠算之法就是珠算的運算方法。英國著名科學家李約瑟著《中國科學技術史》，在談到算盤時，也曾提到郭伯玉。郭伯玉生在一個數學愛好之家。他的先輩郭榮（郭守敬祖父），《刑台縣誌》說他「通五經，精於算數、水利」。郭守敬是中國元代著名的天文學家、數學家、水利工程學家，他對高等數學、

球面幾何、三角都有很高的造詣，生活在這種家庭環境中的郭伯玉，從小就喜愛數學，尤其對簡便、快捷的珠算，更引起他研究的興趣，他在珠算研究上的成就是巨大的，以致被人稱為「珠盤之法」的創製者。

▍你知道海盜剋星──百齡嗎

百齡是嘉慶年間打擊海盜的顯赫人物。他漢姓張，字子頤，承德府張三營（今河北隆化）人。百齡在乾隆三十三年（西元 1768 年）中舉，後又中進士，曾任編修，文淵閣校理，直至湖廣、兩廣、兩江總督，協辦大學士等職。

清嘉慶十四年（西元 1809 年）百齡補授兩廣總督時，海盜張保仔依仗人多勢眾經常進入內港進行搶掠燒殺，令當地官府發慌，百姓害怕。百齡就任後，立即同水師提督孫全謀商剿滅對策。很快對張保仔進行圍剿，首戰告捷，擒獲張保仔弟弟張生仔等，給海盜以沉重打擊。不久，張保仔進行反攻，深入到順德、新會、番禺、香山等地進行搶劫，使所劫之地死傷數千人。百齡在強敵面前沒有退縮，加緊了海防建設，整日操練水師，同時嚴防海盜上岸，切斷了海盜的糧食、淡水來源，使張保仔無計可施，張保仔見百齡防守嚴密，無機可乘，只好湊集了 30 萬兩白銀派人上岸賄賂百齡。百齡大義凜然，不為所動，嚴詞拒絕。同時，加緊圍剿，經兩次戰鬥後，海盜失敗，嘉慶十五年（西元 1801 年）三月，海盜張保仔畏罪請求投降。

百齡因奮發圖強，整飭海防，操練水師有功，嘉慶帝授百齡太子太保銜，戴雙眼花翎，給予二等輕車都尉世職。嘉慶二十年（西元 1815 年），百齡因心力交瘁，病重而故。後承德為他建了鄉賢祠，供奉紀念。

▍聞名中外的八卦掌創始人是誰

八卦掌，又名八卦拳，是中華武術中拳術的一種。運動結構多採用掌法，運動形式則按八卦的四正四偶和九宮步運行。它的創始人是文安縣朱家務村人董海川。

董海川，生於 1796 年，字彙川。自幼聰明過人，嗜武成癖。1811 年赴京考武舉未中，遂開始浪遊江湖，投師訪友，後在安徽九華山遇到道人董夢林（即紅蓮長老，江湖人稱碧燈俠），拜為師傅開始學藝。碧燈俠看到董海川擅鑽研，一點即通，就把自己的真工夫全部傳給了他。經過八年的勤學苦練和潛心研習，利用道家八卦圖中的無極圈和乾、坎、艮、震、巽、離、坤、兌八個字（即八卦方位），從其變易之理中悟出了八卦掌。他善於吸取諸家之長，融會貫通，充實自己，技藝不斷提高，臻於化境，成為八卦掌發展史上承先啟後，繼往開來的一代宗師。

1828 年在京淨身入宮當太監，後到肅王府任司膳太監、護院總管、武師，並賞七品首領銜，收徒傳藝。晚年辭去王府職務，收徒達數千人，使八卦掌逐漸流行於全中國，聞名於世，形成武林中的一大門派。1882 年，端坐而逝，終年 86 歲。他一生為繼承和發揚祖國的八卦掌武術，做出了巨大貢獻。

▋李連英為何得寵於慈禧太后

李蓮英（1848—1911），字樂元，原名英泰，今大城縣臧屯鄉李賈村人。李蓮英幼年家境貧寒，他的父親以修鞋、熟皮子為生。

1855 年，李蓮英九歲時淨身入宮，曾為慈禧充當梳頭房役，憑他聰明伶俐，巧於阿諛奉承而得寵。歷任首級太監、副總管、大總管，授二品紅頂戴。同治元年（1862 年）夏天，慈禧太后又親自把李英泰這個名字給改為李蓮英。對此慈禧太后還做瞭解釋，說「蓮」是荷花，「英」是花瓣，她自己是活菩薩，菩薩總坐在蓮花裡，「我願叫你伺候我一輩子」。從此，李英泰這三個字便被拋到九霄雲外去了。

李蓮英進宮當太監，經歷了咸豐、同治、光緒、宣統四朝，正是清王朝走向衰敗的時代。他幹預朝政、反對維新、廣植私黨、買官鬻爵，幹盡了齷齪的勾當；慈禧太后是一個習性刁鑽、心狠手辣的女人，李蓮英跟隨她一生，始終立於不敗之地，顯然也決非一個平庸之輩。1908 年 10 月慈禧太后死後，李蓮英待百日孝滿後，離開皇宮，搬進北京棉花胡同家中。他深知一生積怨太多，便閉門不出，整日吃齋唸佛。後被殺。

▌張紹曾是怎樣當上北洋政府國務總理的

辛亥革命志士、當過北洋政府國務總理的張紹曾,生於 1879 年 10 月 19 日,大城縣張思河村人。張紹曾自幼聰敏,學業優異,1895 年考入天津北洋武備學堂。在中國社會階級矛盾和民族矛盾日益尖銳,民主革命蓬勃發展的形勢下,1899 年留學於日本士官學校,接受了民主革命思想,1902 年回國。任保定北洋陸軍速成學堂教官,北洋陸軍第二鎮教練官、參謀官,北洋督練公所教練處總辦、陸軍貴冑學堂監督。武昌首義前,他同吳祿禎、藍天蔚同為遼東同盟會負責人,在北方新軍中頗有影響,被譽為「士官三傑」。1911 年任北洋軍第二十鎮統制官,密謀揮師入京推翻清廷。北洋政府袁世凱時期張紹曾任長江宣撫使、綏遠將軍,反對復辟,主張共和;反對軍閥混戰,主張統一。1922 年出任北洋政府陸軍總長,1923 年 1 月 4 日任第二十三屆內閣國務總理,6 月 6 日被迫下台,遂隱跡天津。期間,曾秘密幫助馮玉祥發動北京政變,以致引起軍閥嫉恨,1928 年 3 月,被張作霖所收買的刺客暗殺於天津。

▌為什麼說沉默是承德教育事業的革命先驅

沉默是承德教育事業的先驅、新文化運動的使者、新教育體制的開拓者。沉默,熱河(承德)人,清末出生。19 歲到南方遊歷,參加了孫中山領導的同盟會,積極宣傳民主思想,為推翻清朝統治,建立中華民國做出了貢獻。

民國初年,沉默任中國民國教育部存紀僉事。1916 年返回故鄉承德,任熱河道視學。由於熱河師範學校校長楊士元對學校不負責任,學生意見很大,終於爆發了學潮,聲討楊士元廢馳學務。1918 年 4 月,沉默被派往師範學校接任校長。他上任後,把全部精力投入到了教育管理中,整頓學務,嚴肅校紀,成立學校成績陳列室,改進體育工作,開設倫理、心理、地理、圖畫新課程,廢除了舊道、舊倫理的封建思想課程,積極支持新文化運動,創辦學習班,提倡白話文和國語等,在沉默的領導下,承德興起了教育革命高潮,並很快推廣到熱河全境。

1919 年「五四」運動爆發，熱河師範師生立即投入到革命洪流之中，他們抗議反動政府、反帝愛國。同年沉默當選為熱河特別區教育會會長。10 月出席了全中國教育聯合會議。回熱河後，為改變熱河教育的落後面貌四處奔波，付出了全部心血。1921 年後，沉默離開熱河，再次到南方革命。1940 年因貧病交加死於異鄉。

▌「鐵肩擔道義，妙手著文章」是唐山哪位革命前輩的真實寫照

李大釗，字守常，河北樂亭大黑坨村人，中國共產主義運動的先驅，中國共產黨的創始人之一，偉大的馬克思主義者。早在青年時代，目睹清政府的腐敗和國家危亡的局勢，就立志為苦難的中國尋找出路。1911 年參與策劃灤州起義，其後開始發表文章揭露軍閥官僚的黑暗統治，揭露袁世凱賣國陰謀。新文化運動中，李大釗成為運動的主將，創辦報刊、發表文章，在中國大力介紹民主與科學。十月革命勝利後，李大釗潛心研究馬克思主義，先後發表了《法俄革命之比較觀》、《庶民的勝利》和《布林什維主義的勝利》等文章，歌頌十月革命的勝利，號召中國人民走十月革命的道路。五四運動爆發後，李大釗自始至終參加並領導了這場偉大的運動。此後又為共產黨的創立而鬥爭。共產黨成立後，李大釗以極大的熱情領導了北方工農運動。1925 至 1926 年間，發表多篇文章，對農民的土地問題和農民武裝問題非常關心，在其影響和領導下，直、晉、魯、熱、察等省的農民運動迅速發展。1925 年，領導發動「首都革命」推翻段祺瑞政府，建立國民政府。1926 年李大釗在異常惡劣的革命形勢下與敵人周旋，1927 年 4 月 28 日被軍閥張作霖殺害，犧牲時年僅 38 歲。「鐵肩擔道義，妙手著文章」是李大釗一生的真實寫照，他以自己的行動樹立了革命者的光輝典範。

▌你瞭解成兆才嗎

成兆才（1874—1929 年）字潔三，藝名東來順，灤縣繩家莊人。著名劇作家，表演藝術家，評劇奠基人。

　　成兆才出身貧苦，從小喜愛民間藝術，閒置時間就向當地藝人學唱蓮花落。青年時期為生活所迫去流浪賣藝。他最初同其他蓮花落藝人合演，後到唐山二合班演出。1912 年成兆才在唐山領導建立了評劇第一個有名的班社「永盛合」。1918 年改名為唐山首創警世戲社。1915 年至 1925 年，他們在唐山等地演出，被稱作「唐山落子」。1919 年，張作霖在奉天搞賑災義演，還專門請警世戲社同梅蘭芳、程硯秋參加，名震關外。

　　成兆才最初改編民間唱本。後來又改編了大量的古典名著。如《花為媒》、《王少安趕船》、《夜審周子琴》《杜十娘》《珍珠衫》等。成兆才一生創作的劇本具有強烈的人民性和戰鬥性，塑造的多是受壓迫、受剝削的勞動人民形象，而且個性鮮明，栩栩如生。在藝術風格上粗獷、豪放、潑辣、明快、有濃厚的鄉土氣息和民族特色，語言自由活潑，屬白話體裁，別具一格。解放前，還沒有一個評劇作者在創作的數量和品質上能超過他的。他主要活動的年代，正是五四運動前後。據說，李大釗在五四運動後，曾到成兆才戲班看戲，登台講演，並與藝人談話，甚至還親筆題詞予以鼓勵，還給成兆才寄過報，使成兆才受到很大啟發和教育。

　　成兆才個人生活卻始終很困難，經常處在貧病交加之中，別人出版和演出他的劇本，他從不取報酬，1929 年終於在困頓中去世，終年 55 歲。

▋韓複榘為什麼被蔣介石處決

　　韓複榘，生於 1890 年，字方向，霸州市東台山村人，行伍出身，民國時期的舊軍閥，在二十世紀二十至三十年代聲震西北、華北、中原各地。

　　韓複榘早年入伍時，參加馮玉祥等人組織的「武學研究會」，接受民主革命思想，後成為馮玉祥的部下。1912 年參加過灤州起義，失敗後被押送回鄉。馮玉祥東山再起後，又投到其門下，當過師長、軍長、河南省主席，1929 年背叛馮玉祥投入蔣介石懷抱，在馮玉祥、閻錫山討伐蔣介石時，幫助蔣介石抗擊閻錫山。1930 年 9 月任國民黨山東省政府主席，但他對蔣介石也存有戒心，長期截留地方稅收，擴充軍隊，對在山東的國民黨 CC 派多次進行捕殺，和蔣介石發生利害衝突。在「兩廣事變」、「西安事變」時，公開

表示過反蔣。抗日戰爭爆發後，任國民黨第五戰區副司令長官兼第三集團軍總司令，日本侵略軍引誘他參加華北「五省自治」，他表示決不當漢奸。「七七事變」後對共產黨的態度有所改變，但也不真心抗日。1937年9月，日本侵略軍進犯濟南，韓複榘未戰而走，率領十萬大軍倉皇南逃，致使日軍長驅直入，佔領整個山東。蔣介石以此為理由，於1938年1月11日以在開封召開軍事會議為名將其誘捕，24日，以「違抗軍令，擅自撤退」的罪名將他槍決於漢口。

趣聞**河北**　　後記

後記

　　河北這塊古老的熱土，地傑人靈，有豐厚的文化底蘊，有寶貴的人文和物質資源，想挖掘河北的瑰寶，展示河北風采，無論從哪個角度，都有取之不盡的源泉。限於我們的水準和學識，深感《趣聞河北》的選題掛一漏萬，稿件的編寫不盡人意，但我們還是想把它奉獻給廣大讀者，供大家批評指正。

　　本書由舒豔，聶樹鋒、高建華總體策劃，熟悉各部分內容的學者專家執筆寫稿。最後由高建華校編、聶樹鋒總纂。參與本書編寫的還有：馬玉倩、王利華、王翠清、張素娟、董瑋、張東明、劉春玲、李京龍。在本書編寫過程中，得到了有關方面的大力幫助，在此一並致謝。

編者

國家圖書館出版品預行編目（CIP）資料

趣聞河北 / 聶樹鋒 , 高建華 著 . -- 第一版 .
-- 臺北市 : 崧博出版 : 崧燁文化發行 , 2019.07
　面 ；　公分
POD 版

ISBN 978-957-735-902-5(平裝)

1. 旅遊 2. 人文地理 3. 河北省

671.16　　　　　　　　　　　　　108010016

書　　名：趣聞河北

作　　者：聶樹鋒 , 高建華 著

發 行 人：黃振庭

出 版 者：崧博出版事業有限公司

發 行 者：崧燁文化事業有限公司

E-mail：sonbookservice@gmail.com

粉絲頁：　　　　　　　網址：

地　　址：台北市中正區重慶南路一段六十一號八樓 815 室

8F.-815, No.61, Sec. 1, Chongqing S. Rd., Zhongzheng

Dist., Taipei City 100, Taiwan (R.O.C.)

電　　話：(02)2370-3310 傳　真：(02) 2370-3210

總 經 銷：紅螞蟻圖書有限公司

地　　址：台北市內湖區舊宗路二段 121 巷 19 號

電　　話:02-2795-3656 傳真:02-2795-4100　　　網址：

印　　刷：京峯彩色印刷有限公司（京峰數位）

定　　價：400 元

發行日期：2019 年 07 月第一版

◎ 本書以 POD 印製發行